日帰り山あるき
ベスト130

大人の遠足
BOOK

contents

●写真は左から、八子ヶ峰、入笠山、飯盛山、蓑山、入笠湿原、鷹巣山

※表紙写真:茶臼岳(樋口一成)

本書の使い方

この本は、関東周辺の山々から、日帰りで楽しむことができる130コースを収録したものです。
初級者レベルでも不安なく登れるコースをメインに紹介しましたが、なかには歩行時間が6時間以上に
およぶロングコースや岩稜・鎖場などが多いコースも含まれています。ガイド内に示した登山レベルや
総歩行距離、総歩行時間、標高差などを十分に検討し、無理のない計画でお出かけください。

コースガイド

標高

紹介する山の最高点標高値（三角点のある場所ではなく、その山の最も高い地点）、または紹介するコース上の最高地点を表記してあります。

総歩行時間

歩き始めから頂上を経て、バス停や駅、駐車場に下山するまでの歩行時間の合計です。休憩時間は含まれていませんので、計画を立てる際は、休憩時間や食事などのプラスアルファを考慮してください。

総歩行距離

歩き始めから頂上を経て、バス停や駅、駐車場に下山するまでの歩行距離の合計です。地形図をもとにコースの斜面に沿って算出してありますが、実際の歩行距離とは若干の差があります。

標高差

歩き始める地点から、当該コース中で最も標高の高い地点との高度差です。下りの場合も、最も高い地点からバス停や駅、駐車場など、歩き終える地点までの高度差を表記しました。なお、タイトルに山名を記した山より高い地点がコース中にある場合は、そこを最高地点として算出してあります。いずれも累積標高差（コース中の登り・下りそれぞれの高低差を合計したもの）ではないので、その点、ご注意ください。

※参考：標高差300mを登るのに約1時間が目安となります。

登山レベル

コースの難易度を総合的に示したものです。

入門 総歩行時間が短く、整備されたハイキングコース。山歩きが初めてでも歩けるコースです。

初級 総歩行時間が増え、危険箇所や迷いやすい箇所は少ないものの、一部に岩場や鎖場、ロープ場、急な登り下りのあるコース。ある程度の登山経験が必要となります。

中級 体力、技術とも高いレベルを要求されるコース。総歩行時間や標高差は初級と同等であっても、多くのピーク通過で体力の消耗が激しいコース、標高が高く天候急変時の対応が難しいコース、難しい岩場や岩稜のあるコース、迷いやすい場所があるコースなどは中級となります。初級者がこのコースを歩く場合は、中級者の同行が必要です。

【体力】 総歩行時間や標高差を基準にしています。

★………総歩行時間が4時間未満で、標高差400m未満。

★★……総歩行時間が4〜6時間程度、標高差400〜800m程度。

★★★…総歩行時間が6時間以上または、標高差800m以上。

【技術】

★………道標の完備した難所のない登山道。

★★……小規模な岩場や鎖場、ガレ場などがあるコース。

★★★…通過にやや危険を伴う岩場などがあるコース。

※コースガイドに示された★の数は、取材者が実際に歩いての判断に基づいています。上記の指標と異なる場合もあることをご承知ください。

アクセス・ヒント

アクセス 電車・バスを利用する場合は、登山起点となる現地の鉄道駅、あるいは駅から登山口に近い最寄りのバス停までの経路を紹介しました。マイカーの場合は最寄りのICからの経路と駐車場情報を紹介しています。

ヒント アクセスに関するアドバイスを掲載しています。

登山適期・問合せ先

【登山適期】 積雪や降雪がほぼないと思われる期間を記しました。盛夏を避けたい山はその旨を付記してあります。

【問合せ先】 市町村、観光協会、交通機関などの電話番号です。

チャート・高低図

【チャート】 コース中の主な通過点とコースタイムを掲載しています。数字と通過点の名称は本文ガイド、地図に記載されたものと一致しています。

【高低図】 コース全体のおおよその距離と標高、傾斜を表した図です。山容の断面図ではありません。また、標高（縦軸）と距離（横軸）の比率が異なるため、傾斜については実際の傾斜とは一致していません。なお、頂上以外の標高には若干の誤差がありますので、あくまでも目安としてください。

コラム・欄外情報

【コラム】 3ページガイドにはコラム欄を設け、立ち寄り温泉やビジターセンター、自然園、寺社仏閣などを紹介しています。

【欄外情報】 本文やコラムで書ききれなかった情報を掲載しています。

地図の見方

地図

本書に掲載されている地図は国土地理院発行の地形図をもとに制作されています（承認番号は巻末に掲載）。

❶登山の際は、本書のコピーに加えて国土地理院発行の2万5000分の1地形図の携行をおすすめします。

❷地図上のコースや山小屋などの施設は、自然災害などの影響で本書の発行後に変更、閉鎖されること等がありますので、事前に最新情報をご確認ください。

❸地図上にある花の掲載位置はおおよそのエリアを示すもので、花の咲く場所を正確に示したものではありません。

❹地図上のコースタイムに一部、登り下りの両方ではなく一方向のみのコースタイムを表記したものがあります。これは、逆コースを歩くと危険度や疲労度が高まる等の理由から敢えて一方向のみを示したものです。

地図記号の凡例

─── 本文で紹介している登山コース	▲ 山頂	⚡ 電波塔
○ 登山コースのポイント	1945△ 三角点	🛆 碑
←0:30 登山コースポイント間のコースタイム	1945 標高点	🏫 学校
─── サブコースとして利用できる登山コース	🏠 有人小屋	⊗ 警察署・交番
---- その他の登山道・小道	🏠 無人小屋	〒 郵便局
═══ 有料道路	🚰 水場	◎ 市役所
①── 国道	🚻 トイレ	○ 町村役場
─·─·─ 県界	❀ 花	卍 寺院
─··─··─ 市町村界	⛨ 登山ポスト	⛩ 神社
─◆─◆─ 鉄道（JR）	P 駐車場	♨ ゴルフ場
──○── 鉄道（私鉄）	♀ バス停	発電所・変電所
○──○ リフト	△ キャンプ場	♨ 温泉
□──□ ロープウェイ	🏨 ホテル・旅館	♨ 史跡・名勝
□──□ ケーブルカー		

●本書のデータは2021年2月現在のものです。アクセスに利用するバスの運賃や、コラムで紹介した施設の利用料金、営業期間・時間、定休日などは変更となる場合もあります。事前に最新情報を確認ください。

●各コースの標高差とコース距離の算出および、高低図の作成にあたっては、DAN杉本さん制作のソフト『カシミール3D』を利用させていただきました。

☑ 装備チェックリスト

ウエア	春・秋	夏	冬
□ ズボン	◎	◎	◎
□ 速乾性Tシャツ	◎	◎	◎
□ 長袖シャツ	◎	◎	◎
□ 防寒着	◎	△	◎
□ 下着(替え)	△	△	△
□ アンダータイツ(保温用)	○	×	◎
□ 帽子(日除け用)	○	◎	△
□ 帽子(防寒用)	○	×	◎
□ 手袋	◎	△	◎
□ バンダナ	○	○	○
□ ネックウォーマー・マフラー	○	×	◎
□ ウインドブレーカー	○	△	◎

生活用具	春・秋	夏	冬
□ タオル	○	○	○
□ 洗面用具	△	△	△
□ 日焼け止め	○	○	○
□ コッヘル	△	△	△
□ コンロ	△	△	△
□ ウエットティッシュ	○	○	○

非常時対応品	春・秋	夏	冬
□ ファーストエイドキット	◎	◎	◎
□ 常備薬	○	○	○
□ レスキューシート	◎	○	◎
□ 熊除け鈴	○	○	○
□ 非常食	◎	○	○
□ 健康保険証(コピー)	○	○	○
□ 超軽量ツエルト	○	△	◎
□ 細引き・ロープ	△	△	△
□ ホイッスル	○	○	○
□ 無線	△	△	○
□ ポイズンリムーバー	○	○	×
□ ヤマビル忌避剤	△	△	×

登山用具	春・秋	夏	冬
□ 登山靴	◎	◎	◎
□ スパッツ	△	△	△
□ 軽アイゼン	×	×	○
□ ザック	◎	◎	◎
□ ザックカバー	○	○	○
□ ストック	△	△	△
□ 折畳み傘	○	○	○
□ レインウエア	◎	◎	◎
□ 水筒	◎	◎	◎
□ ヘッドランプ・替球	◎	◎	◎
□ 予備電池	○	○	○
□ ナイフ	△	△	△
□ サングラス	△	○	△
□ 保温ポット	○	○	○
□ カップ	△	△	△
□ コンパス	◎	◎	◎
□ 地図・地形図	◎	◎	◎
□ コースガイド・コピー	◎	◎	◎
□ 高度計	○	○	○
□ 携帯型GPS	○	○	○
□ 時計	◎	◎	◎
□ 携帯電話・スマートフォン	◎	◎	◎
□ カメラ	△	△	△
□ 手帳・ペン	○	○	○
□ ライター・マッチ	○	○	○
□ ビニール袋・食品保存袋	○	○	○
□ 新聞紙	○	○	○
□ ビニールシート・マット	○	○	○
□ トイレットペーパー	○	○	○

◎…必ず携行するもの
○…携行すると便利なもの
△…コースや季節、登山内容によって携行するもの
×…とくに必要なし

※春・秋は雪がないことを前提とし、また冬は、根雪にはならないものの、ときに降雪に見舞われることを前提とした装備です。
※リストはあくまでも目安です。事前に経験者のアドバイスを受け、調整するとよいでしょう。

奥多摩・高尾・陣馬

深山幽谷の趣を気軽に楽しめるハイカーのオアシス

御岳山
みたけさん

📷 標高差 登り:**98m** 下り:**98m**

📷 登山レベル **初級** 体力:★ 技術:★

東京都

標高 **929m**

総歩行時間 **2**時間**50**分

総歩行距離 **5.9km**

屋久島のような深い緑に包まれるロックガーデン

📷 DATA

電車・バス ▶ 行き:JR青梅線御嶽駅→西東京バス（約10分）→ケーブル下→徒歩3分→滝本駅→御岳登山ケーブル（6分）→御岳山駅 帰り:往路を戻る

マイカー 圏央道青梅ICから都道63号、国道411号を経由して滝本駅まで約19km。駅周辺に有料駐車場あり。

ヒント 土曜・休日は新宿駅から奥多摩駅まで「ホリデー快速おくたま」が直通運行される。車の場合は、GWや夏の休日などは駐車場が混雑するので早着を心がけたい。

登山適期 3月下旬〜12月上旬

問合せ先
青梅市観光協会 ☎ 0428-24-2481
御岳ビジターセンター ☎ 0428-78-9363
西東京バス氷川車庫 ☎ 0428-83-2126
御岳登山鉄道 ☎ 0428-78-8121

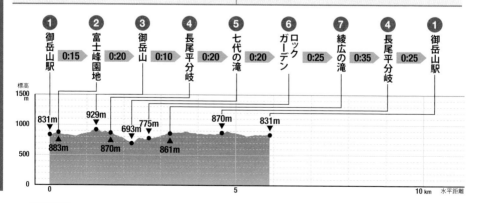

① 御岳山駅 0:15 ② 富士峰園地 0:20 ③ 御岳山 0:10 ④ 長尾平分岐 0:20 ⑤ 七代の滝 0:20 ⑥ ロックガーデン 0:25 ⑦ 綾広の滝 0:35 ④ 長尾平分岐 0:25 ① 御岳山駅

831m / 883m / 929m / 870m / 693m / 775m / 861m / 870m / 831m

欄外情報 御岳ビジターセンターにはスタッフが常駐し、登山道の状況やその時期に観賞できる草花、野鳥などの情報を教えてくれる。9時〜16時30分。月曜休（祝日の場合は翌日）。

神々が宿る霊山が創造した
苔むす渓谷や行場の滝を巡る

プロフィール 御岳山は古くから霊山として崇められてきた。山頂に鎮座する武蔵御嶽神社は崇神天皇7年（紀元前91年）創建の歴史を誇り、参詣者が宿泊する御師の集落も現存する。スピリチュアルな雰囲気に加え、豊かな自然が残り、山頂下までケーブルカーで上るアクセスの良さも手伝って、四季を問わず多くの登山者やハイカーが足を運ぶ。日の出山、鍋割山、大岳山などに至る登山道も整備され、縦走コースの起点として重宝されている。ここでは富士峰園地や滝、ロックガーデンを巡る一般的なコースを紹介。季節は新緑の4月下旬〜5月、レンゲショウマが咲く8月、紅葉の11月がおすすめ。

ガイド ケーブルカーの**❶御岳山駅**で降りたら、茶店やリフト乗り場を左に見て歩き出す。すぐ左の木段を登った斜面が、レンゲショウマの群落地として知られる**❷富士峰園地**だ。その数は約5万株といわれ、開花期にはプロ、アマを問わず多くのカメラマンが詰めかける。

斜面を登り切ると安産・子育ての神様を祀る武蔵御嶽神社摂社の産安社が見える。小さな社殿の脇に子授檜、夫婦杉が立ち、それぞれの木を撫でると子宝や夫婦円満の御利益をいただけるという。社殿前の階段を下り右に進むと、少し先に御岳ビジターセンターがある。館内にトイレがあり、玄関近くの水場では飲料水を補給することができる。

この先が御師の集落。宿坊らしく門や玄関に注連縄が張られている。神代ケヤキを見上げながら坂道を登り、食堂兼みやげ店が並ぶ小さな

門前町を抜けて大鳥居へ

武蔵御嶽神社の拝殿は江戸中期の造営

御岳山駅付近から見た御師集落と奥の院（右）

門前町を抜けると大鳥居がある。ここから300段近い石段を登れば、武蔵御嶽神社が鎮座する**❸御岳山**山頂だ。武蔵御嶽神社は日本武尊を難から救った白狼を描いた神符「おいぬ様」が有名で、家に祀ると諸厄災除けになるという。

参拝後、階段を戻り、「長尾平・ロックガーデン・大岳山方面近道」の案内板が立つ右側の坂道を下る。合流した山道を右に曲がり、道なりに歩くと右側に登山家・長谷川恒男の顕彰碑、左側に茶店が立つ**❹長尾平分岐**に着く。茶屋前の道を奥に行くとヘリポートを兼ねた広場やあずま屋があり、昼食をとるのに最適だ。

📷 Column
レンゲショウマの大群落

例年8月初旬から9月上旬にかけて、富士峰園地の北側斜面にレンゲショウマの群生が開花する。菜の花やコスモスのような派手さはないが、薄紫色の小さな花が健気に咲く様子は山野草らしく、見る者の心を癒してくれる。レンゲショウマは山野の林床に自生するキンポウゲ科の多年草で、花の形がレンゲに、葉の形がサラシナショウマに、それぞれ似ていることから命名された。開花期にはレンゲショウマまつりが開催される。

茶屋の前から杉林の急階段を下り、上養沢バス停への分岐を「岩石園・七代の滝」方面へ。水音が聞こえてくれば**❺七代の滝**は近い。滝壺でしばしの涼を楽しんだら、ハシゴのような階段と木の根道を登って、天狗岩の脇から**❻ロックガーデン**に入る。苔むした岩の合間からせせらぎが流れ、モミジ類などの木々が渓谷を埋め尽くす景観に何度も足が止まる。たっぷりと時間をかけて歩きたい。

あずま屋とトイレがある休憩舎で小休止したら、道幅の狭い岩場を抜け、ゆるやかな山道を登って**❼綾広の滝**へ。祓戸大神と蔵王権現が見守る滝壺では、いまも禊ぎの滝行が行われる。ここから大岳山の分岐までは急な登りだが、それ以後はゆるやかな道となる。

天狗の腰掛け杉などを見て、**❹長尾平分岐**に戻ったら、左に曲がる。この先は一本道で大鳥居に出る。あとは往路をたどり**❶御岳山駅**に戻る。体力に余裕があれば、表参道を歩いて下るのもいい。舗装道で歩きやすく、バス停までは1時間ほどだ。

注連縄を張った門の奥に綾広の滝がある

ロックガーデンのゴリラ岩

御岳山

1:25,000

0　250　500m

1cm=250m

等高線は10mごと

標高 1267m

総歩行時間 **5**時間

総歩行距離 **9.9**km

信仰の道をたどり奥多摩三山一座の頂に立つ

大岳山
（おおだけさん）

標高差 登り：**436**m 下り：**436**m

登山レベル **中級** 体力：★★ 技術：★★

日の出山から見た大岳山

DATA

電車・バス **行き：**JR青梅線御嶽駅→西東京バス（約10分）→ケーブル下→徒歩3分→滝本駅→御岳登山ケーブル（6分）→御岳山駅 **帰り：**往路を戻る

マイカー 圏央道青梅ICから都道63号、国道411号を経由して滝本駅まで約19km。駅周辺に有料駐車場あり。※レンゲショウマの季節や紅葉時期の週末は満車となるので早着を心がけたい。

ヒント 土曜・休日は新宿駅から奥多摩駅まで「ホリデー快速おくたま」が直通運行される。往路も芥場峠経由にすれば体力の軽減が図れる。

登山適期 4月上旬～11月下旬

問合せ先
青梅市観光協会 ☎ 0428-24-2481
御岳ビジターセンター ☎ 0428-78-9363
西東京バス氷川車庫 ☎ 0428-83-2126
御岳登山鉄道 ☎ 0428-78-8121

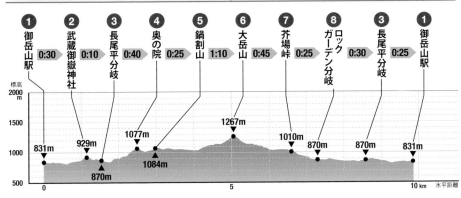

| ❶御岳山駅 | 0:30 | ❷武蔵御嶽神社 | 0:10 | ❸長尾平分岐 | 0:40 | ❹奥の院 | 0:25 | ❺鍋割山 | 1:10 | ❻大岳山 | 0:45 | ❼芥場峠 | 0:25 | ❽ロックガーデン分岐 | 0:30 | ❸長尾平分岐 | 0:25 | ❶御岳山駅 |

標高 2000m

1500

1267m

831m 929m 1077m 1010m 870m 870m 831m
870m 1084m

1000

500

0　　　　　　5　　　　　　10 km 水平距離

欄外情報 御岳山駅を下りた御岳平周辺にレンゲショウマの群落があり、8月初旬～9月上旬にかけて花が咲く。御岳山の紅葉は10月下旬～11月上旬頃。

13

御岳山から奥の院、鍋割山経由で登り、下山は芥場峠経由で戻る

プロフィール 特徴的な山容で目を引く大岳山は、御前山・三頭山とともに奥多摩三山の一座。山頂へは四方から道路が延び、多くのコースで登れる。ただ、いずれも下から登ると時間がかかる。ここでは御岳登山ケーブルを利用し、奥の院、鍋割山をたどるコースで紹介しよう。

ガイド ケーブルカーの❶御岳山駅を出たら左へと舗装路を進む。山上集落、みやげ店が並ぶ参道を抜けると随神門がある。大岳山へは左の山腹道だが、まずは石段で御岳山へ登ろう。❷武蔵御嶽神社の参拝を済ませたら、石段を少し戻った地点から山道を下れば、随神門で分かれた巻き道に合流。じきに❸長尾平分岐だ。

長尾平展望台方面と七代の滝方面の２つの道を左に分け直進。さらに、長尾平寄りのロックガーデンへの道を分けると、右に天狗の腰掛け杉がある。大岳山へは山腹の水平道を行くのが早いが、ここでは奥の院方面へと尾根伝いに登る。植林帯を登っていくと、途中、ちょっとした鎖場があり、じきに朱塗りの社殿が右手にある。社殿の左からひと登りすれば❹奥の院の山頂で石祠がある。樹林に囲まれ展望はない。

ひと休みしたら、岩混じりの尾根道を下ろう。途中、樹間越しに目指す大岳山が見える。巻き道に合流すると、傾斜はゆるむが、じきに尾根道の登り返しとなる。途中、山頂直下の巻き道を分け、ひと登りで❺鍋割山だ。ここも展望は

奥の院の山頂直下から大岳山を望む

ない。ひと息入れたら尾根道を下っていく。左手が植林、右手が広葉樹だ。ひと下りで巻き道と合流。山腹の道をゆるやかに進めば長尾平から直接登ってくるコースと合流する。作業小屋を過ぎると傾斜がきつくなり岩場を越えていく。途中、数カ所の鎖場があるが、足場が切られているので慎重に行けばさほど危険はない。

岩場を抜けゆるやかに下ってから、山腹を巻いて進めば、閉鎖している大岳山荘だ。トイレもある。ひと息入れたら、大岳山荘の裏斜面を登っていく。すぐに大岳神社があり、ここから急登が続く。途中、ロープがかかる岩場を経て、傾斜がゆるんでくれば❻大岳山だ。山頂からは富士山や奥多摩、丹沢の山々が一望できる。

ゆっくり休んだら下山だ。鍋割山の分岐まで往路を戻ったら、御岳山方面に進めばじきに❼芥場峠だ。ここで上高岩山へと続く尾根道と分かれ、斜め左へ下っていく。しばらく下ったのち折り返してから橋を渡れば、やがてあずま屋が見えてきて❽ロックガーデン分岐だ。時間がゆるせば、ぜひロックガーデンを巡りたい（P10御岳山参照）。苔むした沢沿いのコースは屋久島の森を行くような趣で気持ちがよい。

御岳山の参道より山上集落と奥の院を望む

大岳山荘手前の鎖場を行く

欄外情報 大岳山直下や大岳山荘手前の岩場は足場があり、乾いていれば慎重に進めば難しくないが、雨などで濡れているときの下りは要注意。トレッキングポールはザックにつけ、手を使って確実に下るようにしたい。

御岳山駅へはまっすぐ進む。すぐに水場があるので喉を潤していこう。さらに水平道を行けば、往路に通った奥の院への分岐となり❸長尾平分岐だ。あとは往路をたどり❶御岳山駅へと戻る。

樹林に囲まれた鍋割山の山頂

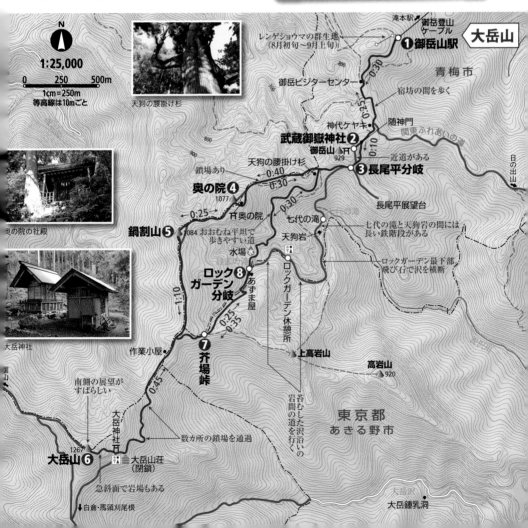

御岳山からつるつる温泉へとたどる楽ちんコース

御岳山・日の出山

（みたけさん・ひのでやま）

標高差 登り:**98m** 下り:**567m**

登山レベル **初級** 体力:★ 技術:★

東京都

標高 **929m**（御岳山）

総歩行時間 **2時間40分**

総歩行距離 **6.8km**

大きな展望が広がる日の出山の頂上

DATA

電車・バス **行き**:JR青梅線御嶽駅→西東京バス（約10分）→ケーブル下→徒歩3分→滝本駅（御岳登山ケーブル(6分)→御岳山駅 **帰り**:つるつる温泉→西東京バス（約20分）→JR五日市線武蔵五日市駅

マイカー 圏央道青梅ICから都道63号、国道411号を経由して滝本駅まで約19km。駅周辺に有料駐車場あり。満車時は、手前の民間駐車場を利用。

ヒント 縦走となるため、マイカーの場合は御岳山駅から日の出山までの往復となる。

登山適期 3〜12月

問合せ先

青梅市観光協会	☎0428-24-2481
日の出町観光協会	☎042-588-5883
西東京バス営業部	☎042-646-9041
御岳登山鉄道	☎0428-78-8121

① 御岳山駅 — 0:15 — ② 日の出山分岐 — 0:10 — ③ 御岳山 — 0:05 — ② 日の出山分岐 — 0:40 — ④ 日の出山 — 1:30 — ⑤ つるつる温泉

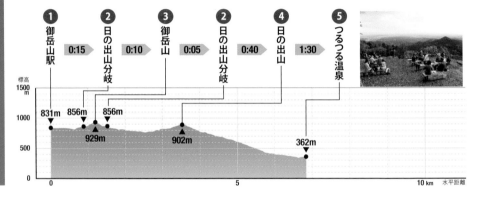

標高
1500m
1000
500

831m 856m 856m
929m
902m
362m

0 5 10km 水平距離

欄外情報 アルカリ度がたいへん高く、肌がつるつるになることから名付けられたのが「生涯青春の湯 つるつる温泉」。レストランも評判がいい。10〜20時（受付〜19時）。第3火曜休。☎042-597-1126。

武蔵御嶽神社を参拝し
日の出山から関東平野を一望

プロフィール 御岳登山ケーブルを利用することで登りが少なく、奥多摩入門の山として人気が高い日の出山。山頂からは関東平野や奥多摩の山々が望める。下山後、湯に浸かれるつるつる温泉へのコースを紹介しよう。

ガイド ❶御岳山駅を出た御岳平から、目指す日の出山を展望したら出発だ。まずは舗装された参道を進む。途中、御岳ビジターセンターを右に見送ると、山上の御師の集落へ入っていく。じきに、神代ケヤキがあり、その手前が❷日の出山分岐だ。日の出山へは左へと進むが、まずは参道をたどり、武蔵御嶽神社がある❸御岳山へと向かおう。

参拝を済ませ❷日の出山分岐へと戻ったら、山上集落の間を下る。集落を抜け植林帯の尾根道をしばらく行くと、やがて正面に鳥居が見え

御岳山駅から見た日の出山

てくる。ここで上養沢への道を分け、正面の石段道を登る。左へと回り込み登れば、東雲山荘とトイレがあり、ひと登りで❹日の出山だ。山頂にはあずま屋やベンチがあり、関東平野や大岳山、御岳山などを一望できる。

山頂からは、つるつる温泉・金比羅山方面へと南に下る。木段の道は濡れているとたいへん滑るので注意して歩こう。途中、三室山方面、金比羅山方面への分岐を見送り、東に延びる尾根を歩く。樹林に包まれた道はやがて急な斜面となり、ジグザグを切って下ると車道に飛び出す。ここには日の出山ハイキングコース入口の標柱が立ち、あとは道標を見ながら❺つるつる温泉を目指して車道を歩く。温泉から武蔵五日市駅行きのバスは1時間に2本ほどある。

なお、日の出山から東に日向和田駅へと下るコース途中の梅の公園は、かつて梅の木の病気で全伐採となったが、その後、再植栽され、まだ低木ながら花も付けるようになった。2〜3月ならこちらのコースもおすすめだ。

御嶽山から日の出山への道

御岳山駅から見た日の出山

つるつる温泉

1:55,000

御岳山・日の出山

3

天を突く杉木立の尾根道を行く

青梅丘陵
<small>おうめきゅうりょう</small>

標高差 登り：**257**m 下り：**296**m

登山レベル ［**入門**］体力：★ 技術：★

青梅市街の眺めが広がる第一休憩所

DATA

電車・バス **行き：**JR青梅線軍畑駅 **帰り：**JR青梅線青梅駅

マイカー 圏央道青梅ICから都道44号・63号を経由して青梅駅まで約6km。縦走なので車利用には向かないが、青梅鉄道公園付近や青梅駅周辺の有料駐車場に預け、軍畑駅へは青梅線を利用するといい。

ヒント 土曜・休日は新宿駅から奥多摩駅まで「ホリデー快速おくたま」が直通運行される。軍畑駅には停車しないが、青梅駅まで直通で行ける。標高500m以下の低山のため、7〜8月の夏場は避けたい。春や秋の晴れた日に、のんびりと歩きたいコースだ。近年、熊の目撃情報があるので、熊除け鈴を装備しておきたい。

登山適期 3〜12月（盛夏を除く）

問合せ先 青梅市観光協会 ☎0428-24-2481

❶ 軍畑駅 —0:20— ❷ 榎峠 —0:40— ❸ 雷電山 —0:30— ❹ 名郷峠 —0:50— ❺ 41番鉄塔 —0:40— ❻ 矢倉台 —1:00— ❼ 青梅駅

標高
1500m

1000

500

237m 327m 494m 382m 454m 380m 198m

0 5 10 15 km 水平距離

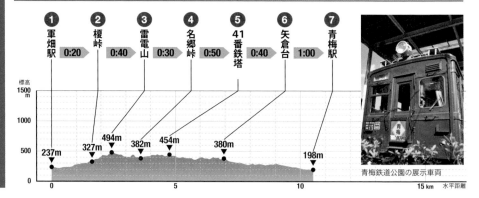

青梅鉄道公園の展示車両

欄外情報 青梅駅から東京方面に2駅目、河辺駅の駅前に日帰り温泉施設「河辺温泉梅の湯」がある。浴槽は露天と内湯に各4つ。10〜23時受付。第3水曜休。☎0428-20-1026。

低山登山とハイキングの両方を楽しめるロングコース

プロフィール 多摩川の北側に連なる青梅丘陵。矢倉台を境に前半は適度なアップダウンの山道、後半は道幅の広いハイキングコースとなる。丘陵の稜線から二俣尾、石神前、日向和田など青梅線各駅へ下りるルートが整備され、天候や体調に応じてルートを柔軟に変更できる。

ガイド ❶軍畑駅を出たら左へ。踏切を渡り、平溝川に沿う車道を10分ほど登ると高水三山への分岐点、平溝橋に出る。橋を渡ると勾配が一段ときつくなり、車道中央にポールコーンが見えると❷榎峠で、右手にコース入口がある。

杉木立の間を縫うように、木段や木の根がむき出しになった急坂を登り、尾根筋に上がると❸雷電山（らいでんやま）の山頂はすぐ。北側の視界が開け、眼下に採石場が望める。尾根道を右に進み、しばらく下ると辛垣城跡（からかいじょうせき）への分岐になる。戦国時代まで青梅周辺を治めた豪族三田氏の居城跡で、急な登り下りが続く。この先、2つの道は合流するので脚力に応じてコースを選択しよう。

小さな祠のある❹名郷峠（なごうとうげ）から急勾配の山道を

コース後半のこもれ日の道

登る。ノスザワ峠を過ぎ、しばらく歩くと視界が開ける。尾根道を境に北側が伐採されているためだが、近年は企業が出資して植樹や森林整備を行っている。武甲山、筑波山、男体山など大パノラマを眺めながらひと休みしたい。❺41番鉄塔（ばんてっとう）の手前から下り、日向和田駅への分岐を過ぎると道幅は広くなり、右手にあずま屋が立つ❻矢倉台（やぐらだい）が現れる。三田氏の物見櫓だったところで、青梅の市街地が一望できる。

いくつかの休憩所を過ぎ、むらさめ橋を渡る。千手観音像塔が見えたら左に曲がり、晴天時には東京スカイツリーも望める第一休憩所を過ぎると、0系新幹線など10台の展示車両がある青梅鉄道公園に着く。ここから❼青梅駅（おうめえき）までは10分ほどだ。

4

青梅丘陵

青梅丘陵

❷榎峠　　上成木　　飯能　　蝋沢院　　新吹上トンネル　吹上峠

口を見落とさないように注意

木段の急な登り

❸雷電山　494　木に囲まれた静かな山頂　311　177　316　東京都青梅市　249　慈本寺

平溝橋　0:40　0:30　0:30　0:40　辛垣城跡　314　黒沢二丁目　水梓街道

0:15　小さな祠が立つ❹　0:50　鉄塔脇より大岳山方面の展望　201　根布二丁目

軍畑駅❶　0:20　名郷峠　ノスザワ峠　454　❺41番鉄塔　青梅丘陵ハイキングコース　聞修院　青梅ゴルフ倶楽部

軍畑大橋　乙俣尾四丁目　359　三方山　406　黒沢三丁目　270　265

二俣尾駅　JR青梅線　二俣尾三丁目　見晴らしのよい41番鉄塔への尾根道　0:40　335　270

奥多摩橋　221　柚木町二丁目　0:50　404　展望台から青梅市街を一望　300

愛宕神社　吉川英治記念館　好文橋　石神前駅　矢倉台❻　ベンチの置かれた休憩所が続く　千手観音像塔　第一休憩所　金比羅神社

梅郷六丁目　284　二俣尾一丁目　神代橋　338　301　1:00　金剛寺　青梅鉄道公園

吉野梅郷　215　梅郷五丁目　裏宿町　1:20　昭和レトロ商品博物館　青梅駅東青梅駅　青梅市役所

N　梅の公園　日向和田一丁目　日向和田駅　上町　❼青梅駅　青梅市

1:50,000　梅郷三丁目　宮ノ平駅　畑中一丁目　青梅街道

0　500　1000m　竹林寺　梅郷二丁目　畑中二丁目　万年橋　411　調布町　新宿・八王子

1cm=500m　稲荷神社　和田橋　青梅市郷土博物館　吉野街道

等高線は20mごと

高水三山

3つのピークを越えるミニ縦走コース

（たかみずさんざん）

岩茸石山から川苔山（左）方面を眺める

▶ 標高差　登り：**556**m　下り：**555**m
▶ 登山レベル　**初級**　体力：★★　技術：★★

東京都

標高 **793**m（岩茸石山）

総歩行時間 **3**時間**45**分

総歩行距離 **9.2**km

📷 DATA

電車・バス　行き：JR青梅線軍畑駅　帰り：JR青梅線御嶽駅

マイカー　軍畑駅周辺には無料駐車場が2カ所、御嶽駅周辺には有料駐車場が3カ所あるが、一番大きい市営の御岳苑地駐車場でも50台の収容。土曜・休日はかなり混む。御嶽駅へは圏央道青梅ICから都道44号・63号、国道411号を経由して約15km。

ヒント　土曜・休日は新宿駅から奥多摩駅まで「ホリデー快速おくたま」が直通運行される。軍畑駅には停車しないが、青梅駅まで直通で行ける。

登山適期　3月下旬～12月上旬

問合せ先　青梅市観光協会　☎ 0428-24-2481

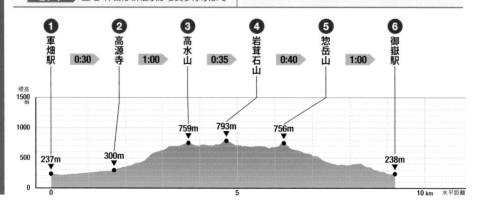

❶ 軍畑駅	0:30	❷ 高源寺	1:00	❸ 高水山	0:35	❹ 岩茸石山	0:40	❺ 惣岳山	1:00	❻ 御嶽駅

標高
1500m
1000
500

237m　300m　759m　793m　756m　238m

0　　　5　　　10 km　水平距離

欄外情報　御嶽駅から惣岳山、岩茸石山へ至る登山道は「関東ふれあいの道・山草のみち」でもある。岩茸石山から北面の黒山、棒ノ嶺を縦走して川井駅へ下るコースは、御嶽駅を起点にすると約7時間半のロングコースになる。

眺望自慢の広場、神社など、ピークごとに雰囲気が一変

プロフィール 高水三山とは高水山、岩茸石山、惣岳山の三山の総称。標高は低いが急勾配の登り下りや簡単な岩場もあり、奥多摩登山の入門編としては最適だ。スタートとゴールが青梅線の駅という便の良さも魅力。

ガイド スタートは❶軍畑駅から。左手の踏切を渡り、車道に出たら左に折れる。10分ほど歩き平溝橋にぶつかったら、橋の手前を左に進み、平溝川沿いを行くと登山道入口の案内板が立つY字路に出る。右に進むと❷高源寺。曹洞宗の寺で境内に公衆トイレがある。この先、高水山までの登りは本コースで最もきつい。最初から急勾配の舗装道が続くので、ウォーミングアップを兼ねながらゆっくり歩こう。

舗装道の終点から砂防ダムへの道に入り、堰堤脇の階段を登り切ると、ようやく登山道らしくなる。足元の草花を愛でつつ、スギやヒノキの薄暗い林を登り続けると、一面を伐採した明るい急斜面に出る。斜面をジグザグに登り、稜線に上がったら右へ。周囲の木々が針葉樹から広葉樹へ変わると常福院は近い。毎年4月上旬に奉納される獅子舞で知られ、本堂の裏に本コース最後のトイレがある。境内の斜面を上がると❸高水山に到着。頂上は樹林に覆われ、眺望はあまりよくないがベンチが設置され、小休止によい。

岩場を越えて惣岳山の山頂へ

次は❹岩茸石山へ。いきなりの急な下りに驚くが、慎重に下った後は快適な尾根道となる。惣岳山の巻き道を過ぎ、足元の悪い急斜面を急登すると北側が開けた山頂に着く。川苔山、棒ノ嶺、武甲山などが望め、丸太のベンチもあることから、昼食スポットとして人気だ。

最後の❺惣岳山は頂上への急登で知られる。両手を使って木の根や岩をよじ登っていく。山頂はうっそうとした広場で、大国主命を祀る青渭神社奥ノ院が鎮座する。金網越しに社殿の彫刻を見て、小休止したら下山に入る。

途中、小祠を築いた真名井ノ井戸、2本の杉に注連縄が張られ、その下を通るしめつりの御神木などを見ながら、杉林の急坂を下る。沢井駅への分岐を過ぎ、小さなアップダウンを経て慈恩寺の脇から舗装道に出る。踏切を渡って、茅葺き屋根の手打そば玉川屋の前を右に折れると青梅街道。右手に見える唐破風屋根の立派な建物がゴールの❻御嶽駅だ。

高水三山

奥多摩町

岩茸石山❹
山頂付近はかなりの急斜面

❸高水山
常福院

東京都
青梅市

惣岳山❺
青渭神社奥ノ院
真名井ノ井戸
しめつりの御神木
急坂

巻き道あり
急坂

砂防ダムの左脇の階段を登る
砂防ダム

川井駅

沢井駅

軍畑駅❶
JR青梅線

平溝橋

高源寺❷

御嶽駅❻
御岳橋

小澤酒造

吉野街道

1:50,000
0 500 1000m
1cm＝500m
等高線は20mごと

奥多摩三大急登を越えて原生林の頂を目指す

本仁田山
（ほにたやま）

標高差 登り：**882m** 下り：**910m**

登山レベル 初級 体力：★★ 技術：★

徐々に勾配が増す大休場尾根の上部を登る

DATA

電車・バス 行き：JR青梅線奥多摩駅 帰り：JR青梅線鳩ノ巣駅

マイカー 奥多摩駅前の奥多摩町役場に隣接してコインパーキングが、駅から5分ほどの氷川キャンプ場に町営有料駐車場がある。下山地点の鳩ノ巣駅には無料駐車場があるので、ここに停めて電車で奥多摩駅まで移動するのもいい。

ヒント マイカーの場合、週末は非常に混雑するので、手前の多摩川周辺のキャンプ場などの駐車場を利用して電車で往復するのもいいだろう。

登山適期 4月上旬〜11月下旬

問合せ先
奥多摩町観光産業課 ☎0428-83-2295
奥多摩ビジターセンター ☎0428-83-2037
リーガルキャブ（タクシー） ☎042-550-2712

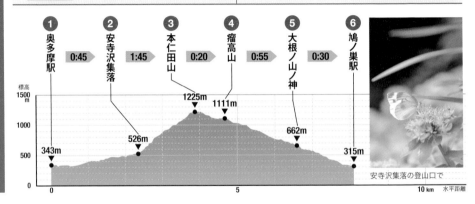

① 奥多摩駅	0:45	② 安寺沢集落	1:45	③ 本仁田山	0:20	④ 瘤高山	0:55	⑤ 大根ノ山ノ神	0:30	⑥ 鳩ノ巣駅

標高
1500m
1000
500

343m
526m
1225m
1111m
662m
315m

0　　　　　　　5　　　　　　　10 km　水平距離

安寺沢集落の登山口で

欄外情報 電車の待ち時間が長いときは駅から1分ほどの「カフェ山鳩」がおすすめ。手作りスイーツやそばサラダ、ピザなどのほか、生ビールもある。10〜17時。月曜休。☎0428-85-2158。

急斜面を登りつめ
川苔山前衛のピークに立つ

プロフィール 川苔山に連なる稜線の前衛にそびえるのが本仁田山。鷹ノ巣山の稲村岩尾根、六ツ石山の榛ノ木尾根と並んで奥多摩三大急登の一つに数えられる大休場尾根の登行があるが、通過困難な箇所がないので初級者も安心して登れ、駅から駅をつないで歩ける手軽さも備えている。

ガイド ❶奥多摩駅を出たら右へ進み、多摩川を渡って右折し、道端に咲く花を見ながら舗装道路を進むと❷安寺沢集落に着く。民家の間を抜けて山道へ入るとイチョウの巨木が立つ乳房観音への道があるので、参拝していこう。

道は徐々に勾配を増し、美しい植林の中を登る。露岩まじりの急坂をつめていくと、やがて頭上も明るい広葉樹に変わり、尾根上の「大休場」に出る。

広い尾根は次第に急登となり、手も使いながら露岩を越えていく。やがて左手が広葉樹林となり、花折戸尾根からの道を合わせて平坦な道をいくと❸本仁田山の山頂に達する。

下りの杉ノ殿尾根も急斜面が続く

下山は北側の尾根道を行き、鞍部を過ぎて登り返すと川苔山への道を左に分ける❹瘤高山だ。伐採された斜面は展望が開け、御岳山と日の出山が望める。

南へ木の根まじりの少々ザレた急斜面を下っていく。しばらくして大ダワからの道を合わせ、雑木林の中を抜けていく。やがて植林帯となり、川音が近づいてくると右手から林道が合流し、川苔山からの道も合わせると大木の下に祀られた❺大根ノ山ノ神に出る。

見事なスギの並木を下っていくと、後方に本仁田山が姿を見せ、やがて棚沢集落も樹間から俯瞰でき、民家の間の車道を下って踏み切りを渡れば左手に❻鳩ノ巣駅が見える。

棚沢の集落を見下ろせば鳩ノ巣駅も近い

本仁田山

東京都 奥多摩町

1:50,000
0 500 1000m
1cm＝500m
等高線は20mごと

奥多摩湖の南東にそびえる奥多摩三山の一座

御前山

（ごぜんやま）

📷 標高差　登り：**873m**　下り：**1011m**

📷 登山レベル　中級　体力：★★★　技術：★★

東京都

標高 **1405m**

総歩行時間 **5時間10分**

総歩行距離 **9.3km**

奥多摩湖畔から見た雄大な山容の御前山

📷 DATA

電車・バス　**行き**：JR青梅線奥多摩駅→西東京バス（約15分）→奥多摩湖　**帰り**：境橋→西東京バス（約10分）→JR青梅線奥多摩駅

マイカー　圏央道青梅ICから国道411号を経由して奥多摩湖まで約37㎞。湖畔に大きな無料駐車場がある。境橋からはバスで奥多摩湖へ戻る。

ヒント　土曜・休日は新宿駅から奥多摩駅まで「ホリデー快速おくたま」が直通運行される。マイ

カーの場合、最短で登るなら、奥多摩周遊道路の月夜見駐車場から小河内峠経由で登れば、山頂まで約2時間。

登山適期　4月上旬〜11月下旬

問合せ先

奥多摩町観光産業課　☎0428-83-2295
奥多摩ビジターセンター　☎0428-83-2037
西東京バス氷川車庫　☎0428-83-2126

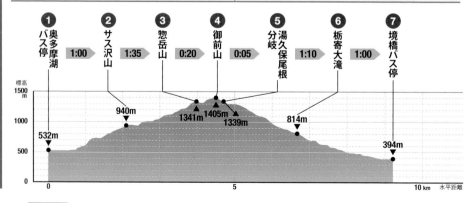

① 奥多摩湖バス停　1:00　② サス沢山　1:35　③ 惣岳山　0:20　④ 御前山　0:05　⑤ 湯久保尾根分岐　1:10　⑥ 栃寄大滝　1:00　⑦ 境橋バス停

標高 m
1500
1000
500
0

532m　940m　1341m　1405m　1339m　814m　394m

0　　5　　10 km　水平距離

欄外情報　奥多摩駅から徒歩10分ほどのところに「奥多摩温泉もえぎの湯」がある。多摩川を見下ろす露天風呂が人気だ。10〜20時（12〜3月は〜19時）。月曜休（祝日の場合は翌日）。☎0428-82-7770。

**奥多摩湖から大ブナ尾根を登り
下山は体験の森を抜けて栃寄沢を下る**

プロフィール 三頭山、大岳山とともに奥多摩三山に数えられる御前山。山上は木々に囲まれているが、春先はカタクリが彩りを添える。登山道は四方から延びているが、ここでは奥多摩湖から大ブナ尾根を登り、栃寄沢沿いを下るコースを紹介しよう。

ガイド ❶奥多摩湖バス停を降りたら、小河内ダムの堰堤をたどり対岸側へ。小広場の左奥の登山口から道標にしたがい、展望広場、頂上広場を経て登っていく。山道はかなりの急登だが、尾根筋にはブナが梢を伸ばしきれいだ。やがて植林帯となり、ひと登りで❷サス沢山に到着だ。眼下に真っ青な奥多摩湖が見下ろせる。

ここからは傾斜もゆるやかになる。途中、岩が露出した箇所を過ぎ、一度小さく下ってから急登すれば小河内峠からの道を合わせ❸惣岳山

春、山頂付近にはカタクリが咲く

だ。山頂は樹林に囲まれ展望はないが、4月下旬～5月上旬にはカタクリが花を咲かせる。

惣岳山から御前山へは約600m。道標にしたがい、いったん下ってから登り返す。途中、北側の展望が開け、雲取山、鷹ノ巣山方面、さらに、山頂直下で富士山が見える。❹御前山の山頂も樹林に囲まれているが、ベンチがありゆっくり休める。

下山は東へと下る。すぐに❺湯久保尾根分岐だ。ここを左に行けば御前山避難小屋がある。あとは、折り返しながら一気に下っていく。体験の森へと入っていくと「湧水の広場」や「カラマツの広場」などの散策コースがいくつも交錯するので、道標に注意して進もう。

林道に出たら道なりに下る。じきにトチノキ広場があり、この下から車道を離れ右へと栃寄沢への山道を進む。急坂を下ると❻栃寄大滝（ゴハンギョウの滝）がある。あとは沢沿いの道を下っていく。再び車道に出たら右へゆるやかに下っていけば❼境橋バス停に到着する。

御前山へと続く尾根道

御前山

1:50,000

N

1cm=500m
等高線は20mごと

0 500 1000m

変化に富む渓谷美と展望が見事な奥多摩の名峰

川苔山
（かわのりやま）

川苔山 | 中級 | 大展望／花

▷ 標高差 登り：**954m** 下り：**1048m**

▷ 登山レベル **中級** 体力：★★★ 技術：★★

小滝が落ちる川苔谷を渡り返しながら進む

▷ DATA

電車・バス **行き**：JR青梅線奥多摩駅→西東京バス（約15分）→川乗橋 **帰り**：JR青梅線鳩ノ巣駅

マイカー 圏央道日の出ICから国道411号を経由して鳩ノ巣駅まで約27km。駅のすぐ先を右に入ったところに無料の鳩ノ巣駐車場がある。ここに停め、登山口の川乗橋へは電車とバスで移動すれば周回登山ができる。

ヒント 朝の川乗橋へのバスは1時間に1本

程度のため、GWや紅葉シーズンはかなり混雑する。確実に乗るためには、時刻をチェックして早めに駅に着くようにしたい。

登山適期 4月上旬〜11月下旬

問合せ先
奥多摩町観光産業課 ☎ 0428-83-2295
奥多摩ビジターセンター ☎ 0428-83-2037
西東京バス氷川車庫 ☎ 0428-83-2126

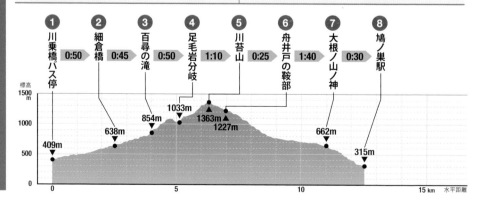

① 川乗橋バス停 0:50 ② 細倉橋 0:45 ③ 百尋の滝 0:50 ④ 足毛岩分岐 1:10 ⑤ 川苔山 0:25 ⑥ 舟井戸の鞍部 1:40 ⑦ 大根ノ山ノ神 0:30 ⑧ 鳩ノ巣駅

標高 1500m

409m　638m　854m　1033m　1363m　1227m　662m　315m

0　5　10　15 km　水平距離

欄外情報 奥多摩駅から川乗橋へのバス（東日原行き、鍾乳洞行き）は、平日と土曜・休日では運行時間が異なるので注意したい。また土曜・休日のバスはすべて東日原行きになる。

**川苔谷をたどり百尋の滝を経て
大展望が広がる山頂に立つ**

プロフィール 埼玉と東京の都県境近くにそびえる川苔山は、一時、川乗山と表記された。しかし、かつて川苔が採れたという名の由来から、近年は川苔山に表記を戻しつつある。山頂までの道のりは長く健脚向きだが、川苔谷の渓谷や百尋の滝、山上展望がすばらしい。

ガイド ❶川乗橋バス停で降りたら、車止めゲートを抜け、林道川乗線を進む。登山口までの車道歩きは2.7kmと長いが、谷を挟んで右手に広がる渓谷沿いの斜面は、四季折々の景色を展開してくれる。とりわけ、ヤマザクラやミツバツツジなどが点々と色を添える春の新緑は見事。途中、竜王橋を渡って折り返すと、川苔谷の右側を登っていく。やがてトイレとベンチがある登山道入口の❷細倉橋に到着する。

「百尋の滝1.9km、川苔山4.7km」の道標にしたがい植林帯を進もう。じきに川苔谷沿いの道となる。ところどころ切り立った断崖を整備された桟橋で通過していく。さらに、渓谷を橋で渡り返しながら上流へと進む。やがて、沢沿いから離れ山腹を回り込むように登っていく。谷を挟んで左上に林道が見えてくれば、間もなく分岐となる。川苔山へは分岐を右だが、❸百尋の滝は階段道を下りたところ。ぜひ奥多摩随一の滝を仰ぎ見てこよう。

分岐へと戻ったら、短く岩場を登ってから山腹道を進む。一度、小さく下り、横ヶ谷支流の小沢を渡り登り返すと❹足毛岩分岐だ。川苔山

本仁田山付近から見た川苔山

奥多摩随一の落差を誇る百尋の滝

の山頂へは足毛岩の肩経由（1.8km）と川苔山の北面から回り込むコース（1.5m）がある。ここでは距離が短く登りもゆるやかな北面からの道を進もう。苔むした古い石積みの堰堤をいくつか越え、谷筋から尾根上へと登れば、かつて川苔小屋があった十字路の分岐に出る。これを右へ登れば❺川苔山の山頂だ。山頂からは雲取山から大菩薩嶺、さらに富士山、御前山、大岳山などが見渡せる。

下山は先ほどの分岐まで戻り、南へと尾根道を下る。途中、右に舟井戸の水場を見送り下っ

📷 Column

川苔山の春の花々

「花の百名山」に選ばれている川苔山は、コース中さまざまな花に出会える。春先の山道沿いで目を引くのは、ミツバツツジ（写真上）、ヤマザクラ、各種スミレ、ヒトリシズカ（写真下）、ハシリドコロ、イワボタン、ハナネコノメ、ヤマエンゴサク、ダンコウバイ、モミジイチゴなど。

ていくと**❻舟井戸の鞍部**に到着する。ここから
鋸尾根への道と分かれ、山腹に続く道を下って
いく。しばらく下り、大ダワへの分岐を右に分
け、ヒノキやスギの植林帯をたんたんと下って
いく。樹林のなかの山腹道は展望も開けず薄暗
いが、しばらくで間伐された林内へと入ってい
く。途中、山側斜面に石積みが残る山腹道を進
み、再び植林帯を行くとやがて林道に下り立ち
❼大根ノ山ノ神に着く。傍らに木の祠が祀られ
ているので、ひと休みしていこう。

この先も、さらに植林帯の道をたんたんと
下っていく。途中、折り返しながら傾斜を落と
していくと、熊野神社への道を分ける。この先

川苔山の山頂より富士山を望む

で左へと山腹を進んでから、棚沢集落に下り立
つ。あとは急な舗装路を下り、青梅線の線路を
渡って左へ進めば**❽鳩ノ巣駅**だ。

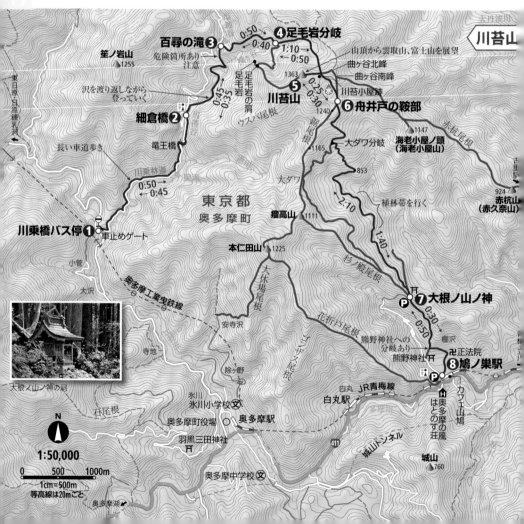

大根ノ山ノ神の祠

東京都

標高 1737m
総歩行時間 6時間35分
総歩行距離 11.8km

ブナ林の急登に耐え、大展望の頂に立つ

鷹ノ巣山

標高差 登り：**1122m** 下り：**1214m**

登山レベル **中級** 体力：★★★ 技術：★★

鷹ノ巣山頂上付近から日蔭名栗山方面を望む

DATA

電車・バス **行き：**JR青梅線奥多摩駅→西東京バス（約25分）→東日原 **帰り：**水根→西東京バス（約15分）→JR青梅線奥多摩駅 ※登山口近くに中日原バス停があるが、運行は平日のみで、土曜・休日はすべて、1つ手前の東日原止まり。両停留所間の距離は徒歩数分。

マイカー 駐車は東日原バス停横と日原小学校跡に可能だが、事前に観光協会に確認すること。

ヒント マイカーの場合、奥多摩駅前のコインパーキングか町営氷川駐車場（有料）に停めてバスを利用すれば、往復登山にならずにすむ。

登山適期 4月中旬〜11月中旬

問合せ先
奥多摩観光協会 ☎0428-83-2152
奥多摩ビジターセンター ☎0428-83-2037
西東京バス氷川車庫 ☎0428-83-2126

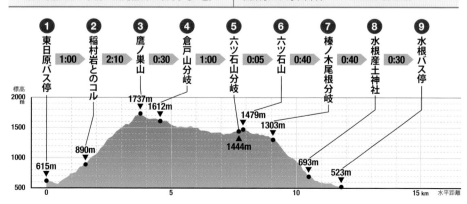

① 東日原バス停 — 1:00 — ② 稲村岩とのコル — 2:10 — ③ 鷹ノ巣山 — 0:30 — ④ 倉戸山分岐 — 1:00 — ⑤ 六ツ石山分岐 — 0:05 — ⑥ 六ツ石山 — 0:40 — ⑦ 榛ノ木尾根分岐 — 0:40 — ⑧ 水根産土神社 — 0:30 — ⑨ 水根バス停

標高2000m — 1737m 1612m — 1479m 1444m 1303m — 890m — 693m 523m — 615m

水平距離 15km

急な登下降は体力・気力を要求されるが ブナの美林や頂からの展望は大きな魅力

プロフィール 雲取山から奥多摩駅付近まで続く長大な石尾根の、その中間に立つのが鷹ノ巣山だ。奥多摩三大急登の一つともいわれる稲村岩尾根には大汗を絞られるが、尾根を包むブナの森や頂上からの大展望は、急登のつらさを補って余りある。下山路にあたる六ツ石山の下りは長く急なので、余力を残しておきたい。

ガイド ❶**東日原バス停**から日原鍾乳洞方面に進み、中日原バス停を過ぎた先に登山道入口がある。民家の脇を左に入り、いったん下って日原川を巳ノ戸橋で渡るとすぐに急登が始まる。堰堤からしばらく沢沿いに登り、沢から離れて九十九折の山道を行けば❷**稲村岩とのコル**だ（稲村岩の往復は危険）。

コルから稲村岩尾根の急登が始まる。休憩に適した平らなスペースもほとんどなく、ひたすら登り一辺倒、なぐさめてくれるのは周囲の美

ブナ林が続く稲村岩尾根

夏の頂上付近に多く咲くマルバダケブキ

しい森だけという登りが2時間前後は続く。登りだけで体力、気力を消耗してしまわないよう、あせらずじっくりいきたい。

黙々と登り続けると、上部にやっと平坦地が現れる。ヒルメシクイのタワだ（タワとは鞍部、コルのこと）。ここまでくれば頂上まであと30分ほど。急坂の先に道標の先端が見えてくれば、待望の❸**鷹ノ巣山**頂上だ。

広々とした頂上から富士山や南アルプス、奥多摩の山々などの眺めを楽しんだら、六ツ石山に向け、石尾根を南東へ歩こう。なお、下山路とは反対の西側に20分ほど下ると、立派な造りの鷹ノ巣山避難小屋が立つ。万一の時のために覚えておきたい。

防火帯ともなっている開けた尾根を南東にしばらく下れば❹**倉戸山分岐**。ここは石尾根をそのまま水根山、城山へと向かう。

樹林の中の道を登り下りしながら城山を越えて、下りきった鞍部で右手から登山道が合流する。鷹ノ巣山避難小屋から鷹ノ巣山や城山の頂上を経ずにこの鞍部まで続く巻き道だ。ここから道は再び登りに転じ、ひと登りで❺**六ツ石山分岐**に至る。分岐をUターンするように登り

鷹ノ巣山頂上から六ツ石山に向け石尾根を下る

欄外情報 歩行時間だけで6時間30分前後かかるコースなので、できるだけ早いバスで出発したい。秋に歩く場合は、行動中に日没になる可能性もあるので、ヘッドランプと予備電池は必ず携行すること。

返せば、草原状の❻六ツ石山（いしやま）はすぐだ。

六ツ石山からは最初、比較的ゆるやかな広い尾根を下る。しばらくするとトオノクボとも呼ばれている❼榛ノ木尾根分岐（はんのきおねぶんき）に到着する。ここでひと休みし、ヒノキの植林帯の急下降に備えて靴紐を締め直そう。

分岐から水根産土神社までの標高差約600mをぐんぐん下る。登りの疲れも加わって膝が悲鳴を上げそうになるが、❽水根産土神社（みずねうぶすなじんじゃ）が現れれば急下降も間もなく終わりを告げる。奥多摩湖が見え始め、水根集落最奥の民家を過ぎた先で、登山道は舗装された林道へと変わる。あとは道標にしたがって林道を下ろう。神社から30分ほどで❾水根バス停（みずね）だ。

平将門迷走ルートをたどり石尾根の明るい頂へ

七ツ石山
ななついしやま

標高差 登り：**1214m** 下り：**1214m**

登山レベル **中級** 体力：★★★ 技術：★★

東京都・山梨県

標高 **1757m**

総歩行時間 **6時間15分**

総歩行距離 **15.9km**

山頂からは雲取山が間近に望める

DATA

電車・バス **行き：**JR青梅線奥多摩駅→西東京バス（約35分）→鴨沢 **帰り：**往路を戻る

マイカー 圏央道日の出ICから都道184号・251号・238号・45号を経由して国道411号の青梅街道を進み、鴨沢バス停から登山口に入り小袖駐車場まで約40km。圏央道青梅ICからは都道44号・63号・28号、青梅街道を経由して約40km。約40台。無料。

ヒント 土曜・休日は新宿駅から「ホリデー快速おくたま」が運行している。週末は道路と駐車場が大変混みあうので、時間によっては奥多摩湖畔の駐車場を利用してバスで鴨沢へ。

問合せ先 4月中旬～11月下旬
奥多摩町観光産業課 ☎0428-83-2295
奥多摩ビジターセンター ☎0428-83-2037
西東京バス氷川車庫 ☎0428-83-2126

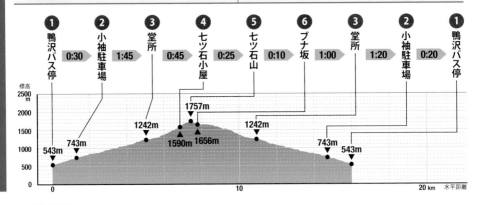

① 鴨沢バス停		② 小袖駐車場		③ 堂所		④ 七ツ石小屋		⑤ 七ツ石山		⑥ ブナ坂		③ 堂所		② 小袖駐車場		① 鴨沢バス停
	0:30		1:45		0:45		0:25		0:10		1:00		1:20		0:20	

標高
2500m
2000
1757m
1500 1242m 1242m
1000 1590m 1656m 743m
500 543m 743m 543m

0   10   20km 水平距離

欄外情報 七ツ石小屋は素泊まりのみ。テント場もある。予約制。営業日については要問合せ。☎090-8815-1597（9〜15時）。鴨沢バス停近くにコーヒーとおしるこの喫茶店「山の休憩所かゑる」がある。火・水曜休。☎0428-85-8505。

奥多摩湖畔から明るい石尾根へ
広い頂から大展望を楽しむ

プロフィール 雲取山へと続く長大な石尾根にそびえ、テントサイトもある山小屋をベースにした雲取山への登山基地としても人気がある。ブナ坂までの10カ所に設けられた「平将門迷走ルート」の伝説を読みながら歩くのも楽しい。

ガイド ❶鴨沢バス停から向かいの車道を登り始め、すぐ先の標識にしたがってアスファルトの急坂を登っていく。往復15kmを越える長丁場だが、急登が少なく歩きやすい山道なのでゆっくり歩を進めよう。植林の山道をひと登りすると❷小袖駐車場に出る。

車道を進み、すぐ先の登山口から山道に入る。ゆるやかな植林の道を進むと赤指尾根の稜線が見え始め、後方に三頭山も望める。斜面は切れ落ちているので下りでは滑落に注意したい。廃屋と畑地を過ぎて行くと道に水が流れる箇所があり、左斜面に豊富な湧水が出ているのでひと息入れていこう。

明るい自然林の中を進むと小さな祠が置かれた小袖だ。再び植林を抜け、茶煮場や風呂岩を過ぎると将門が展望を楽しんで大休止したと伝わる❸堂所の広場に着く。樹間越しに富士山が姿を見せ始め、道は右に折れていく。露岩の急登を交え、雲取山への道を分けてひと登りすると❹七ツ石小屋に着く。

小屋でひと息入れたら中勾配の道を登って雲取山方面の道を見送り、さらに鷹ノ巣山への分岐を過ぎると石尾根縦走路に合流する。ゆったりとした尾根道を行き、七ツ石神社を過ぎると

山頂は富士山の絶好の展望台だ

富士山も見える七ツ石小屋

ようやく❺七ツ石山の広い山頂に到着する。

雲取山、南アルプス、富士山、丹沢などの展望を堪能したら雲取山方面へ急坂を下り、鞍部の❻ブナ坂に下ったら左の平坦な巻道へ進む。歩きやすい道だが右側は切れ落ちているので注意しよう。七ツ石小屋への分岐を見送って往路に合流したら一本道を❶鴨沢バス停へ。

ブナ坂 ❻
七ツ石山 ❺
1757
七ツ石神社
七ツ石小屋 ❹
素泊まりのみ
要予約
雲取山を一望
1:20
1:00
0:45
0:35
七ツ石山
0:15 0:10
0:25
0:15
石尾根
日蔭名栗ノ峰
1725
鷹ノ巣山

樹間に富士山を展望

堂所 ❸
1274
赤指山
1333
東京都
奥多摩町
赤指尾根
1228

登り尾根
1:20
1:45
植林帯
羽黒神社
小袖
1054
高畑
廃屋

山梨県
丹波山村

N
工親川
お祭
1:50,000
0　　　　500　　　1km
1cm=500m
等高線は20mごと

登山口
小袖
駐車場 ❷
所畑
鴨沢西
鴨沢

鴨沢バス停 ❶
加茂神社
0:20
0:30
山の休憩所かるる
留浦

春には花がいっぱいの低山ハイク

弁天山・城山
（べんてんやま・しろやま）

🔍 標高差 登り：**156m** 下り：**143m**

🔍 登山レベル **入門** 体力：★ 技術：★

武蔵五日市駅付近から振り返った城山

🔍 DATA

電車・バス 行き：JR五日市線武蔵増戸駅 帰り：JR五日市線武蔵五日市駅

マイカー 圏央道日の出ICまたはあきる野ICから駐車場のある武蔵五日市駅前まで約6km。駅前に約150台収容の民間駐車場（コインパーキング）がある。ただし、休日は満車になることもあるので、早めの到着を心がけよう。なお、武蔵増戸駅前には駐車場はない。

ヒント 小峰公園から武蔵五日市駅までは八王子駅〜武蔵五日市駅間の路線バスもある。小峰公園バス停はビジターセンター入口南側にあり、平日・土曜・休日とも昼間は1時間に1本程度運行。

登山適期 3〜12月（盛夏を除く）

問合せ先
あきる野市観光まちづくり推進課 ☎042-595-1135
西東京バス五日市営業所 ☎042-596-1611

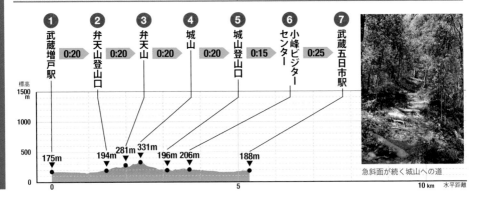

① 武蔵増戸駅 → 0:20 → ② 弁天山登山口 → 0:20 → ③ 弁天山 → 0:20 → ④ 城山 → 0:20 → ⑤ 城山登山口 → 0:15 → ⑥ 小峰ビジターセンター → 0:25 → ⑦ 武蔵五日市駅

標高
1500m
1000
500

175m　194m　281m　331m　196m 206m　　188m

0　　　　　　　　　　　5　　　　　　10 km　水平距離

急斜面が続く城山への道

欄外情報 武蔵五日市駅から逆コースを歩いても時間的な差はないが、城山への急な登りをこなさなくてはならないため、体力的にはややきつくなる。

子どもやビギナーも歩けるが、城山の急な登り下りは慎重に

プロフィール 地元では網代弁天山、網代城山とも呼ばれる両山は、ビギナーも不安なく歩き通せる里山コース。春にはミツバツツジや野の花があちこちに咲き、新緑も美しい。城山の登り下りの急坂ではスリップに注意しよう。

ガイド ❶武蔵増戸駅を出て、正面の道を南西方向へとゆるやかに下る。広い道路に突き当たったら左折し、その先で五日市街道を渡る。すぐに山田大橋が見えてくるので、橋の手前を右折。狭い網代橋を渡って坂を登り、次の変則T字路はUターンする形で左折する。100mほど歩いたら道標にしたがって右折し、公民館の手前でさらに右折すれば赤い鳥居が見えてくる。ここが❷弁天山登山口だ。

鳥居をくぐってゆるやかに登ると道は二分する。右はそのまま弁天山にいたる道、左は貴志嶋神社を経由する道だ。左の道を選べばほどなく貴志嶋神社で、ここから弁天山への登りが始まる。弁天洞穴を過ぎて右手に直登コース（急坂）を見送り、弁天山の南西面をぐるっと回り

弁天山頂上からのあきる野市街の眺め

込むように登った先が❸弁天山の頂上。東面の展望が開け、東京スカイツリーも望める。

弁天山からは登ってきた道を途中まで下り、神社からの道を左に見送って真っ直ぐ下る。すぐに分岐の道標が現れるので、左へと鋭角に曲がる。いったん下って急坂を登り返せば、かつて網代城があったといわれる❹城山だ。

城山から木段の急坂を下ると畑が現れ、民家の立つ舗装路になる。下りきったT字路が❺城山登山口で、ここを右折し、広い道路を渡ったら次のT字路を左折。天王橋を渡った先の左の階段を登れば前山公園の一角で、❻小峰ビジターセンターはもうすぐ。センター前の広い道を北進すれば、30分弱で❼武蔵五日市駅だ。

弁天山・城山

城山の下山道から眺めた大岳山（右）と馬頭刈山

武蔵五日市駅❼

武蔵増戸駅❶

JR五日市線

1:25,000

1cm=250m
等高線は10mごと

❺城山登山口

❹城山

❷弁天山登山口

❸弁天山 東京五日市CC

❻小峰ビジターセンター

ゆるゆるとたどる里山ムード満点の縦走路

笹尾根・槇寄山
（ささおね・まきよせやま）

標高差 登り:**673m** 下り:**526m**

登山レベル **初級** 体力:★★ 技術:★★

東京都

標高 **1188 m**（槇寄山）

総歩行時間 **5**時間

総歩行距離 **10.9**km

コースからは南側の展望が開ける。天気がよければ富士山も遠望できる

DATA

電車・バス **行き:**JR五日市線武蔵五日市駅→西東京バス（約55分）→笛吹入口 **帰り:**仲の平→西東京バス（約1時間）→JR五日市線武蔵五日市駅

マイカー 入下山口周辺に駐車場はない。武蔵五日市駅近くのコインパーキングに駐車し、入下山にはバスを利用する。ただし、土曜・休日は混雑するので早めの到着を。

ヒント 土曜・休日の朝（下り）と夕方（上り）に

は、新宿駅〜武蔵五日市駅間に「ホリデー快速あきがわ」が運行される。

登山適期 3月中旬〜12月上旬

問合せ先
檜原村観光協会　☎042-598-0069
西東京バス五日市営業所　☎042-596-1611

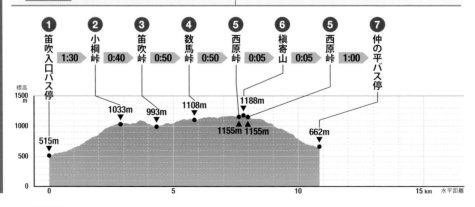

❶ 笛吹入口バス停		❷ 小棡峠		❸ 笛吹峠		❹ 数馬峠		❺ 西原峠		❻ 槇寄山		❺ 西原峠		❼ 仲の平バス停
	1:30		0:40		0:50		0:50		0:05		0:05		1:00	

標高
1500 m

1033m　993m　1108m　1188m

515m　　1155m 1155m　662m

500

0　　　　　　　　5　　　　　　　10　　　　　15 km　水平距離

欄外情報 下山後に汗を流すなら、仲の平バス停から歩いて約5分の「檜原温泉センター 数馬の湯」へ。休憩所や食事処、おみやげコーナーもある。10〜19時。月曜休。☎042-598-6789。

ところどころで展望が開ける
いにしえの道をそろ歩く

プロフィール 東京都と山梨県の境を成す三頭山から、高尾山までの長大な山稜を笹尾根と呼ぶ。この尾根を越える何本もの峠道は、古くから甲州と武州の異なる生活圏を結んできた。ベストシーズンは、秋から初冬、早春ごろ。

ガイド ❶笛吹入口バス停のすぐ先で左に曲がり、小棡峠方面を示す道標にしたがって集落のなかの舗装道をたどっていく。集落の外れの登山道入口からひと登りで尾根上に飛び出し、あとはほぼ尾根通しの道となる。伐採地跡から再び樹林帯のなかに入り、ひたすら主稜線を目指す。やがて傾斜がゆるくなってくると、ようやく❷小棡峠に到着する。

小棡峠からは笹尾根を北西へと縦走する。展望のない丸山を経て、❸笛吹峠を過ぎると、すぐに開けた平坦地がある。藤尾への分岐、続いて大羽根山への分岐を過ぎ、間もなくで❹数馬峠。ここでようやく南側の展望が開け、富士山や丹沢山塊、権現山稜などの展望が楽しめる。

この先も、心地いい自然林のなかのゆるやか

ハイカーに混じってトレイルランナーの姿も

ベンチやテーブルがある槇寄山山頂。南側の展望が開けている

な道が続く。❺西原峠まで来れば、❻槇寄山の山頂はすぐその先だ。

山頂からは西原峠まで戻り、左に折れて数馬方面を目指す。途中から落ち葉と泥のぬかるんだ道となり、それがしばらく続くのでスリップには注意しよう。舗装道に飛び出したら、❼仲の平バス停も近い。

笹尾根・槇寄山

1:50,000
1cm＝500m
等高線は20mごと

都内で随一のブナの原生林が残る人気の山へ

三頭山
みとうさん

標高差　登り：**540m** 下り：**540m**

登山レベル　**初級** 体力：★ 技術：★

広葉樹に包まれた三頭山の頂上

DATA

電車・バス **行き**：JR五日市線武蔵五日市駅→西東京バス（約1時間10分）→都民の森 **帰り**：往路を戻る

マイカー 中央自動車道上野原ICから国道20号、県道・都道33号、檜原街道を経由して都民の森まで約25km。都民の森に無料駐車場あり。

ヒント 武蔵五日市～都民の森間のバスは、急行以外は数馬で乗り換えとなる。数馬～都民の森

間は12～2月運休。3月は土曜・休日のみの運行。本数が少ないので、事前にダイヤを確認すること。数馬～都民の森を歩く場合は所要約40～50分。

登山適期 3月下旬～11月下旬

問合せ先
檜原村観光協会 ☎042-598-0069
東京都檜原都民の森管理事務所 ☎042-598-6006
西東京バス五日市営業所 ☎042-596-1611

❶ 都民の森バス停 — 0:20 — ❷ 鞘口峠 — 1:20 — ❸ 三頭山 — 0:10 — ❹ ムシカリ峠 — 0:40 — ❺ 三頭大滝 — 0:20 — ❶ 都民の森バス停

標高
2000m

1531m 1432m

1141m

1102m

991m

991m

1000

500

0　　　　　5　　　　　10 km 水平距離

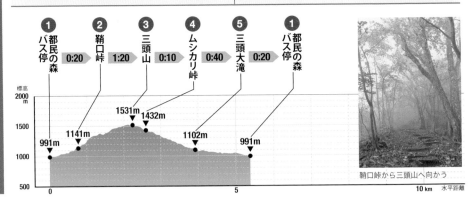

鞘口峠から三頭山へ向かう

欄外情報 東京都檜原都民の森には、森林館、木材工芸センター、炭焼き小屋、野鳥観察小屋、レストランなどの施設が整えられている。9時30分～17時30分（季節により短縮）。月曜・年末年始休。☎042-598-6006。

都民の森を巡る手軽なコースなれど基本装備はしっかりと

プロフィール 都内で数少ないブナの原生林が残る三頭山周辺は、都民の森として整備され、気軽に楽しめるハイキングフィールドとなっている。新緑が美しい春〜初夏、見事な紅葉が楽しめる10月中旬〜11月上旬が登山適期だ。

ガイド ❶都民の森バス停から駐車場を通り、売店の前から舗装道を進む。森林館で三頭大滝への道を左に分け、木材工芸センターを過ぎてなおも登っていくと、間もなく❷鞘口峠に着く。ここから本格的な登りが始まる。峠を左折し、ほぼ尾根通しに緑濃い森のなかを急登していく。途中、何度か遊歩道が交差するが、尾根通しの「ブナの路コース」をたどっていけば問題はない。標高1397m地点にある見晴らし小屋は立派な造りのあずま屋で、ひと休みするには最適のところだ。

三頭大滝のビューポイント、滝見橋

見晴らし小屋から先も、心地よい森のなかの登りが続く。道が二分したら、右の道をとってまずは三頭山東峰のピークを踏もう。山頂近くには展望台があり、御前山や大岳山などを望むことができる。

東峰からなだらかな中央峰を経て鞍部に下り、軽く登り返したところが❸三頭山の西峰だ。ベンチが置かれ、広々とした山頂は木々に囲まれているが、木の間越しに北側と南側の展望が一部開けている。

西峰からは南に続く尾根をたどり、槇寄山方面へと向かう。❹ムシカリ峠で尾根を外れて左折し、今度は山腹を下っていく。途中で「回廊の道」を左に分け、やがて涸れ沢沿いに進むようになる。沢の水量が増してきたのち、大沢山への周回コースを右に分けて大滝休憩小屋を過ぎれば、すぐに❺三頭大滝だ。

滝を見学したら、「森林セラピーロード」と呼ばれるウッドチップを敷き詰めた道を下っていき、❶都民の森バス停へと向かう。

頂上直下の鉤型のブナ

三頭山

コースのマイナーレを飾る三頭大滝

3つ星の山頂から巡る人気のハイキング

高尾山・小仏城山

（たかおさん・こぼとけしろやま）

標高差 登り：**198**m 下り：**382**m

登山レベル **初級** 体力：★ 技術：★

東京都

標高 **670**m（小仏城山）

総歩行時間 **3**時間**20**分

総歩行距離 **7.1**km

一丁平の手前から小仏城山を見上げる

📷 DATA

電車・バス **行き**：京王線高尾山口駅→徒歩5分→高尾登山電鉄清滝駅→ケーブルカー（6分）→高尾山駅 **帰り**：小仏→京王バス（約20分）→JR中央本線・京王線高尾駅

マイカー 圏央道高尾山ICから国道20号を経由して高尾山口駅まで約2km。八王子市営高尾山麓駐車場などを利用。

ヒント 平日の小仏から高尾駅へのバスは1時間に1本程度。

登山適期 3～12月

問合せ先

八王子市観光課 ☎ 042-620-7378
京王バス南大沢営業所 ☎ 042-677-1616
高尾登山電鉄 ☎ 042-661-4151
八王子交通（タクシー） ☎ 042-623-5111

| ❶ 高尾山駅 | 0:35 | ❷ 高尾山薬王院 | 0:25 | ❸ 高尾山 | 0:40 | ❹ 一丁平 | 0:30 | ❺ 小仏城山 | 0:25 | ❻ 小仏峠 | 0:45 | ❼ 小仏バス停 |

標高 1500m / 1000 / 500 / 0

472m　521m　599m　577m　670m　548m　288m

5　　10 km　水平距離

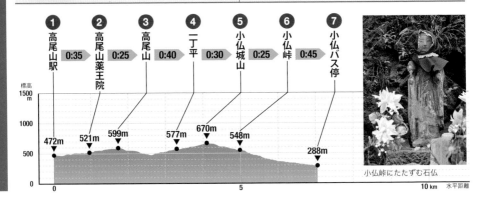

小仏峠にたたずむ石仏

欄外情報 桜と紅葉シーズンの週末は休憩場所がないほど混みあうので、時間をずらして早めに山頂に立つようにしよう。12月後半のダイヤモンド富士も人気があり、ケーブルカーが日没後まで運行する。要問合せ。

急勾配のケーブルで山上に立ち
富士山展望と茶店の味を楽しむ

プロフィール ミシュラン3つ星に選ばれ、桜や紅葉の時期には多くの観光客で賑わう。展望所には茶店が立ち、道も整備されているので安心して展望ハイキングが楽しめる。

ガイド 京王線高尾山口駅から右へと歩道を歩いてケーブルカー＆リフトの清滝駅へ。ここから日本一の急勾配（31度18分）を誇るケーブルカーで一気に❶高尾山駅へ上がっていく。休日などはケーブルカーが大混雑するが、そんなときはリフト（所要12分）のほうが待ち時間が少ないかもしれない。

　改札を出たら案内にしたがって高尾山の山頂方面へと歩く。茶店や猿園、たこ杉を経て浄心門をくぐると、少し先で１０８段の石段を登る男坂とゆるやかな女坂に分かれるので、好きなほうを選んで❷高尾山薬王院の境内に入る。こ

小仏城山へは桜並木の山道が続く

花見の公園のような小仏城山の山頂

高尾山展望台から見た富士山

のあたりはまだ観光客が主役のエリアで、いつも人がいっぱいだ。

　境内を抜け、きれいに整備された道を上がっていく。やがて２階建てのトイレが現れ、あとは軽くひと登りで❸高尾山の広々とした山頂に到着する。直進すれば右にビジターセンター、正面に展望台があり、晴れた日なら富士山と丹沢山地を眺めることができる。

　小仏城山へは展望台手前の道を右に、急な石段を下っていく。道はすぐになだらかになり、ゆったりと広い尾根道を歩くようになる。何度かアップダウンをすると、茶店の立つ❹一丁平だ。展望デッキがあり、ベンチの数も多いのでゆっくり休憩したい。なお、高尾山の山頂から一丁平まではコースが錯綜する部分があるので、道標の確認はしっかりと。

　山上とは思えない見事な桜並木を歩いて休憩所を過ぎ、急な木段を下って登り返す。最後に木段の道を登りつめれば❺小仏城山の山頂に着く。茶店が立つ山頂からは八王子など東京郊外の街並みが見渡せ、春や初夏はまさに花咲く山

高尾山への登路にある浄心門

登山道脇のタチツボスミレ

トイレのある小仏バス停

景信山から見た小仏城山

上公園。お弁当を食べるにも最適だ。

　のんびり過ごしたら、茶店の裏に立つアンテナ塔の左を抜けて急坂を下る。いったんゆるやかになった道が再び急になれば、下りきったところが❻小仏峠だ。

　石仏がたたずむ小仏峠からは右へと下っていく。一部に急坂のある道を行くと車止めが現れ、すぐ先は駐車場になっている。ここからは舗装された車道となり、景信山の登山口を左に見送り、なおも下れば❼小仏バス停に到着する。平日のバス便は1時間に1本程度と少ないが、土曜・休日なら1時間に3本程度と便数が増える。また、土曜・休日の午後は高尾山口駅行きの便も運行されている。

Column

京王高尾山温泉

　京王線高尾山口駅に隣接する天然温泉で、2種類(岩風呂・石張り)の露天風呂のほか、檜風呂や替わり風呂、座り湯など多彩な風呂が特色。レストランには数多くのメニューが揃い、登山後のくつろぎには最適だ。温泉を楽しむには逆コースをとって高尾山口駅に下山する必要があるが、小仏峠の登りがあるので多少、きつくなる。

**8〜23時(受付〜22時)。
無休。☎042-663-4126。**

高尾山・小仏城山

1:50,000
1cm=500m
等高線は20mごと

東京都

標高 **550m**（富士見台）

総歩行時間 **3時間35分**

総歩行距離 **8.4km**

山城跡を巡り、高尾梅郷の小径を帰る

（はちおうじじょうせき）

八王子城跡

📷 標高差 登り：**359m** 下り：**380m**

📷 登山レベル　初級　体力：★★　技術：★

富士見台から見た富士山と小仏城山（左）

📷 **DATA**

電車・バス 行き：JR中央本線・京王線高尾駅北口
→西東京バス（約5分）→霊園前 帰り：JR中央本
線・京王線高尾駅

マイカー 圏央道高尾山ICから国道20号、都道
61号を経由して八王子城跡管理事務所まで約8
km。管理事務所手前右手に約80台の無料駐車場。

ヒント 高尾駅北口から霊園前を経由するバ
スは、宝生寺団地行き、高尾の森わくわくビレッジ

行き、美山町行き、陣馬高原下行きなど数路線が
あり、あまり待たずに乗ることができる。なお、八王
子城跡の駐車場の利用時間は平日・土曜・休日を問
わず8時30分〜17時。

登山適期 3〜12月中旬（盛夏を除く）

問合せ先
八王子市観光課　☎042-620-7378
西東京バス恩方営業所　☎042-650-6660

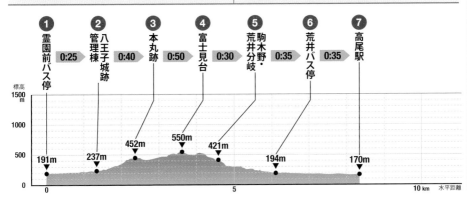

① 霊園前バス停 0:25 ② 八王子城跡管理棟 0:40 ③ 本丸跡 0:50 ④ 富士見台 0:30 ⑤ 駒木野・荒井分岐 0:35 ⑥ 荒井バス停 0:35 ⑦ 高尾駅

標高
1500m

1000

500

0

191m　237m　452m　550m　421m　194m　170m

0　　　　　5　　　　　10 km　水平距離

険しい地形につくられた山城跡
短くも急な登下降はスリップに注意

プロフィール 地元では城山とも呼ばれる八王子城跡一帯は広葉樹林が多く、新緑や紅葉の時期、たいへん美しい様相を見せる。城の形はないものの、日本100名城にも選定され、歴史ウォークの場としての価値も高い。険しい山城跡だけに、急な登下降ではしっかり歩こう。

ガイド 中央自動車道のガード下にある❶霊園前バス停から進行方向に進み、最初の角を左斜めに入る。のどかな田園を歩き、北条氏照の墓入口を過ぎればほどなく、八王子城跡ガイダンス施設が右手に見えてくる。このすぐ先が❷八王子城跡管理棟だ。

管理棟の右側から登山道に入る。すぐに新道と旧道(当分の間、通行止め)の分岐となり、ここは左に新道を行く。鳥居をくぐって金子曲輪(くるわ・城の駐屯施設)、さらには旧道が右から合流する柵門台を過ぎればあずま屋が立つ平坦地で、石段を上がったところが八王子神社や展望所(松木曲輪)のある頂上部だ。古いモミジの木が立つ展望所からは都心方面の大きな眺めが広がる。頂上ともいえる❸本丸跡は神社の後方を登ったところにあるが、滑りやすい道なので、雨のあとは気をつけたい。

本丸跡を往復したら、道標にしたがって富士見台へと向かう。トイレの横を通過し、ポンプのついた井戸(飲用不可)を見送ると急な下りが始まる。短いとはいえ、山慣れない人は緊張す

頂上部に立つ八王子神社

下る途中から見た、中央道と圏央道の八王子ジャンクション

る下りだ。やがて馬冷やしの鞍部で、ここから詰城(天守閣跡)へと急坂を登り返す。この先、富士見台へも急な登下降が続き、汗を絞られることだろう。最後の急登を終えて出合った稜線が北高尾山稜で、右は陣馬山への道、左に行けばすぐに、木製テーブルのある❹富士見台。晴れた日なら西側の樹間から富士山や景信山、小仏城山が望める、絶好の休憩地だ。

富士見台から南へと下る。小下沢への道を右に分け、鞍部から登り返して熊笹山の細長いピークを越える。急な下りを終えてゆるやかになったあたりで道は東へと向きを変え、途中、

本丸跡を目指す登山者

南浅川沿いに続く散歩道

欄外情報 駒木野・荒井分岐からは、駒木野へ下りるコースを歩いてもいい。一部に急な下降があるが、総じて歩きやすい道。分岐から40〜50分で、小仏関跡にほど近い駒木野バス停付近に出ることができる。

八王子城跡管理棟への道（通行する際は事前に要確認）を左に分ければ、軽く登り返したピークが❺駒木野・荒井分岐だ。

　分岐からは右に道をとり、一気に下る。ほどなく、高尾山や中央道、圏央道を望む狭い舗装路に出るので、ここは左。道なりに進み、高速道路と鉄道のトンネルをくぐった先のT字路を左折すればすぐに❻荒井バス停だが、バスには乗らずにバス通りを右（小仏方面）に少し歩き、梅郷橋を渡って南浅川沿いの歩道を行くのがおすすめ。気持ちのいい歩道は国道20号まで続き、国道を左折してJR中央本線のガードをくぐったらすぐ右手の細い道に入る。住宅街のなかの静かな道が❼高尾駅へと続いている。

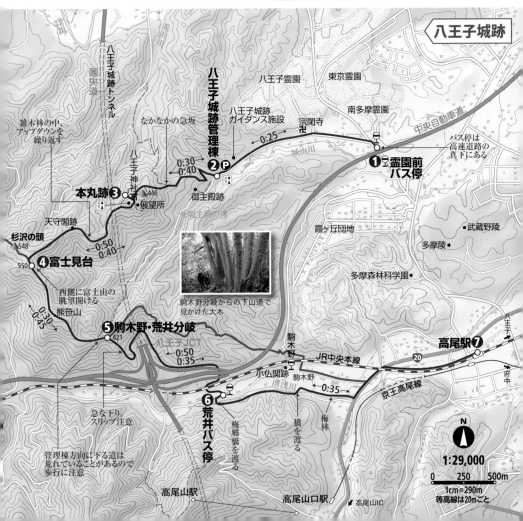

八王子城跡

駒木野分岐からの下山道で見かけた大木

1:29,000

0　　250　　500m

1cm＝290m
等高線は20mごと

尾根歩きが魅力の奥高尾山稜ミニ縦走

景信山・陣馬山
かげのぶやま・じんばさん

👁 標高差 登り：**567**m 下り：**530**m

👣 登山レベル [初級] 体力：★★ 技術：★

東京都

標高 **855**m（陣馬山）

総歩行時間 **4**時間

総歩行距離 **11.1**km

陣馬山頂上の北側広場

🔍 DATA

電車・バス ▶ **行き**：JR中央本線・京王線高尾駅→京王バス（約20分）→小仏 **帰り**：陣馬高原下→西東京バス（約40分）→JR中央本線・京王線高尾駅

マイカー ▶ 陣馬山へは中央自動車道相模湖ICから国道20号、都道522号・531号を経由して和田峠まで約13km。峠に有料駐車場あり。景信山往復の場合は小仏の無料駐車場を利用する。

ヒント ▶ 平日は小仏行きのバス便が少ないのでタクシーの利用も考えたい。

登山適期 ▶ 3月中旬～12月上旬

問合せ先
八王子市観光課 ☎ 042-620-7378
京王バス南大沢営業所 ☎ 042-677-1616
西東京バス恩方営業所 ☎ 042-650-6660
八王子交通（タクシー） ☎ 042-623-5111

❶ 小仏バス停 — **1:00** → ❷ 景信山 — **0:50** → ❸ 堂所山 — **1:10** → ❹ 陣馬山（陣場山） — **0:40** → ❺ 陣馬街道 — **0:20** → ❻ 陣馬高原下バス停

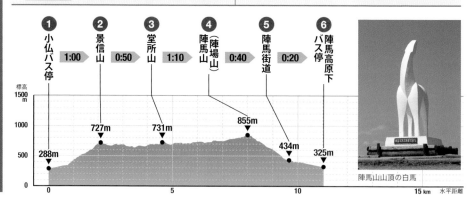

標高
1500m
1000
500

288m　727m　731m　855m　434m　325m

0　　　5　　　10　　15 km　水平距離

陣馬山山頂の白馬

欄外情報 景信山山頂の茶店では手作りの酒まんじゅうや野菜まんじゅう、陣馬山山頂の茶店には自家製みそおでん、陣馬そば、信玄うどん、高原の岩清水でいれたコーヒーなどがあり、どれもおいしい。

安心して歩ける展望ハイキング
景信から陣馬へはゆるやかな道が続く

景信山北面のゆるやかな尾根を行く

プロフィール 景信山は小仏からのアプローチが短く、好展望の頂に手軽に立てる。武田氏が陣を張った陣馬山の頂からは360度の大展望が開ける。2つの山頂に立つ茶店で山野草の天ぷらなどを味わうのもおすすめだ。

ガイド ❶小仏バス停から車道を進み、2つ目のヘアピンカーブを過ぎた先の右側にある登山口から樹林帯の急坂を登り始める。えぐれた道から明るい尾根に出て、小下沢からの道を合わせると山頂への中間点となる。左へ進み、ジグザグの急坂を越えていくと❷景信山の山頂だ。東側には都心の高層ビル群が望め、西側には富士山も姿を見せる。山頂には雨天の日以外の週末と祝日に茶店が立ち、朝採りの山野草の天ぷらやなめこ汁などが味わえる。

展望とお腹を満たしたら山頂の東側から明る

陣馬山の頂上直下を行く登山者

く開けた尾根を下っていく。ここからはひたすら稜線の上部を歩いていく。途中いくつか巻き道があるが、いずれもすぐに合流する。

展望がきかない樹林帯を進み小ピークの❸堂所山を越え、10分ほど行った二股は右手へ進もう。陣馬山までの数少ない展望地からは大岳山と御前山の展望が開ける。見過ごした場合は陣馬山へ2.5kmの標識からわずかに戻れば展望のポイントに出る。休憩所が立つ明王峠を過ぎ、ゆったりとした尾根道を進めば、ようやく❹陣馬山の山頂に着く。

山頂の下から陣馬高原下方面へ下っていく。右から道を合わせると次第に急坂となり、木の根まじりの広い尾根を下っていく。しばらくして沢音が近づいてくると車道が見えはじめ、ようやく❺陣馬街道の新ハイキングコース入口に下り立つ。ここからは車道を進み、川を渡って左折すると左手に❻陣馬高原下バス停のバス発着場がある。

景信山・陣馬山

東京都
八王子市

1:50,000

500　1000m

1cm＝500m

等高線は20mごと

陣馬山山頂のみそおでん

好展望の山頂を経て自然観察の里山を散策する

能岳・八重山
（のうだけ・やえやま）

📷 標高差　登り：**262m**　下り：**270m**

📷 登山レベル　**初級**　体力：★★　技術：★

山梨県

標高 **543m**（能岳）

総歩行時間 **2時間45分**

総歩行距離 **5.8km**

サツキツツジが咲く八重山山頂からは丹沢方面の展望が開ける

📷 DATA

電車・バス　**行き**：JR中央本線上野原駅→富士急バス（約15分）→新井　**帰り**：大堀→富士急バス（約15分）→JR中央本線上野原駅

マイカー　中央自動車道上野原ICから県道35号、国道20号、県道33号を経由して約4km。上野原中学校前に無料駐車場がある。約10台。

ヒント　向風行きバスが平日の朝1本のみ運行しているが、JRとの接続が不定なので早目に駅に着くようにしたい。上野原駅前には売店がないので、昼食は事前に用意すること。

登山適期　3月～12月上旬（盛夏を除く）

問合せ先
上野原市産業振興課　☎0554-62-3119
富士急バス上野原営業所　☎0554-63-1260
上野原タクシー　☎0554-63-1232

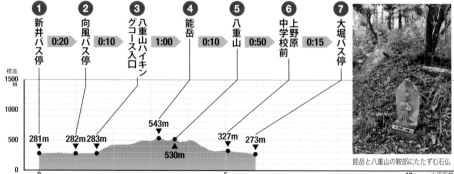

❶ 新井バス停		❷ 向風バス停		❸ 八重山ハイキングコース入口		❹ 能岳		❺ 八重山		❻ 上野原中学校前		❼ 大堀バス停
	0:20		0:10		1:00		0:10		0:50		0:15	

標高
1500m

1000

500

0

281m　282m 283m　543m　530m　327m 273m

0　　　　　　　　　5　　　　　　　10 km　水平距離

能岳と八重山の鞍部にたたずむ石仏

欄外情報　バスで通過する甲州街道沿いに名物の「酒まんじゅう」の店が数軒ある。小豆、みそのほかに魚まんなどを扱う店もある。新井バス停や向風バス停付近で入手できることもある。

八重山から大月の山並みを眺め
整備された自然観察コースを下る

プロフィール 八重山周辺の「五感の森」は地元の学生たちにより整備されたハイキングコースになっている。自然観察ができる「ふるさとの山」として子どもたちの教育の場にもなっているので家族連れでも歩いてみたい。

ガイド ❶**新井バス停**から県道33号と分かれ、右手の車道へ。酒まんじゅうを扱う店を過ぎ、虎丸山登山口を見送って平坦な車道を行く。目指す能岳と八重山を眺め、山風呂バス停を過ぎると、やがて❷**向風バス停**となる。

車道をさらに進むと、八重山ハイキングコースと書かれた標識が立ち、木の杖も置かれている。ここが能岳への登山口となる❸**八重山ハイキングコース入口**だ。今のところ車道沿いには能岳方面への標識はないので注意しよう。

簡易舗装の急斜面を登り、ゆるやかな山道へ入る。能岳までほとんどアップダウンはないので、一歩ずつ高度をかせいでいこう。

中勾配の山道を行くと平坦な道となり、左手が切れ落ちた箇所を通過する。特に危険はないが、気をゆるめずに越えていこう。虎丸山の分岐を過ぎれば赤松に囲まれた❹**能岳**の山頂だ。展望がきかないので先へ進み、ふたたび虎丸山の分岐を過ぎ、石仏がたたずむ鞍部から急登すると開けた❺**八重山**の山頂だ。

展望を楽しんだら五感の森遊歩道へ入り、展望台方面へ。自然観察の説明板が立ちはじめ、歌碑が立つ小ピークを越えていく。そこから急坂を下り、鐘の塔を過ぎると展望台となる。

八重山からは大月周辺の山並みも望める

八重山からの道を合わせて緩急を交えた坂を下る。小川を過ぎると駐車場が見え、❻**上野原中学校前**に出る。車道を右折し、上野原美術館を過ぎれば❼**大堀バス停**に着く。上野原駅まで歩く場合は35分ほどをみておきたい。

八重山の丘陵を眺めながらバス道路を歩く

能岳・八重山

混雑する高尾山を尻目に充実の縦走コース

南高尾山稜
（みなみたかおさんりょう）

標高差 登り：**134m** 下り：**345m**

登山レベル **初級** 体力：★★ 技術：★

東京都

標高 **536m**（大洞山）

総歩行時間 **4時間25分**

総歩行距離 **8.9km**

展望休憩所からは津久井湖が見下ろせる

🦉 DATA

電車・バス **行き：**JR中央本線相模湖駅→神奈川中央交通西バス（約15分）→大垂水 または京王線高尾山口駅→神奈川中央交通西バス（約10分）→大垂水 **帰り：**京王線高尾山口駅

マイカー 圏央道高尾山ICから国道20号を経由して約2km。高尾山口駅横に八王子市営の有料駐車場がある。薬王院の有料駐車場も利用できる。

ヒント バス便は相模湖駅発のほうが発車時刻が早く、大垂水バス停の到着も早い。日が短い秋などはこちらを利用する。ただし、いずれも午前中の便は1本程度。バスがないときはタクシーを使う。

登山適期 3～12月上旬（盛夏を除く）

問合せ先

八王子市観光課 ☎ 042-620-7378

八王子観光コンベンション協会 ☎ 042-649-2827

神奈川中央交通西津久井営業所 ☎ 042-784-0661

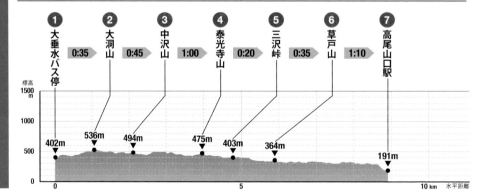

① 大垂水バス停 —0:35→ ② 大洞山 —0:45→ ③ 中沢山 —1:00→ ④ 泰光寺山 —0:20→ ⑤ 三沢峠 —0:35→ ⑥ 草戸山 —1:10→ ⑦ 高尾山口駅

標高 m

① 402m ② 536m ③ 494m ④ 475m ⑤ 403m ⑥ 364m ⑦ 191m

1500 1000 500 0

0 5 10 km 水平距離

欄外情報 紹介したコースは30前後のピーク越えがあり、やや体力を要求される。日が短い秋や体力に不安があるときは、逆コースをとって三沢峠か西山峠から高尾山口駅に下れば楽だ。

ピークの登り返しは疲れるが
歩き終えた充実感はまた格別

プロフィール 喧噪の高尾山の間近にありながら、休日でものんびりと山歩きを楽しめるのが、ここ南高尾山稜だ。越えなければならないピークの数が多く、コースの長さに比して疲労度は高いが、ところどころ開けた場所からの富士山や津久井湖、高尾山の眺めは疲れを忘れさせる。

ガイド ❶**大垂水バス停**で下車したら、大垂水峠の頂点にかかる大垂水峠橋(歩道橋)にいったん上がり、橋を渡って登山道に入る。間違って左の高尾山方面に行かないように。

最初は山腹を巻くように登るが、道はやがて尾根道となり、広々とした頂の❷**大洞山**に到着する。この大洞山の北面は12月下旬頃、氷の華、シモバシラが多く見られる。頂上から尾根道を進めばすぐに金比羅山。テーブルの横には手作りのザック掛けがあり(コラム参照)、休日には色とりどりのザックが並ぶ。

ここからひとつピークを越えると中沢峠で、分岐を左に下れば、国道20号経由で高尾山口駅

西山峠近くの「語らいのベンチ」

ふれあい休憩所先の急な下り坂

に戻れる。南へと尾根を登り返して、観音像が立つ❸**中沢山**。この先もアップダウンが続くが、たいていのピークには巻き道がついているので、疲れたらそちらにいけばいい。やがて展望休憩所で、眼下には津久井湖、目を上げれば富士山が頭をのぞかせている。しばらく尾根沿いの斜面を進めば西山峠。ここからも高尾山口駅に下れる。峠から急坂を登り返すと❹**泰光寺山**で、下った先の広い鞍部が❺**三沢峠**だ。北に高尾山口駅、南に津久井湖への道が通じる十字路になっている。峠からゆるやかに登り、鉄塔のあるピークから左に折れる。いったん下って"ふ

四辻に向けてピークを登り返す

📷 Column
山中のザック掛け

金比羅山とその先の展望休憩所には、他の山ではまず見かけない不思議なものがある。それは木の枝を使った手作りのザック掛けだ。雨の日でザックを地面に置けないときなどはとても助かる。どなたが作ったのかはわからないが、これこそが「お・も・て・な・し」というものだろう。

"れあい休憩所"を過ぎればほどなく❻草戸山だ。頂上の展望台からは遠く相模湾が望める。

草戸山からはやせた尾根や滑りやすく急な斜面の通過が増える。何より、高尾山口駅への分岐がある四辻まで20ほどのピークを越えなければならない。ここまで距離的には3分の2ほど過ぎてはいるが、気を引き締めていこう。

頂上からいったん下って登り返したところが高尾山の全容を望める草戸峠で、大戸への道が右に分岐する。このすぐ下で梅の木平への道を左に分けるあたりから、登山道の右側にフェンスが現れる。しばらくフェンス沿いに登下降し、そのあとも次々と立ちはだかるピークをぐいぐい乗り越えていく。疲労はだんだんと蓄積されていくが、周囲の樹林の美しさは救いだ。

もうピークを見るのが嫌になったころ、四辻と呼ばれる十字路に出る。小広い平坦地では、右に初沢への、正面にJR高尾駅への、そして左に高尾山口駅への道が分岐する。左へと山腹を下り、民家の脇を抜けて舗装路に出たら左。突き当たった国道20号を右に行けば❼高尾山口駅はすぐだ。

草戸山の展望台

草戸峠から見た高尾山

中央線沿線・
奥秩父・八ヶ岳周辺

19

関東では珍しいヒカゲツツジの大群落

坪山
（つぼやま）

山梨県

標高 **1103m**

総歩行時間 **3時間50分**

総歩行距離 **5.1km**

標高差　登り:**542m**　下り:**562m**

登山レベル　初級　体力:★★　技術:★★

西ルートに群生をつくるヒカゲツツジ

DATA

電車・バス　**行き:**JR中央本線上野原駅→富士急バス（約55分）→八ツ田　**帰り:**学校前→富士急バス（約50分）→JR中央本線上野原駅

マイカー　中央自動車道上野原ICから県道18号を小菅方面に約20kmで登山口だが、周辺に駐車場はないので、路線バスか、上野原市街に駐車してタクシーを利用する。

ヒント　登山口の八ツ田バス停への定期便はたいへん少ないが、春や秋の特定期間の土曜・休日は富士急のハイキングバスが8時台に1本、運行している。花の時期は混むので早めの到着を。

登山適期　3月下旬～12月上旬

問合せ先

上野原市産業振興課　☎0554-62-3119

富士急バス上野原営業所　☎0554-63-1260

---

1 八ツ田バス停

1:50

2 坪山

1:30

3 阿寺沢分岐

0:30

4 学校前バス停

標高 1500m

1103m

561m

843m

541m

0　　　　　5　　　　　10 km　水平距離

坪山にはミツバツツジも多い

欄外情報　逆コースはおすすめできない。登りが長いうえ、急傾斜の岩場を下らなければならない。山麓のびりゅう館はそばが名物で、そば打ち体験もできる。水曜休。☎0554-68-2100。

**急激に人気が高まっている山だが
急な岩尾根や長い下りには注意を**

下山路は長いので疲労によるスリップに注意したい

プロフィール 関東では数少ないヒカゲツツジの群落がある山として、花好きに人気の山。登路の尾根道にはイワウチワやイワカガミなども小さな群落をつくる。ヒカゲツツジやイワウチワの見頃は例年4月中旬前後。

ガイド ❶八ツ田バス停から鶴川を渡り、トイレのある小広場を右へと抜ける。御岳神社からの道が右から合流すると、すぐに西ルート（正面）・東ルート（左）の分岐が現れる。ここは、ヒカゲツツジが多く岩場もいくぶん穏やかな西ルートへ。道はほどなく小沢を渡り、草地を経て尾根道に入る。尾根は次第に急傾斜となるが、花期ならばヒカゲツツジの淡い黄色が登山道脇に姿を見せるようになる。足元にはイワウチワのピンクの花がかわいい。淡黄色に彩られた尾根は登るにつれて急峻となり、ロープ場も出現

西ルート上部の岩尾根を登る

する。慎重に歩を進めよう。

傾斜がいくぶんゆるやかになれば❷坪山の頂上だ。狭い山頂からは北面を中心に、大きな眺めが広がる。間近に見えるどっしりとした山は奥多摩の三頭山で、空気の澄んだ日なら、南西方向に富士山も望めることだろう。

下りは、登路とは反対側、南面に続く道を行く。道はすぐに、佐野峠方面へのコースを右に分け、左へと向きを変える。坪山からのこの下りは、登路ほどに傾斜はきつくなく岩場もないが、距離は登りの倍近くある。いくつものピークを越えるため、疲れを感じるところだ。最後の896mピークを下れば❸阿寺沢分岐で、ここからコースは左に曲がる。広葉樹林がスギの植林帯へと変われば長い下りも間もなく終点。上野原市営の農村公園、びりゅう館の赤い屋根が見えてくれば登山道は舗装路に変わり、鶴川を渡って軽く登り返せば、❹学校前バス停はすぐ目の前だ。

坪山

坪山

▲小菅村
御岳神社バス停
飯尾
❶八ツ田バス停
丸木橋を渡り沢沿いを登る
杉林
東ルート
1:50
1:20
西ルート
916
西ルートより険しい
ヒカゲツツジの群生
イワウチワ
坪山❷
1103
急な登り
N
1:25,000
250　500m
1cm=250m
等高線は10mごと
1034
995
1:30
1:45
アップダウンを繰り返す
尾根道
896 ❸阿寺沢分岐
山梨県
上野原市
一宮神社卍
大杉
郷原
びりゅう館
❹学校前バス停
植林帯の道を下る
0:40
0:30
上野原駅
西原

20

富士山の眺望が見事な秀麗富嶽十二景の一山

<ruby>百蔵山<rt>ももくらやま</rt></ruby>

標高差　登り：**675m**　下り：**675m**

登山レベル　**初級**　体力：★★　技術：★★

山梨県

標高 **1003**m

総歩行時間 **3**時間**55**分

総歩行距離 **8.7**km

百蔵山山頂より富士山や道志の山々、桂川流域を望む

DATA

電車・バス　行き：JR中央本線猿橋駅　帰り：往路を戻る

マイカー　中央自動車道大月ICから国道20号、市道を経由して市営総合グラウンドの無料駐車場まで約6km。東ルート登山口までの間にも小さな駐車スペースがあるが、周回登山には向かない。

ヒント　市営総合グラウンドの駐車場脇に富士急バスの百蔵山登山口バス停があるが、土曜・休日は特に便数が少ないため、往復とも交通機関を利用したい場合はタクシーを呼んだほうがいい。

登山適期　3月中旬〜12月中旬

問合せ先

大月市観光協会　☎0554-22-2942

富士急バス大月営業所　☎0554-22-6600

大月タクシー　☎0554-22-2221

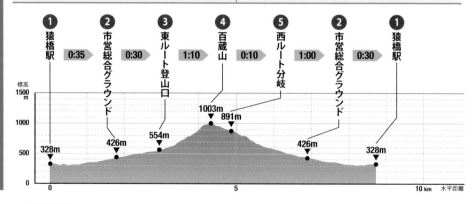

① 猿橋駅 — 0:35 — ② 市営総合グラウンド — 0:30 — ③ 東ルート登山口 — 1:10 — ④ 百蔵山 — 0:10 — ⑤ 西ルート分岐 — 1:00 — ② 市営総合グラウンド — 0:30 — ① 猿橋駅

標高 1500m / 1000 / 500 / 0

328m　426m　554m　1003m　891m　426m　328m

0　5　10km　水平距離

欄外情報　下山後、足を延ばして、日本三奇橋の一つ猿橋に立ち寄りたい。桂川に架かる橋で橋脚がなく、両岸からはね木を重ねて延ばし、その上に橋桁が乗せてある。猿の群が体を支え合って川を渡るのを見て造られたという伝説も。

ひなびたコースから人気の山頂を目指す
登山道を塞ぐ倒木群に要注意

プロフィール 猿橋駅の北側にそびえる端正なドーム型の山で、山頂は大月市の「秀麗富嶽十二景」に選ばれている。富士山をはじめ桂川流域の山並みや山村の眺望がすばらしい。夏は繁った葉がうるさいので、春もしくは秋～初冬に歩いてみるといい。

ガイド ❶猿橋駅から北に進み、国道20号から宮下橋、百蔵橋を渡り、❷市営総合グラウンドの駐車場を目指す。駐車場の北端には百蔵山登山口バス停があり、そのすぐ先のＹ字路を左に行く。続けてＹ字路が現れるので、ここは右。前方に百蔵山を見ながら住宅地の急坂を登る。次のＹ字路で右の道をとればトイレと百蔵浄水場があり、ほどなく❸東ルート登山口だ。

しばらくはゆるやかに折り返しながらの登りが続くが、道はだんだんと急になり、ロープ場

登山道上部は急坂が続く

登山者で賑わう山頂

が現れる。けっこうな急斜面なので、下りで歩く際にはスリップに十分な注意が必要だ。

ロープ場を数回通過すると扇山からのコースが合流し、ここを左に行けば❹百蔵山の山頂はすぐだ。大月市が選定する「秀麗富嶽十二景7番山頂」の一座であるこの頂からの眺めは富士ファンにはたまらないようで、天気のいい休日には多くのカメラマンがやってくる。

山頂からは西へと、大きなアカマツが梢を伸ばす尾根道をゆるやかに下る。尾根を下りきったところが❺西ルート分岐で、直進するのは百蔵山西側にある福泉寺方面の道だ。西ルートに入ると15分ほどで展望スペースがあり、ここからも富士山が望める。

道はやがて植林帯となり、小沢を渡ると狭く急な車道に出る。一気に下れば❷市営総合グラウンドの駐車場が見えてくる。あとは往路を❶猿橋駅へと向かえばいい。

富士山から御坂・道志山塊を見渡す大展望の頂

高川山
たかがわやま

- 標高差 登り:**518**m 下り:**583**m
- 登山レベル 初級 体力:★★ 技術:★★

山梨県
標高 **976**m
総歩行時間 **3**時間**10**分
総歩行距離 **6.9**km

高川山から富士山と三ツ峠山（右）を望む

📷 DATA

電車・バス 行き:JR中央本線初狩駅 帰り:富士急行線田野倉駅

マイカー 中央自動車道大月ICから国道20号、市道、林道を経由して約6km。高川山登山口周辺の林道脇に数台の駐車スペースがある。車の回収を考えると、往復登山となる。

ヒント 高川山からの下山は、富士急行線禾生駅に下る古宿コースやシラノサワコース、大月駅へ下るむすび山コースなどがある。下山途中の稲村神社に隣接する「尾県郷土資料館」は旧尾県学校の校舎で擬洋風建築。館内には懐かしい教室が再現され、当時の資料などが展示されている。

登山適期 3月下旬〜12月上旬

問合せ先
大月市産業観光課 ☎ 0554-20-1829
都留市産業課 ☎ 0554-43-1111

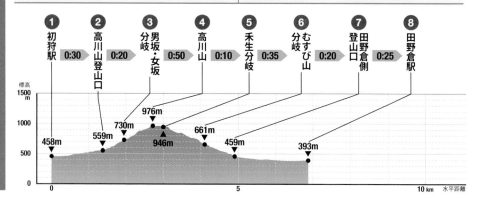

① 初狩駅 0:30 ② 高川山登山口 0:20 ③ 分岐・男坂・女坂 0:50 ④ 高川山 0:10 ⑤ 禾生分岐 0:35 ⑥ 分岐・むすび山 0:20 ⑦ 田野倉駅側登山口 0:25 ⑧ 田野倉駅

標高
1500m
1000
500
0

458m 559m 730m 976m 946m 661m 459m 393m

0   5   10 km 水平距離

欄外情報 中央道をくぐった先の右にある稲村神社の境内には、都留市指定天然記念物のエノキの巨木がある。目通り幹周3.8m、樹高27m。国蝶オオムラサキの食草として大切にされている。

**森を抜けて大展望広がる山頂に立ち
石仏がたたずむ古道を下る**

プロフィール 大月市の南西にそびえる高川山は、大月市が選定した「秀麗富嶽十二景」の一座。山頂はまさに富士山の絶好の展望台。人気の山だけに、山上へは周辺の駅からいくつものコースが延びる。ここでは、初狩駅から登り、田野倉駅へと結ぶコースを歩きたい。

ガイド ❶初狩駅を出たら、駅前の初狩郵便局の角を右に曲がり、すぐ先で中央線の下をくぐる。道標にしたがい自徳寺霊園の脇を通り、林道高川山線を登っていく。舗装が終わり、未舗装になると、やがて❷高川山登山口だ。

ここで、沢沿いの玉子石ルートと分かれ、「新ルート（男・女坂）」の案内にしたがい植林帯の尾根道を急登していく。しばらくで❸男坂・女坂分岐となる。ここでは男坂を進む。広葉樹の明るい尾根を急登していくと、やがて山腹を巻

山上へと続く明るい尾根道

春の登山道で見かけるジュウニヒトエ

いてきた女坂と合流。じきに傾斜がゆるくなり尾根沿いを進む。右手樹間に富士山が見えてくれば、もうひと息で❹高川山だ。山頂からは富士山、御坂山塊、道志山塊、南大菩薩連嶺などほぼ360度の展望が広がり見事。

下山コースはいくつもあるので、道標をしっかり確認。ここでは、松葉コースで田野倉駅へと下る。山頂から下ってすぐの鞍部が❺禾生分岐だ。広葉樹に覆われた尾根道を進むと、じきに露岩まじりとなり急下降していく。傾斜がゆるみ、地形図の854m地点を越し、再び、緩急つけながら下れば、❻むすび山分岐だ。

ここから尾根道を離れ、右へと松葉コースを下る。すぐに馬頭観音と石仏がある。続いて弁慶岩があり、ここから植林帯を折り返し下っていく。車道に飛び出したところが❼田野倉側登山口だ。あとは道標にしたがい、中央道をくぐり、桂川を渡り、国道139号を経て❽田野倉駅へと向かおう。

馬頭観音の石仏

小粒なのにピリリと辛い周回コース

御前山・菊花山
（ごぜんやま・きっかさん）

🔍 標高差　登り：**373m**　下り：**373m**

🔍 登山レベル　**中級**　体力：★　技術：★★

山梨県

標高 **730m**（御前山）

総歩行時間 **3**時間**35**分

総歩行距離 **6.1**km

南面が切り立った御前山の頂上。左遠方に富士山が頭をのぞかせている

🔍 DATA

電車・バス　行き：JR中央本線大月駅　帰り：往路を戻る

マイカー　中央自動車道大月ICから国道20号を経由して大月駅まで約2km。駐車場は大月駅周辺の民間駐車場を利用する。

ヒント　大月駅へは、新宿駅と千葉駅を始発とする特急「富士回遊」（通年運行。土曜・休日は増便）を利用することもできる。マイカーの場合、大月

駅周辺には民間駐車場が多くあるが、駅前ロータリー内にある駐車場は時間制のみで1日料金が設定されていないため、長時間の駐車はおすすめできない。

登山適期　3月下旬〜11月

問合せ先
大月市産業観光課　☎0554-20-1829
大月市観光協会　☎0554-22-2942

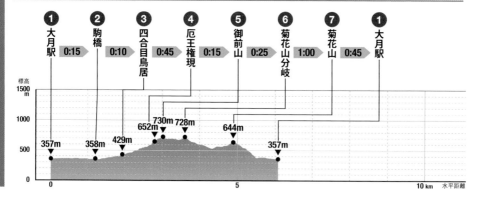

| ① 大月駅 | 0:15 | ② 駒橋 | 0:10 | ③ 四合目鳥居 | 0:45 | ④ 厄王権現 | 0:15 | ⑤ 御前山 | 0:25 | ⑥ 菊花山分岐 | 1:00 | ⑦ 菊花山 | 0:45 | ① 大月駅 |

357m　358m　429m　652m　730m　728m　644m　357m

欄外情報　菊花山からの下山は、岩場や地面が濡れているとたいへんスリップしやすい。雨の翌日は、大月駅からまずは菊花山へと登り、御前山へと歩く逆コースをとったほうが安全。

ロープ場の連続する急な登下降
濡れているときは十分な注意を

プロフィール 市街地に隣接する低山ながら、山歩きの面白さが凝縮されたコース。見事な展望と美しい自然林、そして小気味よくも急な登下降は、登山者を飽きさせない。

ガイド ❶大月駅から国道20号に出て左へ進む。三嶋神社を過ぎ、道なりに歩くと❷駒橋の交差点。バイパスを渡って左に行けば、石碑と道標の立つ林道入口だ。ここを右折し、すぐ先で右から合わさる林道を南に歩く。上部の分岐は赤鳥居が前方に見える左の道へ。この赤鳥居が御前山の登山口にあたる❸四合目鳥居だ。

鳥居から沢筋を歩き、木の橋を渡って九十九折に登れば尾根上の鞍部。右に曲がって赤鳥居をくぐる。道は再び九十九折の急登となるが、ひと頑張りでコンクリート製の❹厄王権現だ。南大菩薩方面の展望がぐ～んと開ける。

厄王権現のすぐ先のロープ場を慎重に越えると、ほどなく御前山と九鬼山を結ぶ尾根に出る。左に行けば❺御前山はすぐだ。岩場の頂上からは富士山や道志の山々など大きな眺めが広がる

菊花山の下りは大月市街が真下に見えるほど急だ

が、南側は絶壁なので行動は慎重に。

御前山からはいったん分岐に戻って九鬼山へ続く尾根道をたどり、❻菊花山分岐から右へと一気に下る。やがて鞍部に下り立ち、小ピークを2回ほど越えれば❼菊花山だ。こちらは御前山以上に展望が広がるものの、頂上北側が切れ落ちているので転落には注意したい。

菊花山からの下りはとにかく急下降。ロープ場の連続だ。途中、無辺寺への道を左に分け、金刀比羅宮まで来れば傾斜もゆるむ。鉄塔を過ぎ、鳥居をくぐって国道20号バイパス沿いの歩道に出たら右に行き、最初の信号を左に渡ればほどなく❶大月駅だ。

御前山・菊花山

大月駅❶　三嶋神社　猿橋駅　高尾　0:15　駒橋❷　石碑　0:10　❸四合目鳥居　0:45　0:35　・580　鳥居　0:15　0:10　厄王権現❹　岩場や崩落地の通過に注意　南側が絶壁　神楽山 674　電波反射板　急下降　730　❺御前山　菊花山分岐❻　沢井沢ノ頭　1:00

P　大月一丁目　行願寺　20　神明神社　送電線鉄塔　金刀比羅宮　0:45　1:00　7　・644　北側が絶壁　菊花山　やぶあり　ロープ場の続く急下降　こちらの道は、いくらか傾斜がゆるい　沢井　沢井峠　JR中央本線　富士急行線　1:00　0:25

山梨県　大月市　都留市　馬立山 797▲　九鬼山

菊花山分岐に立つ道標

N

1:25,000
0　250　500m
1cm=250m
等高線は10mごと

富士山と南アルプスを眺める尾根歩き

甲州高尾山
こうしゅうたかおさん

🔍 標高差　登り：**253m**　下り：**693m**

🔍 登山レベル　**初級**　体力：★★　技術：★

富士見台付近から見た春の富士山

🔍 DATA

電車・バス **行き**：JR中央本線勝沼ぶどう郷駅→タクシー（約15分）→大滝不動尊　**帰り**：JR中央本線勝沼ぶどう郷駅

マイカー 中央自動車道勝沼ICから国道20号、県道38号を経由して勝沼ぶどう郷駅まで約3km。駅北側のガードをくぐった先の右側に市営の無料駐車場があるが、土曜・休日はすぐに満車となるので、早い到着が必須。

ヒント 往復登山になってしまうが、大滝不動尊の山門手前に10台前後の駐車スペースがある。

登山適期 4〜11月

問合せ先
甲州市観光商工課　☎0553-32-5091
勝沼観光タクシー　☎0553-44-1432
甲州タクシー　☎0553-33-3120

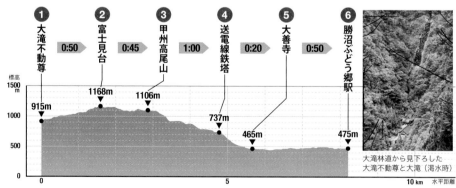

① 大滝不動尊 —0:50→ ② 富士見台 —0:45→ ③ 甲州高尾山 —1:00→ ④ 送電線鉄塔 —0:20→ ⑤ 大善寺 —0:50→ ⑥ 勝沼ぶどう郷駅

標高
1500m
1168m　1106m
915m
737m
465m　475m
0　5　10 km　水平距離

大滝林道から見下ろした大滝不動尊と大滝（湯水時）

欄外情報 登山後、時間があったら「甲州市勝沼 ぶどうの丘」がおすすめ。30社近い地元醸造所のプレミアムワインを購入できるだけでなく、日帰り温泉施設「天空の湯」も併設されている。☎0553-44-2111。

頂上付近の尾根道は快適だが
下り道の急斜面は尻もち注意

プロフィール 何度かの山火事で多くの樹林が消失し、そのために展望のすぐれた山となった皮肉な運命の山。火災後に植林された木々が成長しつつあるとはいえ、稜線からの富士山や南アルプスの眺めは登山者を引きつける。

ガイド 平安時代の創建といわれる**❶大滝不動尊**の山門をくぐり、急な石段を登る。大滝が見えてくると本堂まではわずか。立派な本堂の右横から登山道に入る。暗い植林帯の道を登って大滝林道にぶつかったら、いったん右に行って甲斐御岳神社（展望台）を往復してこよう。南西側には南アルプスが大きく望める。

林道に戻り、正面へと未舗装の道を歩く。ほどなく古い道標が現れるので、富士見台に向けて登山道に入る。山腹の道を登るとやがて稜線に出、右にひと登りで**❷富士見台**だ。目の前に

剣ヶ峰付近から見た大善寺へと続く尾根。右は甲府盆地

は富士山や御坂山塊が大きい。

西へと稜線をたどる。ピークを越えた先の鞍部で大滝林道からのもう1本の道が右から合流し、さらにピークを越えれば、甲州高尾山の東峰。この東峰のほうが標高は高いが、**❸甲州高尾山**の山名標識が立つのは次の中央峰。南アルプスを眺めながら稜線を歩くと、最後のピーク・剣ヶ峰。三角点が置かれている。

剣ヶ峰からはすぐに林道を横断し、南西へと大善寺に続く尾根道に入る。何度か登り返しのある尾根には急下降する箇所もあるので、スリップには注意したい。やがて**❹送電線鉄塔**が現れると道は南へと方向を変えるが、こちらも急斜面の下りに注意。傾斜がゆるむと柏尾五所神社で、すぐ下の国道20号を右に行けば**❺大善寺**だ。大善寺からは少しだけ国道を歩き、途中から右上に向かう車道に入る。ぶどう畑のなかの道を行けば、1時間弱で**❻勝沼ぶどう郷駅**に到着する。

展望地の甲斐御岳神社

甲州高尾山

1:50,000
山梨県
甲州市
0　　　500　　1000m
1cm=500m
等高線は20mごと

まあるい花崗岩の頂からは富士山や南アルプスの大パノラマ

弥三郎岳・昇仙峡

標高差　登り：**45m**　下り：**45m**（パノラマ台駅～山頂間）

登山レベル　**初級**　体力：★　技術：★★

弥三郎岳の半球状の頂上と雲に隠れた南アルプス。周囲は絶壁なので行動は慎重に

DATA

電車・バス　**行き**：JR中央本線甲府駅→山梨交通バス（約1時間10分）→グリーンライン昇仙峡　**帰り**：往路を戻る　※バスは冬期、昇仙峡口バス停までの運行。

マイカー　中央自動車道甲府昭和ICから県道7号、昇仙峡グリーンラインなどを経由してグリーンライン昇仙峡バス停横の県営駐車場（無料）まで約16km。

ヒント　ロープウェイのパノラマ台駅発最終便は通常17時30分だが、12～3月は16時30分となる。

登山適期　4～11月

問合せ先
昇仙峡観光協会　☎ 055-287-2158
甲府市観光課　☎ 055-237-5702
昇仙峡ロープウェイ　☎ 055-287-2111
山梨交通　☎ 055-223-0821

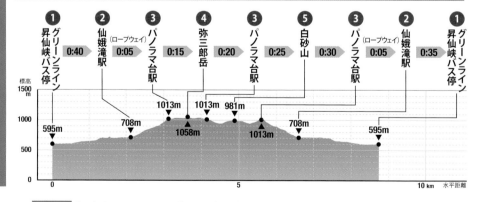

① グリーンライン昇仙峡バス停
0:40
② 仙娥滝駅
0:05（ロープウェイ）
③ パノラマ台駅
0:15
④ 弥三郎岳
0:20
③ パノラマ台駅
0:25
⑤ 白砂山
0:30
③ パノラマ台駅
0:05（ロープウェイ）
② 仙娥滝駅
0:35
① グリーンライン昇仙峡バス停

標高
1500m

595m　708m　1013m　1013m　981m　1058m　1013m　708m　595m

1000

500

0　　　　　　　　5　　　　　　　　10 km　水平距離

欄外情報　弥三郎岳の山頂周辺はハシゴや鎖場が連続する険しい道。頂上は周囲が絶壁なので、慎重な行動を。白砂山への道はややわかりにくい箇所があるので、初心者だけでは歩かないこと。

奇岩と清流の遊歩道を歩き
山頂駅から2つの白い頂へ

プロフィール 羅漢寺山とも称される弥三郎岳からの南アルプスや富士山の眺め、そして、国の特別名勝でもある昇仙峡の渓谷美がこのコースのハイライト。昇仙峡の整備された遊歩道に比べて弥三郎岳の岩場は登山者がほとんどという好対照のエリアになるが、ロープウェイを利用すれば、山上の自然と渓谷のどちらも堪能できるお得なコースだ。

ガイド ❶グリーンライン昇仙峡バス停からバス通りの橋を渡り、すぐの分岐を左に下る。次の分岐を右に行くと遊歩道が始まる。みやげ物店を横目にゆるやかに登る道は、新緑や紅葉の時期が格別に美しい。やがて左に、昇仙峡の象徴、覚円峰が見えてくる。歩を進めるにつれて形を変え、いつまで見ていても飽きない。

左下に清冽な流れを眺めながら自然の石が作った巨大な石門をくぐり、昇仙橋を渡ると仙娥滝が右に現れる。落差30m、日本の滝百選にも選ばれている名瀑だ。ここから階段を登りきると商店が立つ一角に出る。店の間を抜け、突

遊歩道から見上げた昇仙峡のシンボル、覚円峰

き当たった舗装路を左方向に5分ほど歩けば、昇仙峡ロープウェイの❷仙娥滝駅だ。

弥三郎岳を目指してロープウェイに乗る。途中から後方を振り返れば金峰山が望めることだろう。売店やレストランのある❸パノラマ台駅に到着したらまずは、左へと弥三郎岳に向かおう。最初は平坦な道も、岩上の展望所を過ぎるとハシゴや鎖場、鉄バシゴが出現する。けっして困難ではないが、慎重に行くに越したことはない。最後にマツの枝が通過の邪魔をする鎖場を登れば❹弥三郎岳の頂上だ。南アルプスや富

遊歩道の最後に現れる仙娥滝

弥三郎岳頂上直下にある岩に刻まれた道

📖 Column
幸運のパワースポット

パノラマ台駅近くにある八雲神社（特別名勝・金櫻神社の末社）の先には、「幸運のパワースポット」と呼ばれる場所がある。富士山遥拝所と、それに隣接する約束の丘（福を呼ぶ鐘）、うぐいす谷の3カ所で、いずれも幸運・幸福の強い気を浴びることができるそうだ。また、約束の丘にちなんで、駅売店では「約束の手紙」を販売している。こちらは投函の1年後に昇仙峡郵便局の消印でハガキが届くというもの。

士山、金峰山の展望がすばらしい。ただ、半球状の花崗岩の頂は周囲が絶壁になっている。端には絶対に寄らないようにしてほしい。

　鎖場や鉄バシゴを用心して下り、❸パノラマ台駅まで戻ったら白砂山を目指す。白砂山へはいったん下ることになるが、下り口は駅前と、駅の北西にある八雲神社の傍らの2カ所ある。どちらを下っても時間的な差はなく、ほどなく合流する。合流した先から道は涸れ沢沿いに下るが、落ち葉などで道が不明瞭になることもあるので、赤テープや矢印を見失わないよう注意して歩きたい。

　尾根筋になると道は明瞭になり、道標に気をつけて左の分岐に入れば、軽い登りののちに❺白砂山（しろすなやま）の山頂に到着する。風化した花崗岩が太陽光に映えて白い砂浜のようなこの頂は、まるで日向山（P86）のミニ版のようだ。先ほど登った弥三郎岳を眺めながら昼食をとるのに最適な場所でもある。

　下りは往路を戻る。短時間だが、❸パノラマ台駅（だいえき）までは慎重にいきたい。

白砂山の花崗岩の頂から見た弥三郎岳

白砂山へと続く樹林帯の静かな道

弥三郎岳・昇仙峡

1:25,000

0　250　500m
1cm=250m
等高線は10mごと

山梨県
甲府市

猪狩町

仙娥滝駅❷

影絵美術館

昇仙峡ロープウェイ

長い階段

昇仙峡滝上バス停

昇仙滝

八雲神社

•805

前屋

パノラマ台駅❸

木に描かれた赤ペンキや赤テープを追う

0:15
0:20
•1058

半球状の頂は南北が絶壁になっている。行動には細心の注意を

覚円峰•

昇仙橋

天狗岩

覚円峰の眺めがすばらしい

❹弥三郎岳

鎧岩
鎖場・ハシゴあり
滑落注意

茶屋

甲斐市

0:25
0:30

•986　981

❺白砂山

弥三郎岳が望める

0:35
0:40

•643

高成町

高成用

甲斐市

長潭橋

昇仙峡遊歩道の自然の岩のトンネル

羅漢寺

•630

竹日向町

❶グリーンライン
昇仙峡バス停

•879

千田

長潭橋

五月雨岩

甲府駅

山梨県

標高 1382m (滝の上展望台)

総歩行時間 **3時間50分**

総歩行距離 **9.4km**

笛吹川源流の名瀑を巡る人気コース

にしざわけいこく

西沢渓谷

標高差　登り:**276m** 下り:**276m**

登山レベル **初級** 体力:★　技術:★

真っ青な釜が連続する七ツ釜五段の滝

DATA

電車・バス 　**行き:**JR中央本線山梨市駅→山梨市民バス(約1時間)→西沢渓谷入口　**帰り:**往路を戻る　※4〜11月にかけては土曜・休日を中心に塩山駅から山梨交通バスも運行(約1時間)。

マイカー 　中央自動車道勝沼ICから国道20号、県道34号、国道411号・140号を経由して約30km。市営駐車場60台。道の駅みとみ北側駐車場200台。紅葉シーズンは有料。

ヒント 　西沢渓谷の渓流沿いの道は一部が狭いため、すれ違いを考慮し一方通行となっている。西沢渓谷登山道は冬期(12月1日〜4月28日)閉鎖。

登山適期 　4月下旬〜11月上旬

問合せ先
山梨市総務課(市民バス)　☎0553-22-1111
山梨市観光協会　☎0553-20-1400
山梨交通塩山営業所　☎0553-33-3141

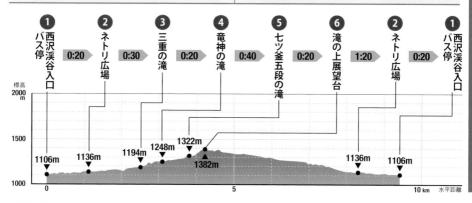

① 西沢渓谷入口バス停 → 0:20 → ② ネトリ広場 → 0:30 → ③ 三重の滝 → 0:20 → ④ 竜神の滝 → 0:40 → ⑤ 七ツ釜五段の滝 → 0:20 → ⑥ 滝の上展望台 → 1:20 → ② ネトリ広場 → 0:20 → ① 西沢渓谷入口バス停

標高
2000m

1500

1106m　1136m　1194m　1248m　1322m　1382m　1136m　1106m

1000

0　　　　　　　5　　　　　　10 km　水平距離

欄外情報 　森林セラピー基地に認定され、「森林浴の森100選」にも選ばれている西沢渓谷では、初夏にシャクナゲが多く見られる。花期は5月中旬前後で、新緑もこのころから始まる。

渓谷最大の七ツ釜五段の滝まで登り
旧森林軌道を下る周回コース

プロフィール 奥秩父の国師ヶ岳を水源とする笛吹川の源流部が西沢渓谷だ。花崗岩の白い岩肌にコバルトブルーの淵や滝が続くコースは、数ある渓谷ハイクのなかでもとくに人気が高い。森林セラピーコースにも指定されている。

ガイド ❶西沢渓谷入口バス停から車止めを抜け舗装された林道を進む。しばらくするとトイレやあずま屋がある❷ネトリ広場に到着する。下山時に下りてくる道を左に分け、広い未舗装路を進むと西沢山荘（廃業）となる。『日本アルプスと秩父巡礼』の著者にして登山家の田部重治文学碑の脇から山道へと入る。

まずは二俣吊り橋を渡るが、橋からは鶏冠山がよく見える。しばらくは樹林内を進む。初夏なら各所に咲いているヤマツツジがきれいだ。途中、対岸に大久保の滝が望める。その先から階段状の道を登り、少し下ると❸三重の滝だ。左に入ると展望台があり、花崗岩の岩肌を流れ落ちる滝と青い滝壺が間近で見られる。

ここからは渓谷沿いを進むが、ところどころ道が狭くなるので他のハイカーの通行に配慮したい。途中、フグ岩、ウナギの床、人面洞などを見ながら進むと、渓谷のすぐ脇を進むようになる。増水時は注意が必要だ。一度、渓谷沿いから少し登ると❹竜神の滝だ。西沢渓谷のなか

群青の深い滝壺が印象的な貞泉の滝

でも最も深いブルーをたたえた滝壺が印象的だ。さらに、恋糸の滝、貞泉の滝、巨大な甌穴の母胎淵などが続く。徐々に渓谷沿いから離れていく方杖橋に到着。対岸へと渡りひと登りすれば「日本の滝百選」の❺七ツ釜五段の滝だ。まずは正面から望む。さらに一段登れば、横からも見られる。初夏は新緑、秋は周囲を染める紅葉が見事だ。

滝見を堪能したら出発。渓谷沿いを離れ登っていくとシャクナゲの群生地。さらにひと登りで旧森林軌道跡に出る。右へ行くと❻滝の上展望台があり、眼前に鶏冠山や木賊山が望める。ちょっとした広場とトイレもある。

下山は旧森林軌道を下っていく。この軌道跡

花崗岩の岩肌を落ちる三重の滝

新緑に包まれた渓谷沿いを進む

欄外情報 国道140号から少しそれた笛吹川沿いに市営の日帰り入浴施設「みとみ笛吹の湯」がある。内湯と露天風呂があり湯はアルカリ性単純温泉。10〜20時。火曜休（祝日の場合は翌日）☎0553-39-2610。

大展望台より鶏冠山

は昭和43年まで、西沢・東沢一帯の木材搬出に
利用されていたもの。トロッコ列車が走ってい
ただけに道はゆるやか。途中の大展望台からは
鶏冠山から雁坂峠までが一望できる。

　大久保沢を渡ったら山腹を大きく回り込むよ
うに進む。さらに森林軌道跡をたんたんとたど
り、途中、小さな祠が祀られた山ノ神を経て下
れば林道に出る。左へ進むと、林道をショート
カットする近道がある。山腹を折り返しながら
下ると林道に出る。ネトリ大橋を渡れば❷ネト
リ広場に到着。あとは往路をたどって❶西沢渓
谷入口バス停へ向かおう。

道の駅みとみ

　西沢渓谷ハイクの後に立ち寄りたい道の駅。広
瀬ダムを眼下に望む地にあり、売店では手作りの
「権三郎の米こうじみそ」やオリジナルワイン、
ジャムなどの特産品を販売。食堂では郷土料理の
ほうとう鍋やほうとうをコロッケにした「宝刀コ
ロッケ定食」、いのぶたラーメン、自家製カレー
ライスなど各種定食が味わ
える。隣接して山梨市民バ
スの停留所もある。
9時〜17時30分。火曜休。
☎0553-39-2580。

旧森林軌道を下って行く

西沢渓谷

一般の立入禁止

渓谷沿いの道は
原則として、❷から❻に
向かっての一方通行

竜神の滝 ❹

三重の滝 ❸
ウナギの床
フグ岩
二俣吊り橋
二俣新道
田部重治文学碑
西沢山荘(閉鎖)

木立に包まれた道を歩く

❷ ネトリ広場

0:30
0:20
人面洞
大展望台

大久保の滝
ネトリ大橋

0:40
0:20

七ツ釜
五段の滝
❺
方丈橋
0:20

❻
滝の上展望台
1382

シャクナゲ
群落地

道幅が広い
ゆるやかな下り坂

1:30
1:20

カワズ池

山ノ神
1300

0:20

一般車進入禁止ゲート

ネトリ広場

秩父市

雁坂トンネル

料金所

村営駐車場

❶
西沢渓谷入口バス停

P

P

ドライブイン不動小屋

道の駅みとみ
道の駅みとみ

山梨県
山梨市

眼下に七ツ釜五段の
滝が見える

旧森林軌道

シャクナゲ群落の
急坂を登る

大久保沢

1400

1500

140

山道に沿ってシャクナゲや
ミツバツツジが咲く

二俣吊り橋

みとみ笛吹の湯
広瀬湖

N

1:50,000

0　　　500　　1000m
1cm=500m
等高線は20mごと

渓谷沿いの道は危険回避のため原則一方通行となっている。

草原の尾根道から富士山と南アルプスを一望する

大菩薩嶺
（だいぼさつれい）

標高差　登り：**471m**　下り：**471m**

登山レベル　**初級**　体力：★★★　技術：★★

山梨県

標高 **2057m**

総歩行時間 **3時間30分**

総歩行距離 **7.2km**

親不知ノ頭付近から見た大菩薩嶺

📖 DATA

電車・バス　行き：JR中央本線甲斐大和駅→栄和交通バス（約40分）→上日川峠　帰り：往路を戻る
※栄和交通バスは4月下旬〜11月下旬の土曜・休日に運転（季節運行あり）

マイカー　中央自動車道勝沼ICから国道20号、県道38号、国道411号、県道201号を経由して上日川峠まで約25km。峠周辺3カ所に駐車場あり。

ヒント　通過困難な箇所がなく歩きやすい

コースだが、唐松尾根の下りには急斜面があるため、下りの苦手な人は、唐松尾根から登って大菩薩嶺〜大菩薩峠へと歩くコースがおすすめ。

登山適期　5〜11月中旬

問合せ先
甲州市観光協会　☎0553-32-2111
栄和交通（バス）　☎0553-26-2344
甲州タクシー　☎0553-33-3120

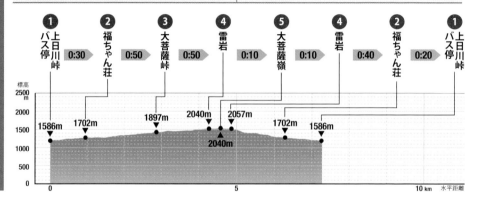

❶ 上日川峠バス停 —0:30→ ❷ 福ちゃん荘 —0:50→ ❸ 大菩薩峠 —0:50→ ❹ 雷岩 —0:10→ ❺ 大菩薩嶺 —0:10→ ❹ 雷岩 —0:40→ ❷ 福ちゃん荘 —0:20→ ❶ 上日川峠バス停

標高
2500m
2000
1500
1000
500
0

1586m　1702m　1897m　2040m　2057m　1702m　1586m
2040m

0　　　　　5　　　　　10 km　水平距離

欄外情報　上日川峠までのバス運行日以外はタクシー利用となる。タクシーは甲斐大和駅、塩山駅などから乗車できる。県道201号の裂石〜上日川峠は冬期閉鎖となる。

上日川峠から大菩薩峠経由で山頂に立ち 唐松尾根を下るぐるり周回コース

プロフィール 首都圏から近い日本百名山として人気が高い大菩薩嶺。山頂へは各方面から登山道が延びるが、上日川峠まで車やバスで上がることで、初級者も無理なく山頂に立てる。ここでは、大菩薩峠から大菩薩嶺を巡り、唐松尾根を下る周回コースを紹介しよう。

ガイド ❶**上日川峠バス停**でバスを降りたら、ロッジ長兵衛の脇から福ちゃん荘へと向かう。福ちゃん荘までは車道と山道がある。舗装路歩きを避けるなら山道を行こう。若干のアップダウンがあるが、さほど時間に大差なく❷**福ちゃん荘**に到着する。ひと息入れたら福ちゃん荘前の案内図を確認して出発。ここでは唐松尾根コースを左に分け、大菩薩峠へと林道を進む。すぐに富士見山荘がある富士見平を過ぎる。橋を渡ると右手に勝縁荘（閉鎖）がある。ここから登りが始まる。しばらくはウラジロモミなどの針葉樹林帯をゆるやかに登っていく。ダケカンバが多くなり、左手斜面にササ原が広がり林間が開けてくると、介山荘が立つ尾根に出る。左

大菩薩峠。中央後方は親不知ノ頭

へ小屋の前を抜ければ❸**大菩薩峠**に到着だ。展望盤やベンチがあるのでひと休みしていこう。

ここからは明るい尾根道を登っていく。じきに小説『大菩薩峠』で知られる中里介山の記念塔を経て急登すると親不知ノ頭だ。展望が一気に開け、富士山や南アルプスが一望できる。ひと息入れたら避難小屋がある賽ノ河原へと下り、再び登りとなる。初夏から秋は各種の花が見られる。途中、妙見ノ頭を巻いて、さらに尾根伝いに登っていく。晴れていれば、つねに左手に南アルプス、振り返れば富士山が展望できる。

途中、神部岩を通過し、さらにひと登りで唐松尾根の分岐点となる❹**雷岩**に到着。明るく展望のすぐれた雷岩は休憩するにもお弁当を広げるにも最適な場所だ。南西方向には下山に利用する唐松尾根が延びている。

ゆっくり休んだら、コメツガの湿った樹林を歩いて❺**大菩薩嶺**へ。展望はないので、最高点を踏んだら来た道を❹**雷岩**まで戻ろう。ここからは右手の唐松尾根を下る。最初は急な斜面が続くのでスリップに注意したい。傾斜がゆるむとカラマツの森を歩くようになり、❷**福ちゃん荘**に下り立ったらあとは往路を戻る。

唐松尾根の登山口に立つ福ちゃん荘

大展望の雷岩はランチスポット

樹林に囲まれた大菩薩嶺の山頂

大
菩
薩
嶺

中級

初級

大菩薩嶺に続く尾根から見た大菩薩湖と富士山

親不知ノ頭直下の岩場を行く

▶Column

大菩薩嶺から裂石へと下る

　大菩薩嶺から北西側にある丸川峠を経て国道411号側の登山口である裂石に下る道は、コメツガの原生林やブナ、ミズナラなどの広葉樹の森を歩く静かなコース。峠には昔ながらの山小屋である丸川荘（通年営業。冬期は土曜・休日のみ）があり、1泊すればより思い出深い山行になるだろう。裂石（大菩薩峠登山口バス停）からは塩山駅行きの山梨交通バスが運行している。

大菩薩嶺

柳沢峠・青梅
六本木峠・柳沢峠
富士山の眺めがよい
丸川峠
丸川荘
北尾根
丹波山村
一のタル
5 大菩薩嶺（大菩薩岳）2057
コメツガの原生林
1:30　2:00
1:00　1:20
急な下り
411
五郎田
裂石温泉雲峰荘
大菩薩の湯 塩山駅・勝沼IC
介山記念館
丸川峠入口
第一展望台
201
展望よい
4 雷岩 2000
夏から秋にかけ花が多い
妙見ノ頭
小菅村
フルコンバ小屋跡
神部岩
神成岩
避難小屋
福ちゃん荘 2
1811
親不知ノ頭
0:20　0:25
雲峰寺
裂石登山口
雲峰寺
大菩薩峠登山口
林道を歩いてもいい
丸川峠入口〜上日川峠間は徒歩1時間40分
0:30　0:20
ロッヂ長兵衛
上日川峠バス停 1
0:40　1:00
勝縁荘（閉鎖）
0:50　0:40
1824
賽の河原（旧大菩薩峠）
中里介山文学碑
3 大菩薩峠
介山荘
熊沢山
石丸峠
天狗棚山 1957
小屋平
砥山 1605
大菩薩湖北岸
砥山林道
山梨県 甲州市
JR甲斐大和駅・大月IC
大月市
黒岳

N
1:40,000
0　500　1000m
1cm＝400m
等高線は20mごと

山梨県

標高 2031m

総歩行時間 6時間40分

総歩行距離 10.8km

険しい岩場を越えて得られる360度の大展望

乾徳山
（けんとくさん）

☞ 標高差　登り：**1201m** 下り：**1201m**

☞ 登山レベル **中級** 体力：★★★ 技術：★★★

山頂直下、鎖が設けられた凹角の岩場（天狗岩）はけっこう手強い

DATA

電車・バス 行き：JR中央本線塩山駅→山梨交通バス（約30分）→乾徳山登山口　帰り：往路を戻る

マイカー 中央自動車道勝沼ICから国道20号、県道34号、国道411号、県道38号、国道140号、県道209号を経由して徳和登山口まで約20km。登山口に無料駐車場がある（収容約20台）。

ヒント 下山に使う迂回新道は滑りやすい急斜面が長く続き、ところどころ道がわかりにくい箇所もある。目印の赤テープを見失わないように慎重に下っていこう。

登山適期 4月下旬〜11月中旬

問合せ先
山梨市観光協会 ☎0553-20-1400
山梨交通塩山営業所 ☎0553-33-3141

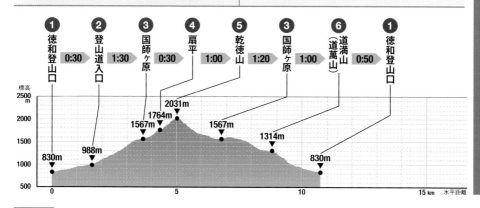

❶ 徳和登山口		❷ 登山道入口		❸ 国師ヶ原		❹ 扇平		❺ 乾徳山		❸ 国師ヶ原		❻ 道満山（道萬山）		❶ 徳和登山口
	0:30		1:30		0:30		1:00		1:20		1:00		0:50	

標高 2500m

2031m
1764m
1567m　1567m
1314m
988m
830m　　　　　　　　　　　　　830m

2000
1500
1000
500

0　　　　　　　5　　　　　　　10　　　15 km　水平距離

欄外情報 乾徳山登山口へはJR中央本線山梨市駅から通年運行の市営バス便もある。所要約30分。問合せは山梨市総務課☎0553-22-1111（代）へ。なお、塩山駅〜乾徳山登山口のバスは冬期運休。

73

それなりの技術と体力が要求される
登山の醍醐味が凝縮されたコース

プロフィール 武田信玄の菩提寺・恵林寺の山号にもなっている乾徳山は、日本二百名山や山梨百名山に数えられる名山。森林、草原、岩峰と、変化に富んだ山の魅力を堪能でき、山頂からは遮るものがない大パノラマが満喫できる。冬以外の4月下旬〜11月中旬が登山適期だ。

ガイド 乾徳山登山口バス停のある❶**徳和登山口**から、徳和川に沿って30分ほど車道を遡っていく。大きな案内板のある❷**登山道入口**から本格的な登りが始まる。途中で林道を横切り、さらに登っていくと銀晶水と呼ばれる水場に着くが、涸れていることが多く、水の補給は期待しないほうがいい。

尾根筋にジグザグにつけられた道は、ゆるやかでも急でもない、ほどよい傾斜だ。駒止を過ぎ、廃道となった林道を何度か横切って登っていくと、やがて広葉樹が目立つようになり、傾斜が若干落ちてきて錦晶水に着く。水量が豊富

四叉路となっている国師ヶ原の分岐

高度感ある岩場の核心部を過ぎれば目の前が山頂だ

なので、水筒に水をたっぷり補給しておこう。

錦晶水から先は、明るい林のなかのなだらかな道となる。間もなく、シラカバが点在する開けた場所に出て、上部に岩峰を乗せた乾徳山が初めて姿を見せる。そのすぐ先が、四辻となっている❸**国師ヶ原**だ。ここを直進し、なだらかな道が急登に変わると、樹林が途切れてカヤトの原を行くようになる。

大きな月見岩のある❹**扇平**で大平高原からの登山道が合流したのち、再び樹林帯のなかへと入り、ごつごつした岩と木の根の道を急登していく。鎖やハシゴが設けられた山頂部の岩場に差し掛かったら、三点支持を守って慎重に通過しよう。最後に待ち構えている頂上直下の天狗岩の鎖場は、垂直に切り立っていて、ある程度の腕力が要求される。自信がない人は、右側に回り込んでいる迂回路をたどろう。

天狗岩を登り切ったところが❺**乾徳山**の山頂で、巨岩が積み重なった上に石造りの小さな祠が祀られている。展望は360度。富士山や南アルプス、奥秩父の山々などが一望のもとだ。

十分に展望を楽しんだら、山頂北側のハシゴを下り、岩稜を黒金山方面へわずかにたどる。鞍部の樹林帯に入ったところで主稜線と分かれ、乾徳山の西側の山腹を回り込むように付け

登山道入口で林道を外れ、本格的な山道を登っていく

国師ヶ原付近から仰ぎ見た乾徳山

欄外情報 入下山に利用するバスの待ち時間が長いようなら、タクシーを利用するのも手だ。塩山駅から徳和登山口まで約25分。3、4人で乗れば料金も安くあがる。問合せは牧丘タクシー☎0553-35-2104へ。

大岩が積み重なる乾徳山山頂で記念撮影

うっかり通り過ぎてしまいそうな道満山（道萬山）山頂

られている迂回新道を下っていく。やがて道がトラバース気味になり、ゆるやかに樹林帯のなかを下って避難小屋である高原ヒュッテの前に出ると、❸国師ヶ原（こくしがはら）は間もなくだ。

　国師ヶ原の四叉路を直進し、ゆるやかに登ったのちに再び下っていく。間もなくして現れる道標にしたがい、スリップに注意しながら道満尾根（どうまんおね）を急下降していく。途中で交差する車道を左手に見送り、さらに樹林帯のなかを下っていくと、やがて傾斜がなだらかになり、地味な❻道満山（どうまんざん）の山頂に着く。しかし、その先、徳和峠までは再び急下降が続く。

　徳和峠から右方向に車道をたどり、集落の中を抜けて❶徳和登山口（とくわとざんぐち）に帰り着く。

📷 Column

花かげの湯

　牧丘町の南の入口にある市営温泉「花かげの湯」は、美人の湯として知られるアルカリ性の温泉で、筋肉痛や関節痛、神経痛、冷え性、疲労回復などに効果があるという。内風呂、露天風呂、サウナ、寝湯などのほか、海老天丼が名物の食事処、売店、大広間、個室、マッサージルームなどが完備。マイカー利用の登山なら下山後に立ち寄ってみるといい。

10〜21時（11〜3月は〜20時30分）。月曜休。
☎0553-35-4126。

乾徳山

1:50,000
500　1000m
1cm=500m
等高線は20mごと

N

金峰山

きんぷさん・きんぽうさん

アルペンムード漂う奥秩父の盟主へ

📷 標高差 登り：238m 下り：238m
📷 登山レベル 初級 体力：★★ 技術：★★

山梨県・長野県
標高 **2599m**
総歩行時間 **4**時間**10**分
総歩行距離 **7.9km**

初級

日本百名山／大展望／花／紅葉

大弛峠東側の前国師付近から見た金峰山

🔍 DATA

電車・バス **行き**：JR中央本線塩山駅→栄和交通（バス＋乗合タクシー。計約1時間15分）→大弛峠 **帰り**：往路を戻る

マイカー 中央自動車道勝沼ICから国道20号・411号、クリスタルライン、川上牧丘林道を経由して約43km。ただし川上牧丘林道は、11人乗り以上の車両は通年通行禁止。大弛峠に無料駐車場あり。

ヒント 人気のコースなので、シーズン中の大弛峠の駐車場は満車率が高い。マイカー利用の場合は早着を心がけよう。上川牧丘林道の問合せは山梨県県土整備部道路管理課☎055-237-1111。

登山適期 5月下旬〜11月中旬
問合せ先
山梨市観光協会 ☎0553-20-1400
栄和交通 ☎0553-26-2344
塩山タクシー ☎0553-32-3200

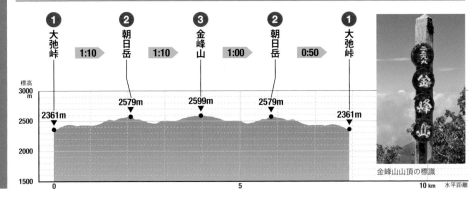

❶ 大弛峠 → 1:10 → ❷ 朝日岳 → 1:10 → ❸ 金峰山 → 1:00 → ❷ 朝日岳 → 0:50 → ❶ 大弛峠

標高 3000m：2361m／2579m／2599m／2579m／2361m

金峰山山頂の標識

欄外情報 山頂の五丈石は聖地でもあり、むやみに登るべきではない。たとえ登れたとしても、下りるのはより難しく、転落する危険が高い。実際、事故も起きている。眺めるだけにしておきたい場所だ。

奥秩父第二の高峰への最短コース
春にはシャクナゲが登山道を彩る

プロフィール 長野と山梨の県境に位置する金峰山は、北奥千丈岳（2601m）に次ぐ秩父第二の高峰。山梨側ではきんぷさん、長野側ではきんぽうさんと呼ばれる。山腹の深い原生林と頂上一帯のアルペン的風貌の2つの魅力を兼ね備え、日本百名山にも数えられていることもあって、ことさら登山者の人気は高い。山頂にある五丈石は、同山のシンボルとなっている。

森林限界付近に群生するシャクナゲの見頃は5月下旬〜6月中旬ごろ。山腹が紅葉で染まる10月中旬〜11月上旬もおすすめだ。

ガイド 金峰山への主要コースは4本あるが、そのなかで最も手軽で最短なのが、ここで紹介する大弛峠からの往復コース。登山の基点となる❶**大弛峠**の標高は2361mで、車が通れる峠としては、日本最高所だという。

駐車場奥から道標にしたがい、コメツガやシラビソなどの針葉樹林の森のなかを登っていく。急な登りが終わり、なだらかな尾根をたどったのちに、小さく下った鞍部が朝日峠だ。シラ

頂上周辺に咲くトウヤクリンドウ

明るい針葉樹の尾根をたどっていく

頂上の五丈石と富士山

朝日岳から立ち枯れた木の間を下っていく。正面は金峰山の五丈石

ビソに囲まれた薄暗い広場の真ん中に、石がケルンのように積まれている。

朝日峠から尾根を登り返してしばらく行くと、小さな岩場が現れる。この岩場を越したところは平坦なガレ場となっていて、富士山や南アルプス、奥秩父の山々などの展望が開けている。ガレ場から再び樹林のなかに入ってゆるやかに進めば、間もなくで❷**朝日岳**に着く。朝日岳の山頂の西端からは、目指す金峰山がどっしりと構えているのが見え、その山頂にある五丈石も小さく確認できる。

朝日岳をあとに、ガレ場を急下降して樹林帯

> **📷 Column**
>
> ## なぜ違う？金峰山の標高
>
> 金峰山の標高は、国土地理院の地形図上では2595mとなっている。ところが山頂にある標識に書かれた標高は2599m。いったいどちらが正しいのだろうか。この違いは、どこを山頂と見なすかによる。地形図に記されているのは、測量のための三角点が置かれているところの高さだが、金峰山の最高地点はもっと高い場所にある。その高さが2599mというわけだ。
>
>

のなかに入り、ゆるやかに下っていく。朝日岳と鉄山の鞍部からは再び登りに転じ、鉄山山頂に至る道を左に見送って山腹をなだらかにトラバースするように進む。このあたりにはアズマシャクナゲが群生していて、6月には美しい花が目を楽しませてくれる。

やがて森林限界が近づいてくると、シラビソに代わってハイマツ帯が現れる。金峰山の山頂からダイレクトに延びる尾根上に乗れば、信州側の展望が開け、クライミングのメッカとなっている小川山の岩峰群を眼下に見渡せる。ただし、ガスなどで視界がないときはルートを見失いやすいので、より慎重に行動したい。

山頂まではあともうわずかだ。ペンキマークを追いながら、ハイマツと岩から成るアルペンムード満点の尾根をゆるやかにたどっていこう。最後に岩のアーチをくぐった先に、**❸金峰**

森林限界を越え、アルペンムードいっぱいの尾根を行く

山山頂を示す標識と三角点がある。

巨岩が累々と積み重なる山頂からは360度の大パノラマが広がり、富士山や南アルプス、奥秩父、八ヶ岳、上信越の山々、遠く北アルプスまでもが一望のもとだ。そしてピークから西にわずかに下ったところには、金峰山のシンボル、岩の要塞のような五丈石がどっかりと鎮座している。五丈石の前は休憩に適した広場になっているので、天気がよければのんびり弁当を広げるといいだろう。

下山は往路を引き返す。

五丈石を裏側から見るとこうなっている

長野県

標高 2112m

総歩行時間 **4**時間**45**分

総歩行距離 **9.5**km

奥秩父にも西上州にも属さない孤高の名山

御座山

（おぐらさん）

標高差 登り：**703**m 下り：**987**m

登山レベル **中級** 体力：★★ 技術：★★

初級/入門

大展望／花／紅葉／森林浴／立ち寄り湯

北相木村と小海町の境付近から見た御座山（中央左が山頂）

DATA

電車・バス 行き：JR小海線小海駅→タクシー（約20分）→栗生登山口 帰り：白岩バス停→北相木村営バス（約30分）→JR小海線小海駅 ※帰りの北相木村営バスの本数は少ないので、出発前にしっかりと確認しておきたい。

マイカー 中部横断自動車道八千穂高原ICから国道299号・141号、県道2号・472号などを経由して栗生登山口の駐車場（無料）まで約22km。

ヒント 往路で小海駅から南相木村営バスを利用したい場合、日帰りは無理で前泊の必要がある。マイカー利用の場合は往復登山になる。

登山適期 5～11月上旬

問合せ先

南相木村振興課 ☎0267-78-2121
北相木村経済建設課 ☎0267-77-2111
小海タクシー ☎0267-92-2133

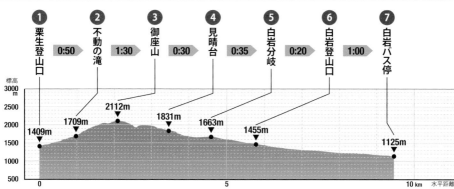

| ❶ 栗生登山口 | 0:50 | ❷ 不動の滝 | 1:30 | ❸ 御座山 | 0:30 | ❹ 見晴台 | 0:35 | ❺ 白岩分岐 | 0:20 | ❻ 白岩登山口 | 1:00 | ❼ 白岩バス停 |

標高
3000m

2500

2112m

2000

1709m 1831m

1663m

1500 1409m 1455m

1125m

1000

500

0 5 10 km 水平距離

欄外情報 御岳神社手前の鎖場は、距離はわずかなものの急峻な岩場。岩の上に木の根がはっていて、濡れているときは注意が必要だ。また、標高が2000mを超えているため気象条件が厳しいことも忘れずに。

花咲く原生の森から展望の頂に立ち
長い尾根から高原野菜畑へと下る

プロフィール 人気の八ヶ岳と奥秩父から微妙に離れた位置にあるせいか、やや不遇をかこっているが、日本二百名山にも選定され、南相木村、北相木村にとっては故郷の名山だ。標高が2000mを超える山頂からは八ヶ岳の全容が見渡せ、初夏のアズマシャクナゲの大群落をはじめ、変化に富んだ登山が楽しめる。

ガイド 南相木村営バスの停留所がある栗生地区から栗生川の対岸の林道を行き、その終点の駐車場が❶**栗生登山口**だ。

ここから登山道に入る。歩き始めてしばらくはカラマツの人工林を歩く。やがて周囲の植生はがらりと変わり、ツガや天然カラマツの針葉樹、トチノキやミズナラなどの広葉樹が生い茂る原生林へと変わる。新緑や紅葉の頃の美しさは格別だ。1時間ほど歩くと❷**不動の滝**に着く。この滝から、道はだんだんと傾斜を増す。

パノラマの山頂。岩場なので行動に注意を

不動の滝。南相木村の名瀑だ

初夏の花期にはところどころでミツバツツジが顔を見せる道を登ると、鎖のかけられた急峻な岩場が現れる。傾斜はそれほどではないが、人によっては少し緊張するかもしれない。もちろん雨などで滑りやすいときは、経験者といえども十分に注意すべきだ。ここを抜けると視界が開け、眼下には南相木ダムが、西には待望の八ヶ岳が目に飛び込んでくる。

周囲にはアズマシャクナゲが姿を見せ始め、山頂に近い群生地では、例年なら5月下旬から6月中旬にかけての花期、白とピンクの花々が咲き競う。最も御座山らしい風景のひとつだろう。ほどなく御岳神社石宮で、この先には北相木村の山口へと下る登山道が分岐しているが、近年はあまり歩かれていないようだ。

神社を過ぎると道はいったん下るが、すでに山頂にいる人が見え、会話まで聞こえてくる。登り返してヤセ尾根を越えれば避難小屋が現れる。山頂はもう目の前で、岩場になった❸**御座山**の山頂まであっという間。八ヶ岳をはじめ、北アルプス、南アルプス、奥秩父、浅間山などの大パノラマを楽しもう。

山頂からは北面の白岩方面へと下る。下山路

初夏の御座山を彩るアズマシャクナゲ

は往路に比べると標高差もあって、歩行距離は倍以上になる。傾斜はゆるめで通過困難箇所もないが、気合いを入れて歩きたい。

避難小屋の前から山口坂と名付けられた尾根を下る。やや急な斜面を下ってから登り返したところが前衛峰と呼ばれる1992mピークだ。なおも尾根を下り続けるとやがて❹見晴台。西側の展望が開け、八ヶ岳も望める。

前衛峰を下ってしばらく行くと道はだんだんとなだらかになり、振り返れば登ってきた御座山が望めることだろう。小さなピークを越えたところが❺白岩分岐で、間近に立つ大きな鉄塔が目印となっている。右にはロッジ長者の森へと下る道が続いているが、この長者の森には台所やバス・トイレ、寝具などを備えたコテージがいくつもあって、前泊すればここを登山のスタートとすることもできる。

分岐から北西へと尾根を下り、右に鋭くカーブすれば❻白岩登山口はもう間近だ。ここからはしばらく林道を歩き、続いて高原野菜畑のなかの作業道を下れば長い下りは終わり、北相木村営バスの❼白岩バス停に到着する。

コースはこうした原生林に包まれている

Column

南相木村温泉滝見の湯

マイカー利用者限定となってしまうが、御座山の南西麓、犬ころの滝近くにある「滝見の湯」は、温泉から滝を眺められるのが魅力。露天風呂や打たせ湯など湯種も多く、レストランでは地元産のそば粉を使った十割相木そばや、岩魚料理、南相木ダムカレーなどが味わえる。隣接して農産物直販所がある。
10〜21時（1〜3月は〜20時）。第2・4火曜（祝日の場合は翌週）、年末年始休。☎0267-91-7700。

御座山

1:50,000
0　　　　500　　　1000m
1cm≒500m
等高線は20mごと

トチノキの巨木が立つ佐久平の秀峰

茂来山
（もらいさん）

📖 標高差 登り:**707m** 下り:**707m**
📖 登山レベル **中級** 体力:★★ 技術:★★

長野県
標高 **1718m**
総歩行時間 **3時間40分**
総歩行距離 **6.6km**

佐久平を見下ろす茂来山の山頂から浅間山を眺める

📖 DATA

電車・バス **行き:** JR小海線海瀬駅→タクシー（約20分）→霧久保沢コース登山口 **帰り:** 往路を戻る
マイカー 中部横断自動車道佐久穂ICから国道299号を十国峠方面へ進み、標識にしたがって右手の林道に入る。霧久保沢沿いに走って開田橋から未舗装の狭い林道を進み、駐車場がある霧久保沢コース登山口まで約12km。約20台。無料。
ヒント 2021年夏頃まで開田橋から先は通行

止め（要問合せ）。開田橋付近の路上に駐車して沢に沿って林道を歩き、霧久保沢コース登山口へ約25分。開田橋付近以外は携帯が通じにくいのでタクシー利用の場合は注意しよう。
登山適期 4月下旬〜11月中旬
問合せ先
佐久穂町観光協会 ☎0267-86-1553
羽黒下タクシー ☎0267-86-2062

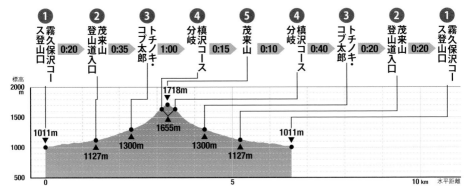

① 霧久保沢コース登山口 —0:20— ② 茂来山登山道入口 —0:35— ③ トチノキ・コブ太郎 —1:00— ④ 横沢コース分岐 —0:15— ⑤ 茂来山 —0:10— ④ 横沢コース分岐 —0:40— ③ トチノキ・コブ太郎 —0:20— ② 茂来山登山道入口 —0:20— ① 霧久保沢コース登山口

標高 2000m / 1718m / 1655m / 1300m / 1127m / 1011m / 1300m / 1127m / 1011m / 1500 / 1000 / 500

0　　　　　5　　　　　10 km　水平距離

欄外情報 「森の巨人たち百選」には、長野県内からはコブ太郎のほかに小県郡東部町のシナノキ「弘法大師のさかさ杖」、飯山市の鍋倉山の「森太郎」、塩尻市の権兵衛峠の「ジャンボカラマツ」などが選定されている。

**巨木から気をいただいて急斜面を登る
落葉に覆われた下山路は慎重に**

プロフィール 八ヶ岳の硫黄岳噴火で飛来した溶岩をもらってできたことが、山名の由来といわれる佐久の名峰。かつての雨乞いの山から近年は縁結びの山ともいわれ、山頂には天皇陛下が浩宮殿下当時に登られた際の記念碑が置かれている。また山腹で雄姿が見られる「トチノキ・コブ太郎」は、林野庁「森の巨人たち百選」に選定され、山のシンボルになっている。

ガイド ❶**霧久保沢コース登山口**のゲートを抜けてゆるやかな林道を歩き始める。二股から右の橋を渡り、左右にカーブして直進していくと正面に❷**茂来山登山道入口**がある。登山口からコブ太郎への中間点の標識が立ち、通行禁止の道を見送っていったんわずかに下り、霧久保沢の支流をまたいで進んでいく。さらに小さな沢を渡って渡沢に沿っていき、沢から離れて直進していくと休憩所がある❸**トチノキ・コブ太郎**に着く。この先には槙沢コース分岐への急登があるので巨木を眺めてひと息入れていこう。

苔むした露岩が散らばる道を進むと勾配が増

コブ太郎から徐々に勾配が増してくる

し始め、地元で「大王トチノキ」と呼ばれ始めたもうひとつの巨木が現れる。さらに勾配がきつくなり、落葉に覆われた不明瞭な箇所も現れる。木に付けられたピンクのテープを確認しながら小さくジグザグに急登すると、やがて稜線が近づき❹**槙沢コース分岐**に出る。

標識にしたがってゆったりとした尾根上を進むと頭上に祠が見え、露岩を登りつめると❺**茂来山**の山頂に達する。狭い山頂からは四阿山、浅間山、西側には北アルプスの連山、さらに八ヶ岳と、百名山の山々が見渡せる。

下山は落葉でルートも見つけづらく、また滑りやすくなるので一歩ずつ慎重に往路をたどっていこう。

高22m、幹周531cm、定250年のコブ太郎

長野県
佐久穂町

国道299号からの案内板にしたがう

茂来山

**霧久保沢コース
登山口** ❶

茂来山登山道入口 ❷ 0:20

0:35 1295
0:20

霧久保沢コース

休憩所あり

❸**トチノキ・
コブ大郎**

急登が続く。あせらずゆっくりとテープを確認しながら登ろう

下山時、槙沢コースに入らないように

槙沢コース分岐 ❹ ❺ **茂来山**
0:15
0:10

大きな展望

小海町

昭和57年(1982)の浩宮殿下の登山記念碑

N

1:35,000

0　　　　500　　　1000m
1cm=350m

茅ヶ岳

中級

大展望／花／紅葉

急坂を登りきった頂は、360度の大パノラマ

茅ヶ岳
（かやがたけ）

📷 標高差　登り：**766**m　下り：**766**m

📷 登山レベル　**中級**　体力：★★　技術：★★

山梨県

標高 **1704**m

総歩行時間 **3**時間**45**分

総歩行距離 **6.8**km

昇仙峡の弥三郎岳から見た茅ヶ岳

📷 DATA

電車・バス　行き：JR中央本線韮崎駅→山梨峡北交通バス（約20分）→深田記念公園　※バスは4月第1土曜から11月23日までの土曜・休日のみ運行。午前は8時台の1本のみ。4月28日～5月6日の間は毎日運行　帰り：往路を戻る

マイカー　中央自動車道韮崎ICから県道27号（昇仙峡ライン）を経由して、茅ヶ岳登山口のある深田記念公園駐車場（無料・約50台）まで約7km。

ヒント　韮崎駅からタクシーを利用した場合、深田記念公園まで約15分。

登山適期　4月中旬～11月中旬

問合せ先
韮崎市観光協会　☎0551-22-1991
山梨峡北交通　☎0551-42-2343
韮崎タクシー　☎0551-22-2235
旭タクシー　☎0551-22-2331

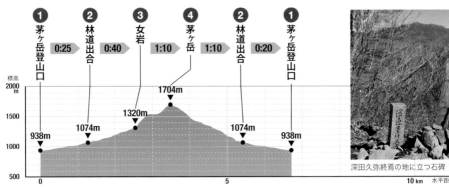

① 茅ヶ岳登山口　**0:25**　② 林道出合　**0:40**　③ 女岩　**1:10**　④ 茅ヶ岳　**1:10**　② 林道出合　**0:20**　① 茅ヶ岳登山口

標高
2000m

1704m
1320m
1074m　　1074m
938m　　　　　　　938m

1500
1000
500

0　　　　　　　　5　　　　　　　10 km　水平距離

深田久弥終焉の地に立つ石碑

欄外情報　頂上から下り始めてすぐ、千本桜方面への道が右に分岐するが、こちらもかなり急な下りが続くうえ、林道に出てから登山口までの距離も長いので、あまりおすすめできない。

登りも下りも急斜面の連続
下山を考慮し、ペース配分は慎重に

プロフィール 『日本百名山』を著した深田久弥終焉の山として知られ、頂上直下にその地を示す石碑が立つ。遠くから眺めたとき、八ヶ岳と間違えることが少なくないことからニセ八ヶ岳の異名も持つが、頂上からのパノラマは本家の八ヶ岳に勝るとも劣らない。

ガイド ❶茅ヶ岳登山口の駐車場から左へと、道標にしたがって山中に入る。広い登山道をしばらく登ると舗装された林道が横切る❷林道出合。道路を横切って左斜めへと再び登山道を行く。広葉樹やカラマツの間をゆるやかに登ればやがて❸女岩の水場だが、現在は落石の危険があるため、立入禁止になっている。林道出合近くの水場は水量が少ないので事前に用意したい。

ロープや赤テープで道しるべが作られた迂回路を登る。急傾斜のうえ、足場もあまりよくない。しばらくの間、油断は禁物だ。迂回路を終えても急傾斜の登りは続く。ミズナラやカエデの森は美しいが、眺めている余裕はないかもしれない。そんな登りも道標が立つ稜線に出ればいったんお休み。金峰山や瑞牆山が望める稜線

開放的な茅ヶ岳頂上

をここから左へと登る。

再び急斜面の登りが始まる。やせ尾根のうえに岩場もまじった急登だ。危険はないものの、稜線まで急坂を歩いてきた足にはなかなかつらい。ほどなく右手に、深田久弥終焉の地を示す小さな石碑が立ち、ここからもうひと登りすれば❹茅ヶ岳に到着する。八ヶ岳や奥秩父、南アルプス、富士山などの大パノラマを楽しみながらのランチタイムは格別だ。

下りは登ってきた道のすぐ西隣から始まる尾根コースを歩く。登りと変わらない急斜面なので、気を引き締めていこう。

しばらくの間、樹林帯の尾根道を下る。スリップしないよう踏ん張って膝が笑い出しそうになるころ、防火帯のような広い尾根に出る。いくぶんなだらかになり、ほっとひと息。ここから林道まではあと少しで、林道に出たら左に100mほど歩けば❷林道出合だ。右折して❶茅ヶ岳登山口へと戻る。

山頂から見た甲斐駒ヶ岳（右）と地蔵ヶ岳（左）

女岩先の急な樹林帯を登る登山者

茅ヶ岳

1:50,000

0　500　1000m

1cm＝500m
等高線は20mごと

頂上に砂地が広がるユニークな景観の山

日向山
（ひなたやま）

👁️ 標高差　登り：**537m** 下り：**537m**

👁️ 登山レベル　初級　体力：★　技術：★

山梨県

標高 1660m

総歩行時間 **2時間50分**

総歩行距離 **3.9km**

ガンガワラから眺める八ヶ岳

👁️ DATA

電車・バス　行き：JR中央本線長坂駅→タクシー（約30分）→矢立石　帰り：往路を戻る

マイカー　中央自動車道長坂ICから県道32号・606号、国道20号、県道614号、尾白川林道を経由して矢立石駐車場（無料）まで約18km。駐車場は10数台分のスペースがあるが、晴れた休日はすぐ満車になるので、その場合は林道を少し進んだ先の路肩に停めるといい。

ヒント　路線バスで山麓の道の駅はくしゅうまで行くことができるが、ここから矢立石まで歩くと2時間30分前後かかる。日帰りが難しくなるので、タクシーかマイカー利用が妥当だろう。

登山適期　4月中旬～11月

問合せ先
北杜市白州総合支所地域振興課　☎0551-42-1473
北杜タクシー　☎0551-32-2055

① 矢立石　→ 1:30 → ② 日向山　→ 0:05 → ③ ガンガワラ　→ 0:05 → ② 日向山　→ 1:10 → ① 矢立石

標高
m

2000m

1660m

1500m
1123m　　1660m 1660m　　　1123m

1000m

500m

0　　　　　　　　　　　5　　　　　　　　　　10 km 水平距離

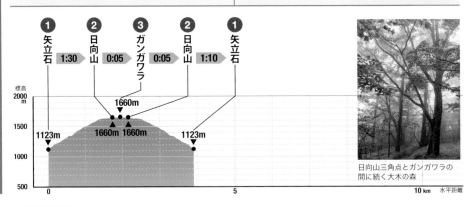

日向山三角点とガンガワラの間に続く大木の森

欄外情報　以前は、下山路として頂上から錦滝へと向かう人が多かったが、路面崩壊が続いているため、現在は通行禁止となっている。尾白川林道も通行止めのため、紹介したコースのみが通行可。

変化の乏しい登りはやや疲れるが
頂上の特異な雰囲気はこの山だけのもの

プロフィール 数ある日本の山のなかで、頂上のユニークさは群を抜く。頂上西端にあるガンガワラ（雁ヶ原）一帯は、花崗岩の風化した白い砂地が広がり、その光景を目にした誰もが歓声をあげずにはいられない。八ヶ岳や甲斐駒ヶ岳も目前に望めるおすすめの頂だ。

ガイド ❶矢立石から道標にしたがい、右へと登山道に入る。最初のうちは落葉広葉樹林のなかの九十九折をゆるやかに登るが、だんだんと傾斜がきつくなっていく。展望が開けず、似たような景色が続くこともあって、山慣れない人は疲れを感じるかもしれないが、ここは1時間30分ほどの辛抱。傾斜がぐんと落ちて、ササ原が広がるカラマツ林を歩くようになれば登ら

ガンガワラから眺めた甲斐駒ヶ岳（左奥）

しい登りはもう終わりだ。

いったんゆるやかに下り、明るい雰囲気の小広い鞍部に立つ雨量観測計を右に見送れば、頂上への短い最後の登りとなる。わずかな登りをこなすと小さな道標のある分岐が現れ、"三角点"を示す方向に歩けばすぐに❷日向山の頂上だ。ポツンと円形に開けた頂は展望もなく、三角点だけがひっそりとたたずんでいる。

頂上からいったん分岐に戻り、右へと歩く。多くの大木が枝を広げる樹林を抜け、正面の光を目指してゆるやかに登れば、山上とは思えない光景が突然に広がる。ここが❸ガンガワラだ。右手には釜無川をはさんで八ヶ岳が大きく裾野を広げ、正面には穏やかな山容の雨乞山、左後方に目を移せば甲斐駒ヶ岳がその秀麗な姿を見せている。ここまで来ればあとは下るだけなので、しばしの休息をとることにしよう。ただし、崖には近寄らないように。

下山は往路を戻る。

頂上付近は樹林帯も白砂の道

日向山

ガンガワラ❸
展望がよい 1660
❷日向山
1660
0:05
雨量観測計
1622
樹林に囲まれ
展望はない
山梨県
北杜市
カラマツ林を行く
1:10
1:30
九十九折の道
❶矢立石
矢立石
P
尾白渓谷駐車場
P
竹宇
駒ヶ岳神社
尾白
キャンプ場
道の駅はくしゅうバス停・台ヶ原宿

N
1:25,000
250   500m
1cm=250m
等高線は20mごと

•1213

2021年2月現在、矢立石から錦滝を経てガンガワラに通じるコースは通行禁止

甲斐駒ヶ岳

2つの山上湿原と大パノラマの頂

入笠山
（にゅうかさやま）

📷 標高差　登り：**183**m　下り：**183**m

📷 登山レベル　**初級**　体力：★　技術：★

長野県

標高 **1955**m

総歩行時間 **3**時間**5**分

総歩行距離 **8.2**km

八ヶ岳が眼前に広がる入笠山の山頂

📷 DATA

電車・バス　**行き：**JR中央本線富士見駅→シャトルバス（10分・無料）→富士見パノラマリゾート山麓駅→ゴンドラリフト（10分）→山頂駅　**帰り：**往路を戻る

マイカー　中央自動車道諏訪南ICから県道425号、国道20号を経由して富士見パノラマリゾートまで約5km。無料大駐車場あり。なお、沢入の駐車場から先は4月下旬〜11月中旬の8〜15時、マイカー規制が実施されている。タクシーは通行可。

ヒント　4月下旬〜11月中旬の毎日、富士見駅〜ゴンドラリフト山麓駅間に無料シャトルバスの運行あり。行き10時、帰り15時発。

登山適期　4月下旬〜11月中旬

問合せ先

富士見町産業課　☎0266-62-9342
富士見パノラマリゾート　☎0266-62-5666
アルピコタクシー　☎0266-71-1181

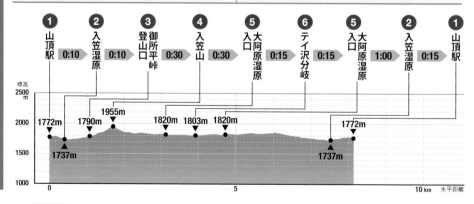

① 山頂駅　1772m
0:10
② 入笠湿原　1790m（1737m）
0:10
③ 登山口御所平峠　1955m
0:30
④ 入笠山　1820m
0:30
⑤ 大阿原湿原入口　1803m
0:15
⑥ テイ沢分岐　1820m
0:15
⑤ 大阿原湿原入口
1:00
② 入笠湿原　1772m（1737m）
0:15
① 山頂駅

標高 2500m / 2000 / 1500 / 1000
0　　5　　10 km　水平距離

欄外情報　ゴンドラリフトの山麓駅から車で数分のところに日帰り温泉「ゆ〜とろん水神の湯」がある。8種類の露天風呂やサウナなどが完備。10時〜21時30分。木曜休（GW、8月は無休）。4・11・12月は水・木曜休。☎0266-62-8080。

山頂駅から入笠湿原に下り
八ヶ岳を眼前に望む頂に立つ

さまざまな花が咲く入笠湿原

プロフィール ゴンドラを利用することでビギ
ナーでも手軽に登れる入笠山。山頂からは八ヶ
岳をはじめ、南・北・中央アルプスから富士山、
秩父連山などを展望。入笠湿原は、春から秋、
さまざまな花に彩られる、まさに花の楽園。

ガイド ❶山頂駅（さんちょうえき）を出たら左へと進む。じきに
「入笠湿原、スズラン群生地」の道標があるの
で、それにしたがい左の山道へ入る。右に電波
塔を見ながらカラマツ林を下れば、鹿除けゲー
トを抜け、❷入笠湿原（にゅうかさしつげん）へと下っていく。湿原ま
で下りたら木道を左へ進み、車道へと上がる。
左へ少し行くと、車道下に平行する山道がある
ので、そちらを歩こう。じきに車道を横断すれ
ば旧スキー場ゲレンデだ。鹿除けネットを抜け、
右側の樹林の中を登り、再び車道と合流したと
ころが❸御所平峠登山口（ごしょだいらとうげとざんぐち）だ。

カラマツ林の山腹を登る

カラマツ林のなかを登っていくと、途中、
ちょっとした岩場がある尾根コースと迂回コー
スがある。どちらでも所要時間に大差なく❹入
笠山（かさやま）に到着できる。広々とした山頂から大展望
を楽しみながら昼食としよう。

下山は首切登山口方面へ下ろう。すぐに迂回
コースの道を左に分け下っていく。舗装路に出
たところが首切登山口で、すぐ先の右手に首切
清水（飲用不可）がある。ここから車道を南下し
ていけば、❺大阿原湿原入口（おおあはらしつげんいりぐち）に到着する。大阿
原湿原は1周1700mだ。ここは、反時計回りで
進もう。木道を抜けると、樹林帯へと入ってい
く。最奥の❻テイ沢分岐（ぎわぶんき）で左へと進めば、ぐる
りと周回して❺大阿原湿原入口（おおあはらしつげんいりぐち）に戻れる。

帰りは往路を首切登山口まで戻り、さらに車
道をたどって❷入笠湿原（にゅうかさしつげん）へ戻ろう。帰りは湿原
内の木道をまっすぐ進み、森のなかを登って❶
山頂駅（さんちょうえき）へと戻る。時間があれば「入笠すずらん
山野草公園」の散策も楽しみたい。春から秋に
かけて、さまざまな花が咲き競う。

エゾリンドウ

コオニユリ

1:50,000

0　　500　　1000m

1cm=500m
等高線は20mごと

八ヶ岳と南アルプスの大パノラマが広がる展望山

飯盛山

めしもりやま

📖 標高差 登り：**369**m 下り：**297**m

📖 登山レベル 初級 体力：★ 技術：★★

飯盛山西のピークから八ヶ岳を望む

🖋 DATA

電車・バス ▶ 行き：JR小海線清里駅 帰り：JR小海線野辺山駅

マイカー ▶ 中央自動車道須玉ICから国道141号を経由して清里駅まで約20km。平沢集落に有料駐車場あり。最短で登るなら平沢峠（無料駐車場）からの往復が早い。

ヒント ▶ 小海線は1時間に1本程度なので、時刻表をチェックしておきたい。下山時間によって

は、平沢峠からタクシー利用も考えたい。平沢峠から野辺山駅までは約3km。下山後に清里の観光を加えるなら逆コースで歩くのも一案。

登山適期 ▶ 4月中旬～11月

問合せ先
清里駅前観光案内所「あおぞら」 ☎ 0551-48-2200
野辺山観光案内所 ☎ 0267-98-2091
野辺山観光タクシー ☎ 0267-98-2878

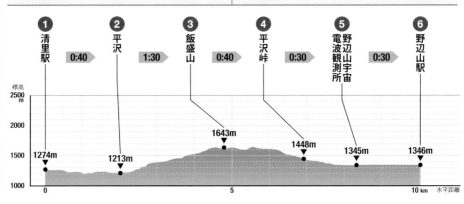

1 清里駅 → 0:40 → **2** 平沢 → 1:30 → **3** 飯盛山 → 0:40 → **4** 平沢峠 → 0:30 → **5** 野辺山宇宙電波観測所 → 0:30 → **6** 野辺山駅

標高
2500m

2000

1500

1000

1274m　1213m　1643m　1448m　1345m　1346m

0　5　10 km　水平距離

欄外情報 野辺山宇宙電波観測所には、直径45m電波望遠鏡やミリ波干渉計などがある。年末年始を除き、毎日見学（無料）できる。8時30分～17時（7月20日～8月31日は～18時）。☎0267-98-4300。

清里高原から大展望の頂に立ち
JR最高所の野辺山駅へと下る

山頂直下から見た飯盛山

プロフィール 清里駅の東方にそびえる飯盛山はその名の通り、山頂部がご飯を盛ったような山容が印象的。山頂からは360度の大パノラマが広がり、眼前に八ヶ岳、遠くに南アルプスや富士山、奥秩父などの展望が見事だ。

ガイド ❶清里駅（きよさとえき）を出たら駅前を左へと進む。国道を横切りさらに車道を進む。「千ヶ滝・飯盛山（ひらさわ）」の道標に導かれ進めば、やがて❷平沢の集落だ。マイカーの場合はここに有料駐車場がある。道標にしたがい進めば車道終点だ。

ここで左へと進み、ゲートを抜け山道へと入る。しばらくはゆるやかにカラマツ林を登っていく。徐々に木が低くなってくると、かつて利用されていた飯盛山中腹の林道に出る。ゲートを抜け急坂を登っていくと、展望が広がってくる。眼前には飯盛山、振り返れば南アルプスと八ヶ岳が見事だ。山道沿いでは夏から秋にかけて、ニッコウキスゲやシモツケソウ、マツムシソウ、ワレモコウなど多くの花が咲いている。しばらくで平沢峠からの道と合流するので、右

へひと登りすれば❸飯盛山（めしもりやま）の山頂だ。展望を心ゆくまで楽しみながらランチタイムとしたい。

下山は先ほどの分岐まで戻り平沢峠へ。途中、平沢山経由と巻き道があるので、時間があれば平沢山に登ろう。山頂からは飯盛山や樹間に野辺山宇宙電波観測所のパラボラアンテナが見下ろせる。あとは尾根道を下っていけば、大駐車場がある❹平沢峠（ひらさわとうげ）だ。すぐ脇には獅子岩がある。

平沢峠からは車道脇の道標にしたがい山道を下る。車道へ下りたら、まっすぐ野辺山駅へと向かう。途中には❺野辺山宇宙電波観測所（のべやまちゅうでんぱかんそくじょ）があるので立ち寄るのもいい。さらに車道を行けば、標高1346mでJR最高所の❻野辺山駅（のべやまえき）に到着する。

森と展望と牧場を楽しむベストコース

美し森・天女山

（うつくしもり・てんにょさん）

📷 標高差 登り:**68m** 下り:**377m**

📷 登山レベル **初級** 体力:**★** 技術:**★**

山梨県
標高 **1542m**（美し森山）
総歩行時間 **3時間30分**
総歩行距離 **9.7km**

美し森山から眺める赤岳（右）と権現岳。売店の牛乳とアイスクリームがおいしい

📷 DATA

電車・バス **行き**:JR小海線清里駅→清里ピクニックバス（最短10分）→美し森 **帰り**:JR小海線甲斐大泉駅

マイカー 中央自動車道須玉ICから国道141号を経由して美し森駐車場（無料）まで約22km。帰りは、タクシーやピクニックバスなどの手段で駐車場まで戻る（天女山入口から歩くと約1時間）。

ヒント 清里ピクニックバスは、帰路にある天女山入口信号から南に少し下った八ヶ岳倶楽部にも停車するので、時間が合えばピクニックバスで甲斐大泉駅、または清里駅まで戻ってもいい。

登山適期 4月中旬〜11月

問合せ先
美し森観光案内所　☎0551-48-4436
清里駅前観光案内所「あおぞら」　☎0551-48-2200
（ピクニックバス・タクシー）

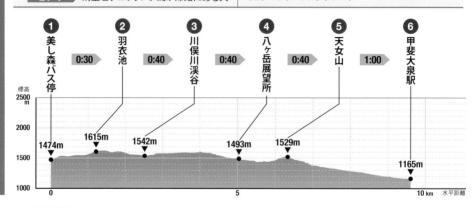

| ① 美し森バス停 | 0:30 | ② 羽衣池 | 0:40 | ③ 川俣川渓谷 | 0:40 | ④ 八ヶ岳展望所 | 0:40 | ⑤ 天女山 | 1:00 | ⑥ 甲斐大泉駅 |

標高
2500m
2000
1500
1000

1474m
1615m
1542m
1493m
1529m
1165m

0　　　　　　　5　　　　　　　10km　水平距離

欄外情報 甲斐大泉駅からほど近い「甲斐大泉温泉パノラマの湯」は露天風呂から富士山が望める温泉。隣接して農産物直販所がある。15〜21時（12〜3月は変更あり）。火曜休。☎0551-38-1341。

美しい森を登り下りしながら
牧草地での大展望に歓声を上げる

プロフィール 際だったピークこそないが、カラマツの森、乳牛が草をはむ牧場、そして赤岳をはじめとした八ヶ岳や南アルプス、富士山の展望が楽しめるステキなコース。危険箇所はなく、初心者でも十分に歩き通せる。

ガイド ❶美し森バス停から観光案内所右手の石段を上がり、道路を横断して木道を登る。わずかな登りで美し森山の平らな頂上だ。売店のある頂上からは、赤岳、横岳、権現岳が正面に望める。しばらく平坦な道を歩き、カラマツ林のなかの木段登りをこなせば❷羽衣池。池の周囲の木道を一周したら、池の手前から左の登山道に入る。カラマツ林を登り、ウラジロモミの森を抜けて下ると林道に出るので、林道を横断して再度、登山道に入る。しばしゆるやかな下りで❸川俣川渓谷に到着する。川を渡るコースは崩壊で通行禁止のため、川の手前から左に迂回コースを行くが、川俣川を飛び石伝いに渡る箇所はわかりづらいので注意が必要だ。

　川を渡り、ミズナラの森を登ると周囲はぱっと開け、県営八ヶ岳牧場のなかを歩くようになる。八ヶ岳を眺めながら牧場を横断し、ミズナラの森を下れば広々とした❹八ヶ岳展望所。木製のテーブルがいくつも並び、昼食には最適の場所だ。ここにはフジアザミの群落もある。

　展望所から樹林を下って再び牧場を歩き、牧場からさらに樹林を下ると広い車道に出る。車道を横断してすぐの分岐を右に行けば❺天女山の頂上から100mほど離れた駐車場付近に、

八ヶ岳牧場の牛たち。正面の山は金峰山

八ヶ岳展望所のフジアザミ

まっすぐ登れば天女山の頂上に直接出るが、右に行ったほうが体力的には楽。大きな石碑の立つ頂上からは道標にしたがってカラマツ林を下り、八ヶ岳横断道路に出たら、ここからは車道歩き。ペンションや店舗が点在する道を❻甲斐大泉駅へと向かう。

美し森・天女山
好展望地で観光客多い

羽衣池❷
湿原のような池
・1687
0:40
0:30
0:20
美し森山
・1542

カラマツ林

川俣川❸
渓谷
ゲート
0:40

甲州街道東沢

❶美し森
バス停

P

美森の大ヤマツツジ
清里の森

天女山入口から
美し森駐車場まで
車道を歩いて約1時間

県営八ヶ岳
牧場

牧場を歩く、富士山、
赤岳の展望よい

清泉寮

・1362

清里駅

ミズナラ林
0:40

❹八ヶ岳展望所

テーブルがある

清泉寮自然学校

権現岳
1529
P

樹林・牧場を歩く
まきば公園

❺
天女山

天女山入口

北杜市

清里

八ヶ岳倶楽部

・1287

整備された
休憩地

1:00
1:10

吐竜の滝

・1284

・1300

ペンション、
別荘地の
車道を歩く

△1233

△1260

1200

大開

丘の公園

甲斐大泉駅❻

JR小海線

N

ゴルフ場

小淵沢

甲斐大泉温泉
パノラマの湯

長坂IC

1:50,000

0　　500　　1000m
1cm=500m
等高線は20mごと

苔むした原生林のなかにたたずむ静寂の池へ

白駒池・高見石

（しらこまいけ・たかみいし）

標高差 登り：**211m** 下り：**211m**

登山レベル **初級** 体力：★ 技術：★

長野県

標高 **2330m**（丸山）

総歩行時間 **3時間**

総歩行距離 **5.8km**

水面に水草を浮かべた白駒池。しばし静寂を堪能したい

DATA

電車・バス **行き**：JR中央本線茅野駅→アルピコ交通バス（約1時間5分）→麦草峠 **帰り**：往路を戻る

マイカー 中央自動車道諏訪ICから国道152号・299号を経由して麦草峠まで約33km。または上信越自動車道佐久ICから国道141号・299号を経由して約47km。麦草峠から諏訪方面に少し戻ったところに無料駐車場がある。白駒池入口の駐車場は有料。

ヒント 茅野～麦草峠間のバスは7月中旬～10月中旬運行。ダイヤは事前に要確認。

登山適期 5月下旬～11月上旬

問合せ先

佐久穂町観光協会 ☎0267-86-1553
アルピコ交通茅野営業所 ☎0266-72-7141
千曲バス小諸営業所 ☎0267-22-2100

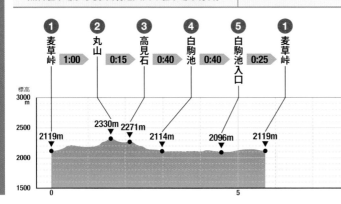

① 麦草峠 **1:00** ② 丸山 **0:15** ③ 高見石 **0:40** ④ 白駒池 **0:40** ⑤ 白駒池入口 **0:25** ① 麦草峠

標高 3000m / 2500 / 2000 / 1500

2119m 2330m 2271m 2114m 2096m 2119m

0 5 10km 水平距離

白駒池の畔に立つ青苔荘

欄外情報 麦草峠の西側山麓、渋川沿いに点在する温泉が奥蓼科温泉郷。渋温泉の辰野館や渋御殿湯、明治温泉旅館などで日帰り入浴が可能だ。高見石から渋の湯に下山するプランを考えてみるのもいいだろう。

北八ヶ岳の魅力を
短時間で満喫するお手軽コース

プロフィール 北八ヶ岳を代表する光景といえば、美しい苔が林床を覆う原生林。そのなかにひっそりと水をたたえている白駒池は、神秘の池の名にふさわしい。2つの魅力を楽しみながら、北八ツの森をのんびり逍遥してみよう。

ガイド 麦草ヒュッテの立つ**①麦草峠**が出発点。周囲は明るく開けた草原状で、初夏は高山植物が、秋には草モミジが目を楽しませてくれる。

道標にしたがい、鹿避けのゲートを開けて丸山への登りにとりかかる。シラビソの森のなかの道は、最初のうちはゆるやかな登り坂だが、小ピークを越えると間もなく傾斜がきつくなる。丸山までしばらくの急登が続くので、原生林と苔が織り成す北八ヶ岳ならではのムードを楽しみながらマイペースで登っていこう。

展望のきかない**②丸山**で登りから開放され、高見石へと下っていく。高見石小屋に着いたら、

丸山目指して苔むした原生林のなかを行く

小屋の裏手にある**③高見石**に登ってみよう。積み重なる巨岩の上に立てば、深い緑の樹海のなかに青く輝く白駒池をはじめ、北八ヶ岳や上信越の山々が一望できるはずだ。

高見石から白駒池への下りでも、北八ヶ岳ならではの光景が展開される。**④白駒池**に出たら、池の畔に巡らされた木道を反時計回りにたどり、青苔荘を経て**⑤白駒池入口**へのルートに入る。国道に出る手前で左折し、木道の連なる天狗の奥庭から樹林帯を抜けていけば、**①麦草峠**に帰り着く。

明るい草原が広がる麦草峠

高見石から白駒池を俯瞰する

白駒池・高見石

縞枯山
麦草峠 ①
佐久穂町
↑佐久平駅
299
麦草ヒュッテ
天狗の奥庭
ヒュッテの駐車場は利用者専用なので国道299号沿いにある一般駐車場へ
草原を歩く
0.25
⑤白駒池入口
車道の手前から遊歩道に入る
0.40
青苔荘
小海町
長野県
茅野市
1:00
苔が美しいところ
白駒池
白駒荘
木道をはずれないように。反時計回りの一方通行が奨励されている
0.50
きつい登り。ゆっくりと
白駒池が望める
④白駒池
苔がたいへん美しいところ
1:00
丸山 ②
2330
0.15
0.40
1:25,000
N
250　500m
1cm=250m
等高線は20mごと
展望は開けない
渋の湯
0.20
③高見石
高見石小屋
稲子湯

中級
初級
入門

大展望／花／紅葉／森林浴

手軽に登れる大展望広がる北八ヶ岳の頂

北横岳
きたよこだけ

標高差　登り：**243m**　下り：**243m**

登山レベル　初級　体力：★　技術：★

長野県

標高 **2480m**

総歩行時間 **2**時間**35**分

総歩行距離 **4.0**km

北横岳北峰から蓼科山と北アルプスを展望

DATA

電車・バス　**行き**：JR中央本線茅野駅→アルピコ交通バス（約1時間）→北八ヶ岳ロープウェイ山麓駅→ロープウェイ（7分）→山頂駅　**帰り**：往路を戻る　※ロープウェイは通年営業だが、季節や曜日により営業時間が異なる。

マイカー　中央自動車道諏訪ICから国道20号・152号、ビーナスラインを経由して北八ヶ岳ロープウェイまで約25km。無料大駐車場あり。

ヒント　茅野駅からのバスは少ないので事前に確認すること。人数が揃えばレンタカー利用も考えたい。下山後に温泉などに立ち寄るにも便利。

登山適期　5月中旬〜11月上旬

問合せ先
茅野市観光案内所　☎0266-73-8550
アルピコ交通茅野営業所　☎0266-72-7141
北八ヶ岳ロープウェイ　☎0266-67-2009

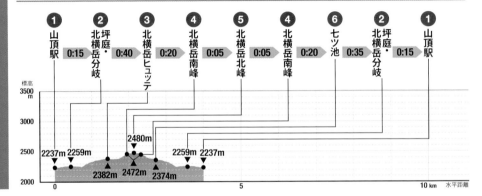

① 山頂駅　0:15　② 坪庭・北横岳分岐　0:40　③ 北横岳ヒュッテ　0:20　④ 北横岳南峰　0:05　⑤ 北横岳北峰　0:05　④ 北横岳南峰　0:20　⑥ 七ツ池　0:35　② 坪庭・北横岳分岐　0:15　① 山頂駅

標高 3500m / 3000 / 2500 / 2000

2237m　2259m　2382m　2480m　2472m　2374m　2259m　2237m

0　5　10km　水平距離

欄外情報　山頂は標高が2500m近くあるため、6月でも日陰に雪が残ることもある。下界とはかなり気温差があるので防寒対策を忘れずに行きたい。

山頂駅からシラビソ林を抜けて
日本アルプス、南八ヶ岳を一望

プロフィール シラビソやコメツガの林が山腹に広がる北八ヶ岳で、最も手軽に頂上に立てるのが北横岳だ。ロープウェイの利用で山頂へは1時間半ほど。七ツ池と合わせて歩いてみよう。

ガイド ❶山頂駅を出ると、標高はすでに2237m。夏でも朝夕は涼しい空気が広がる。眼前には坪庭と呼ばれる溶岩とハイマツが織りなす台地が広がる。その左手にそびえるのが北横岳だ。まずは坪庭に整備された散策路を時計回りに進む。夏はハクサンフウロやシナノオトギリソウなど多くの高山植物が花を咲かせる。

ひと登りで第一休憩所だ。振り返ると中央アルプスから南アルプスが展望できる。さらに第二休憩所を経て❷坪庭・北横岳分岐から、道標にしたがい左の山道へ進む。ゆるやかな道沿いにはコケモモやゴゼンタチバナなどが見られ、秋は赤い実が可愛い。徐々に木が高くなり北八ヶ岳らしいシラビソの森へ入っていく。一度小さく下り谷筋を木橋で渡ると登りとなる。右手が開けると、眼下に坪庭、さらに縞枯山が見

北横岳南峰から赤岳はじめ南八ヶ岳を望む

えてくる。尾根上に出ると三ツ岳分岐となる。左へと進めば❸北横岳ヒュッテに到着。

ここから山頂までは急登となる。岩まじりの樹林帯を一気に登っていく。と、じきに階段状の道となる。樹林を抜けると一気に展望が開け❹北横岳南峰だ。小広い山頂からは南八ヶ岳の主峰・赤岳や阿弥陀岳、日本アルプスの大パノラマが広がる。最高点の❺北横岳北峰へは5分ほどで、蓼科山がより間近に望める。

下山は往路を戻るが、途中❸北横岳ヒュッテから原生林に池が点在する❻七ツ池を訪ねたい。秋はダケカンバやミネカエデなどの紅葉がきれいだ。❷坪庭・北横岳分岐まで戻ったら坪庭をまわり❶山頂駅へ。

北横岳

亀甲池　双子池

雨天時の下りでは木の根でのスリップに注意

大岳
▲2382

通行止め

佐久穂町

0:05

大きな展望
北横岳北峰❺
北横岳
2480

池往復約10分

足場悪い

北横岳ヒュッテ

0:15
0:20

❻七ツ池

三ツ岳

0:05

2472

鎖、ハシゴ

北横岳南峰❹
北横岳ヒュッテ❸

三ツ岳
分岐

七ツ池

長野県
茅野市

0:30

坪庭・
❷北横岳分岐

雨池山 ▲2325

林道を歩く

雨池

ロープウェイの運行は夏の最盛期で8時〜17時。運行時間は期間によって変わるので、事前に要確認

0:40

0:15

縞枯山荘

急登

横岳神社

山頂駅❶

0:15

第一休憩所

坪庭の遊歩道は一方通行

雨池山

2156

スリップ注意

雨池峠

北八ヶ岳ロープウェイ

第二休憩所

N

2006

縞枯山 ▲2403

1:25,000

珍しい縞枯現象が見られる

麦草峠

0　250　500m
1cm=250m

さえぎるもののない大展望の稜線ハイキング

八子ヶ峰
（やしがみね）

📷 標高差 登り：**147m** 下り：**447m**

📷 登山レベル 初級 体力：★ 技術：★

長野県

標高 **1869m**（最高点）

総歩行時間 **2時間20分**

総歩行距離 **5.9km**

八子ヶ峰の東峰から蓼科山の雲が晴れるのを待つ

📷 DATA

電車・バス **行き**：JR中央本線茅野駅→アルピコバス蓼科高原ラウンドバス（約1時間35分）→蓼科山登山口 **帰り**：グランド前バス停→アルピコバス蓼科高原ラウンドバス（約45分）→JR中央本線茅野駅 ※バスは本数が少なく、運行日・期間などにも制約があるので、タクシーの利用も考えたい。

マイカー 中央自動車道諏訪ICから国道152号、県道192号などを経由して蓼科山登山口の駐車場（無料）まで約25km。

ヒント マイカーの場合、往復登山になってしまうが、稜線歩きや眺めを楽しむなら八子ヶ峰の本峰往復だけでも十分。

登山適期 5～10月

問合せ先

信州たてしな観光協会 ☎0267-55-6654
アルピコ交通茅野駅前案内所 ☎0266-72-2151

標高
2500
m

① 蓼科山登山口 バス停

0:20

② 稜線分岐

0:50

③ 八子ヶ峰

0:45

④ 八子ヶ峰駐車場

0:25

⑤ グランド前 バス停

1722m
1829m
1833m
1597m
1422m

2000

1500

1000

0　　　　　　　　　　5　　　　　　　　10 km　水平距離

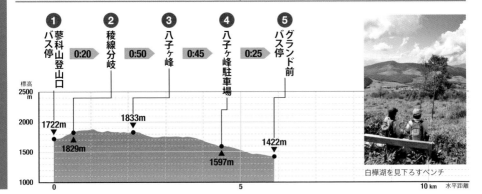

白樺湖を見下ろすベンチ

欄外情報 八子ヶ峰東峰の近くに立つ「ヒュッテ・アルビレオ」は素泊まりの山小屋（要予約・寝具あり）。展望のすばらしい地に立ち、営業日（要問合せ）ならテラスでコーヒーが飲める。☎090-4620-6233。

**樹林帯を抜ければパノラマの稜線
花咲くなだらかな草原歩きが楽しい**

プロフィール 蓼科山の南西に位置し、のびやかな稜線を持つ山が八子ヶ峰だ。稜線に上がればほぼさえぎるものはなく、間近の蓼科山をはじめ八ヶ岳連峰、北アルプス、中央アルプス、南アルプスなど日本の高峰の眺めが存分に楽しめる。登山道は草原の中に付けられ、何とも開放的だ。蓼科山側から登って白樺湖に下る稜線漫歩のコースを紹介しよう。

ガイド 女乃神茶屋（不定期営業）の傍らに立つ❶蓼科山登山口バス停から、蓼科山とは反対側へと道標にしたがい登山道に入る。トイレを使いたい場合は、すぐ先にある蓼科山登山口駐車場のトイレを利用する。この駐車場からも八子ヶ峰への登山道が通じていて、少し上で合流する。なお、ガイドマップやインターネットなどではこの駐車場名について、蓼科山登山口駐車場とすずらん峠園地駐車場との2つの表記があるが、どちらも同じ場所のことだ。

登山口からはカラマツ林の中を登る。途中で分岐が現れるが、すぐ先で合流するので好きな

ヒュッテ・アルビレオと蓼科山

白樺湖を眼下にゆるやかな稜線を歩く

左上から時計回りに夏の花。コウリンカ、ツリガネニンジン、マルバダケブキ、カワラナデシコ

ほうに行ってかまわない。軽く汗をかくと、大きなダケカンバが目印の❷稜線分岐に出る。左から登ってくるのは、八子ヶ峰南麓の別荘地方面からの登山道だ。

稜線分岐から上部を目指して急斜面を登る。やがて、赤い屋根のヒュッテ・アルビレオが立つ稜線末端に出る。ヒュッテの向こうに大きな蓼科山が姿を見せると同時に展望がぐ〜んと開け、ヒュッテから10分とかからずに八子ヶ峰東峰の山頂だ。山頂を示す標柱は立っているが、

📷 Column

すずらんの湯

グランド前バス停のすぐ近く、遊覧船やボートが浮かぶ白樺湖畔にある市営の日帰り天然温泉。露天風呂のほか、80人が同時に入れる展望大浴場、サウナ、食事処などが揃う。浴槽からは白樺湖が間近に望め、施設の周囲にはおしゃれな宿やレストランが立ち並んでリゾート気分もたっぷりだ。白樺湖ジョギングロードの拠点としても人気。

10〜21時（受付〜20時30分）。無休（臨時休業あり）。☎0266-68-3424。

あまりになだらかで、標柱がなければどこが山頂かわからない。

草原の中のゆるやかな登り下りを何度か繰り返す。前方には北アルプスが横一直線に見え、左に御嶽山の台形も望める。やがてスキーリフト降車場が現れ、ここから左の分岐道に入って軽く登り返せば❸**八子ヶ峰**の本峰だ。

ゆっくりと展望を楽しんだら、いったんリフト降車場まで戻り、左へと広い山道を下る。スキー場の白い建物の横に出たら斜め左に続く道に入り、ゆるやかなササ原を登り返す。何度か軽い登下降を繰り返し、道が左（南西）に方向転換すると白樺湖や車山が間近に見えるようになる。スキーゲレンデを右に見下ろしながら歩き、スキーリフト降車場の100mほど手前を右斜めに入ってゲレンデを下る。下りきったところが❹**八子ヶ峰駐車場**だ。

駐車場を後にし、正面にあるホテルの横から別荘地内を白樺湖に向かって下る。道標はあるが迷わないように。湖畔通りまで下れば、❺**グランド前バス停**はすぐだ。

広大な草原状の八子ヶ峰東峰付近

コース終盤はササ原が増えてくる

長野県

標高 2531m

総歩行時間 **4**時間**5**分

総歩行距離 **5.9**km

広大な露岩の山頂から大展望を堪能する

蓼科山

たてしなやま

標高差 登り:**704**m 下り:**806**m

登山レベル **中級** 体力:★★ 技術:★★

八子ヶ峰から見た蓼科山

DATA

電車・バス **行き:** JR中央本線茅野駅→アルピコ交通蓼科グランドバス(約1時間45分)→東白樺湖→たてしなスマイル交通(約10分)→蓼科牧場・山麓駅→ゴンドラリフト(5分)→山頂駅 **帰り:** 蓼科山登山口→蓼科グランドバス(約1時間45分)→JR中央本線茅野駅 ※バスは夏・秋の特定日運行。

マイカー 中央自動車道諏訪ICから国道152号を経由して蓼科牧場か七合目の無料駐車場を利用。

ヒント バス運行日以外と早朝の入山はタクシーで七合目まで上がるといい。

登山適期 6〜10月

問合せ先

信州たてしな観光協会	☎0267-55-6654
白樺高原ゴンドラリフト	☎0267-55-6000
アルピコ交通茅野営業所	☎0266-72-7141
アルピコタクシー	☎0266-71-1181

❶ 山頂駅 — 0:25 → **❷** 七合目 — 0:50 → **❸** 天狗ノ露地 — 0:35 → **❹** 将軍平 — 0:35 → **❺** 蓼科山 — 0:50 → **❻** 2113mポイント — 0:50 → **❼** 蓼科山登山口バス停

標高
3000m

2500

2000

1500

0　　　　　　　　5　　　　　　　　10 km 水平距離

1827m　1906m　2140m　2352m　2531m　2113m　1725m

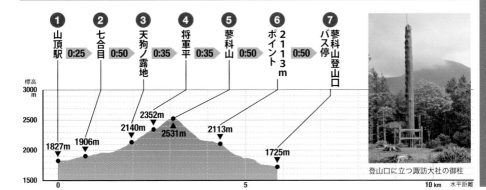

登山口に立つ諏訪大社の御柱

露岩の急坂を登下降するコース
短距離なのでゆっくり歩こう

プロフィール 八ヶ岳連峰の北端に位置する独立峰。かわいらしい山容から穏やかな山歩きをイメージするが、山頂付近は険しい急坂が続く。しかし距離は短く、崩壊地などもないので困難度は少ない。急登を終えた山頂には北八ヶ岳随一の大展望が開ける。

ガイド 標高1800mを超える**①山頂駅**を出ると、左手に御泉水自然園の森が広がり、展望台からは北アルプスの大パノラマが眺められる。登山口にある「幸せの鐘」の先には諏訪大社の御柱が祀られているので参拝し、左手の山道に入る。

カラマツ林の中をゆるやかに歩を進め、車道を横切っていくと、左手に広いスペースの駐車場が見えてくる。車道に出て直進すると、蓼科神社の大きな鳥居が立つ**②七合目**となる。

鳥居をくぐり、参道のような平坦な道を進んでいく。あたりはシラビソやコメツガの林に変わり、北八ヶ岳らしい苔むした樹林帯の中をゆるやかに登っていく。しだいに中勾配の砂利道になり、徐々に勾配を増してくると**③天狗ノ露地**と呼ばれる小さな広場に着く。

さらに歩を進めていくと、いよいよガレ場の

蓼科山荘から最後の急登に取り付く

急登がはじまり、小さくジグザグをきって一気に高度を稼いでいく。やがて露岩の道になり、苔に覆われたゆるやかな斜面を抜けると蓼科山荘が立つ**④将軍平**に出る。マイカー登山者に人気の大河原峠からのルート

歩き始めは参道のような道が続く

ガレた道を将軍平へと登っていく

と天祥寺原からの道を合わせ、大勢の登山者で賑わう。山荘前の広場にはオリジナルグッズが並ぶ露店が立ち、ひきたてのコーヒーや名物の手作りケーキが味わえ、山麓の牧場のカップアイスも売られている。この先の急登に備えてひと息入れていくといいだろう。

山荘を左手に見て、暗い樹林帯の中へ入っていくと、いよいよ最後の登りだ。露岩の急登に取り付いて岩の道をよじ登り、黄色いペンキにしたがっていくと蓼科山頂ヒュッテが現れる。小屋の右側を進むと、想像を越える広大な山頂部が広がり、わずかに登れば**⑤蓼科山**の山頂に達する。山頂からは富士山を除いた関東、中部の名だたる名山を一望する360度の壮観な展望が開ける。

中央に立つ奥宮に参拝し、西側の展望所から大パノラマを満喫したらヒュッテ方面へ戻ろう。ヒュッテには夏季限定のかき氷があるので、下山前に立ち寄るといいだろう。

下山はヒュッテを背にして山頂への道を見送って直進し、山頂部を巻いて露岩の上を進んでいく。すぐに急坂にさしかかり、バランスを

欄外情報 マイカー利用の場合、蓼科山の東側にある大河原峠から登るのもおすすめ。山頂への最短路（約2時間）であり、通過困難箇所もない。峠には無料駐車場とトイレがあり、山小屋も立つ。

岩だらけの広大な頂上は道迷いに注意

2113mポイントへ急な悪路を下る

保ちながら高度を下げていく。しだいにガレ場の悪路となり、浮き石や落石に注意しながら慎重に高度を下げていき、勾配がゆるくなると**❻2113mポイント**に下り立つ。ここで展望も見納めとなるのでひと休みしていこう。

　樹林帯に入り、露岩の急道を下ってササに覆われたゆるやかな道を下れば、やがて女乃神茶屋（営業日、休業日とも不定期）が立つ**❼蓼科山登山口バス停**に着く。

八ヶ岳と南アルプスを眺めながら下っていく

多くの花に彩られ、大展望が広がる草原の丘

霧ヶ峰・車山
（きりがみね）（くるまやま）

標高差 登り：**124**m 下り：**124**m

登山レベル 初級 体力：★★ 技術：★

蝶々深山に向けて湿原の木道を歩く

DATA

電車・バス 行き：JR中央本線茅野駅→アルピコ交通バス（約1時間5分）→車山肩 帰り：往路を戻る ※車山肩へのバスは4月末〜11月初旬の運行。運行日や運行時間は要問合せ。車山肩へは上諏訪駅からもアクセスできる。

マイカー 中央自動車道諏訪ICから国道20号、県道40号、ビーナスラインを経由して車山肩まで約20km。車山肩に無料駐車場あり。

ヒント 車山高原リフトを利用すれば、登りが大幅に短縮、車山肩から徒歩45分の霧ヶ峰インターチェンジまで歩けばバス便が多くなる。

登山適期 5月上旬〜11月上旬

問合せ先
茅野市観光まちづくり推進課	☎ 0266-72-2101
諏訪市観光課	☎ 0266-52-4141
アルピコ交通茅野営業所	☎ 0266-72-7141

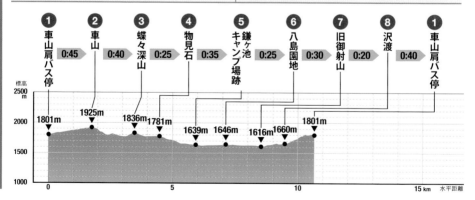

① 車山肩バス停 **0:45** ② 車山 **0:40** ③ 蝶々深山 **0:25** ④ 物見石 **0:35** ⑤ 鎌ヶ池キャンプ場跡 **0:25** ⑥ 八島園地 **0:30** ⑦ 旧御射山 **0:20** ⑧ 沢渡 **0:40** ① 車山肩バス停

標高 m
2500m — 1801m — 1925m — 1836m 1781m — 1639m 1646m — 1616m 1660m — 1801m

水平距離 km

欄外情報 車山高原スキー場の展望リフトが4月下旬〜11月上旬に運行。9時〜16時40分（秋期間の山頂までの運行は土・日曜のみ）。☎0266-68-2626。

360度の山並みを見渡す車山から
高原と湿原をぐるり一周

プロフィール 最高峰の車山を中心に約1500〜1900mに広がる霧ヶ峰は、日本百名山とともに花の百名山にも名を連ねる。草原や湿原では、夏、ニッコウキスゲをはじめ、多くの花々に彩られ、山上からは八ヶ岳を間近に、遠く日本アルプスや富士山、浅間連峰など360度の大パノラマが広がる。

ガイド ビーナスラインの❶車山肩バス停でバスを降りたら、駐車場を抜け、売店の裏手へと進む。一帯はニッコウキスゲの群落で、夏は多くの観光客で賑わうところだ。群落地に周遊できる散策路があるが、こちらは下山後、バス時間までじっくり楽しむことにし、まずは車山へと向かおう。道標にしたがい、バイオトイレの脇からゆるやかに岩まじりの道を登っていく。山腹を大きく折り返しながら登っていくと、やがて、気象観測レーダーのドームが大きくなり、❷車山の広い山頂に到着する。

まさに360度の展望で、間近に蓼科山が広がる。右へと目を転じれば、八ヶ岳連峰、富士山、

気象観測ドームが立つ車山の山頂

南アルプスと続く。さらに、中央アルプス、北アルプス、美ヶ原、浅間連峰の山並みが見事だ。展望を楽しんだら、展望リフト山頂駅脇から木段を下っていく。下り立ったら左へと進めば、車山乗越だ。これを越えてゆるやかに下っていくと、途中、左に車山肩への道を分け、木道となる。前方の草原に包まれた緑の丘を登っていけば❸蝶々深山だ。振り返ると、緑のなかに続く木道がなんとも気持ちいい。

蝶々深山からゆるやかに下り、登り返すと❹物見石だ。ここから眼下に八島湿原（八島ヶ原湿原）を望み折り返しながら下っていく。草原帯からミズナラなどの樹林帯となり、やがてトイレのある❺鎌ヶ池キャンプ場跡に出る。ここからニホンジカの防護柵を抜けて八島湿原沿いに巡らされた木道を反時計回りに進む。左手に鎌ヶ池を見て行けば、❻八島園地になる。木道から外れ右へ行けば、八島ビジターセンターあざみ館やトイレ、売店があり、夏の週末などに

車山山頂より蓼科山を展望

ヤナギラン咲く八島園地を行く

Column
八島ビジターセンターあざみ館

国の天然記念物、八島湿原に隣接する下諏訪町立のビジターセンター。八島湿原の生い立ちや四季折々の自然などを展示や映像ほかで紹介。途中に立ち寄れば、現在の花の開花状況なども確認できる。また、自然解説員によるガイドウォークやルートガイド、フルムーンミーティング（いずれも有料）なども開催。

入館無料。開館は4月下旬〜11月上旬。期間中無休。9時30分〜16時30分。☎0266-52-7000。

八島湿原のキバナノヤマオダマキ

池が広がる八島湿原

車山肩のニッコウキスゲ群落の斜面から車山を望む

運行するバス停もある。

八島園地でひと息入れたら、再び木道を反時計回りに進む。夏、湿原沿いでは、ヤナギランやノハナショウブ、キンバイソウなど、多くの花が見られる。ニホンジカの防護柵を抜けると、やがてＴ字路となる。左に沢渡・鎌ヶ池への道を分け、まっすぐ進めばヒュッテみさやまがある❼旧御射山だ。

ひと息入れたらすぐ先の沢を渡り、ゆるやか

に登っていくと林道に出る。右へと進めば、やがて未舗装路から舗装路となる。ゆるやかに下り三叉路となるところが❽沢渡だ。ここで道標にしたがい、山道を登っていく。疲れた体に最後の登りがきついが、もうひと頑張り。はじめは樹林のなかを行く道はやがて草原となる。左に車山、振り返ると八島湿原が望める。傾斜がゆるくなれば、ニッコウキスゲの群生地の散策路となり❶車山肩バス停へと下っていく。

霧ヶ峰・車山

マントヒヒのような物見

1:50,000

1cm＝500m
等高線は20mごと

丹沢・道志・神奈川

お散歩ハイクが気持ちいい弘法大師ゆかりの丘陵

弘法山
こうぼうやま

👀 標高差 **登り:148m 下り:224m**

👀 登山レベル **入門** 体力:★ 技術:★

神奈川県

標高 **243m**（権現山）

総歩行時間 **2時間15分**

総歩行距離 **7.2km**

弘法山へと続く整備された散策路

👀 DATA

電車・バス **行き:** 小田急線秦野駅 **帰り:** 小田急線鶴巻温泉駅

マイカー 東名高速道路秦野中井ICから県道71号を経由して秦野駅まで約3km。秦野駅周辺に有料駐車場あり。縦走しない場合は、浅間山や弘法山公園に駐車場あり。

ヒント マイカー利用で縦走する場合は、秦野駅周辺の有料駐車場に停め、下山後に小田急線で秦野駅へ戻り、車を回収する。先に、鶴巻温泉駅前の有料駐車場に停め、電車で秦野駅へと戻って歩き始めれば、下山後の温泉につかり、すぐに帰路につける。

登山適期 通年（盛夏を除く）

問合せ先
秦野市観光振興課 ☎0463-82-9648
秦野市観光協会 ☎0463-82-8833

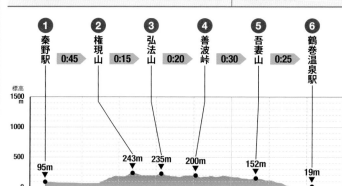

① 秦野駅 — 0:45 → ② 権現山 — 0:15 → ③ 弘法山 — 0:20 → ④ 善波峠 — 0:30 → ⑤ 吾妻山 — 0:25 → ⑥ 鶴巻温泉駅

標高
1500m
1000
500
0

95m　243m　235m　200m　152m　19m

0　　　5　　　10 km　水平距離

コース中は各所に道標が整備

欄外情報 「弘法の里湯」は鶴巻温泉の日帰り入浴施設。露天風呂、内湯、ミストサウナがある。10～21時。月曜（祝日の場合は翌日）・12月31日休。☎0463-69-2641。

のびやかな尾根道をたどり
富士山や丹沢の山々を望む

プロフィール 秦野駅の北東側に連なる浅間山、権現山、弘法山は弘法山公園として整備され、展望台からは富士山や丹沢の山々を一望。弘法山から吾妻山は広葉樹に包まれた尾根歩きが気持ちいい。下山後の鶴巻温泉も魅力のひとつ。

ガイド ❶秦野駅の北口を出たら、すぐ先の水無川沿いの道を右へ進む。途中で右に入ると「弘法の清水」があるので立ち寄っていこう。山道が始まる弘法山公園入口へは道標が導いてくれる。弘法橋を渡ると、じきに山道入口があり、階段状に整備された道を登れば浅間山だ。木に囲まれているが、樹間から秦野市街や大山などが望める。

　ベンチがあるので、ひと息入れたら出発しよう。浅間山からわずかに下り、車道を横切り登り返せば展望台がある❷権現山だ。晴れていれ

浅間山から樹間に望む大山

ば富士山や大山、相模湾が望める。

　権現山から弘法山へは馬場道と呼ばれる広い尾根道を行く。階段状に整備された道を下り、平坦路をたどってから登り返せば❸弘法山だ。樹林に囲まれているが、弘法大師を祀る釈迦堂や鐘楼、弘法の乳の水がある。

　下山は釈迦堂の裏手から尾根道を下っていく。途中、車道を経て、ゆるやかに登っていくと、やがて鶴巻温泉への道標がある。そちらに進むのが早いが、まっすぐ進めばじきに❹善波峠だ。かつての矢倉沢往還で御夜燈や石仏があり、往時が忍べる。ここで道標にしたがい右へ進めば、先ほどの分岐からの道と合流。ゆるやかに登り返し尾根道を行けばあずま屋と吾妻神社の碑がある❺吾妻山だ。あとは下るのみ。古い石柱道標があるＴ字路で右へと下れば民家の脇を通り車道となる。東名高速道路の下をくぐり、道標にしたがい進めば、弘法の里湯の前を通り、❻鶴巻温泉駅となる。

弘法山山頂の釈迦堂

権現山の展望台

山上に牧場が広がる関東の富士見百景

大野山
おおののやま

🔶 標高差 登り:**583m** 下り:**555m**

🔶 登山レベル 初級 体力:★★ 技術:★★

神奈川県
標高 **723m**
総歩行時間 **3時間30分**
総歩行距離 **9.2km**

のびやかな大野山の山上から西丹沢と富士山を眺める

🔶 DATA

電車・バス **行き:**JR御殿場線山北駅→富士急湘南バス(約3分)→大野山入口 **帰り:**JR御殿場線谷峨駅

マイカー 東名高速道路大井松田ICから県道78号・711号経由で松田駅まで約2km ※山北駅、谷峨駅周辺には駐車場がないので、松田駅(新松田駅)周辺の有料駐車場を利用し、富士急湘南バスで大野山入口へアクセスする。

ヒント 土曜・休日(冬期運休あり)のみ、大野山登山口までバスが午前2便運行。車は山頂直下の大野山乳牛育成牧場まで上がれる。

登山適期 3月中旬～12月上旬

問合せ先
山北町商工観光課 ☎0465-75-3646
富士急湘南バス ☎0465-82-1361
松田合同自動車(タクシー) ☎0465-83-0171

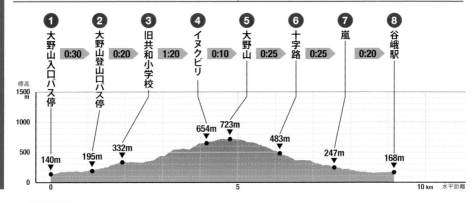

① 大野山入口バス停 — 0:30 → ② 大野山登山口バス停 — 0:20 → ③ 旧共和小学校 — 1:20 → ④ イヌクビリ — 0:10 → ⑤ 大野山 — 0:25 → ⑥ 十字路 — 0:25 → ⑦ 嵐 — 0:20 → ⑧ 谷峨駅

標高 1500m

140m　195m　332m　654m　723m　483m　247m　168m

水平距離

欄外情報 ここで紹介した地蔵岩コースは土砂崩落のため2021年2月現在、通行ができなくなっている。山頂へは迂回コースの案内表示にしたがって歩くこと。復旧については未定。

牧歌的な雰囲気の山上へ登り
富士山や丹沢湖を見渡す

プロフィール 山上に県営牧場が広がる大野山は山頂まで車道が通じているが、山腹の森は植林が少なく、新緑や紅葉時期はなんともきれい。牧場沿いを行く山道は明るく、晴れていれば富士山を望みながらの山歩きが気持ちいい。

ガイド **❶大野山入口バス停**でバスを降りたら、手前のトンネル脇から道標にしたがい車道を進む。東名高速道路をくぐると、すぐに都夫良入口バス停がある。その先に古宿経由と深沢経由の分岐がある。ここでは右の古宿経由の道を進むが、土曜・休日なら**❷大野山登山口バス停**から登ってもよい。集落を抜ければ**❸旧共和小学校**に到着で大野山が見えてくる。

トイレ脇を通り車道を進み、市間への道を分ければ、やがて右側に「地蔵岩コース」の山道入口がある。すぐに水子地蔵尊がありゆるやか

柵に囲まれた牧場内を行く

大野山の山頂から富士山を望む

に登っていく。途中、谷筋に渡された桟橋などを通過し登っていくと、山道入口から45分ほどで右手に牧草地が広がる。ここから階段道を一気に登れば、山上の牧場の道に飛び出す。左へ進めば**❹イヌクビリ**で、駐車場やトイレがある。ここから車止めを抜け、車道をひと登りで**❺大野山**の山頂だ。あずま屋やベンチ、トイレがあり、山上からは西に富士山、北に丹沢湖や西丹沢の山々が展望できる。

下山は西へ進んだのち、南へと牧場内を下る。途中、あずま屋を通過すると、折り返し下っていく。牧草地が終わり、樹林へと入ると、やがて車道を横切る**❻十字路**に出る。植林のなかを下っていくと、再び車道に出る。車道を進むと「都夫良野の頼朝桜」があり、この先から再び樹林のなかの小道を下る。車道に出たところが**❼嵐**の集落だ。右へと進み、折り返して酒匂川を吊り橋で渡る。道標に導かれ国道を越えれば**❽谷峨駅**となる。

大山

江戸庶民が敬い登拝した信仰の山

大山
（おおやま）

標高差 登り：**550m** 下り：**550m**

登山レベル **初級** 体力：★★ 技術：★

神奈川県

標高 **1252m**

総歩行時間 **3時間10分**

総歩行距離 **6.1km**

中級 初級 入門

大展望／花／紅葉／森林浴

雨降木の立つ山頂から相模湾方面を望む

DATA

電車・バス 行き：小田急線伊勢原駅→神奈川中央交通西バス（約30分）→大山ケーブルバス停→徒歩20分→大山ケーブルカー（6分）→阿夫利神社駅 帰り：往路を戻る

マイカー 東名高速道路厚木ICから国道246号、県道611号を経由して大山ケーブルバス停近くの市営大山第1・2駐車場まで約13km。第1駐車場は84台、第2駐車場は44台収容。いずれも有料。

ヒント 大山登山には小田急線往復と神奈川中央交通西バス往復、大山ケーブルカーがセットになった「丹沢・大山フリーパス」が便利。

登山適期 3月下旬〜11月

問合せ先
伊勢原市商工観光課 ☎ 0463-94-4729
神奈川中央交通西伊勢原営業所 ☎ 0463-95-2366
大山観光電鉄（ケーブルカー） ☎ 0463-95-2040

① 阿夫利神社駅 702m
〔0:40〕
② 十六丁目 991m
〔0:40〕
③ 二十五丁目 1172m
〔0:20〕
④ 大山 1252m 1119m
〔0:20〕
⑤ 不動尻分岐 763m
〔0:40〕
⑥ 見晴台 702m
〔0:30〕
① 阿夫利神社駅

標高 1500m / 1000 / 500

0 〜 5 〜 10 km 水平距離

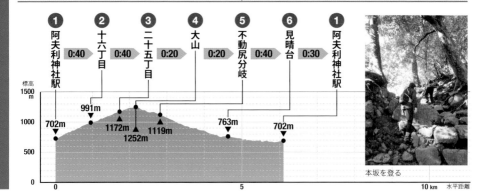

本坂を登る

欄外情報 大山名物といえば豆腐料理。その起源は大山の水が豆腐造りに適した、大山詣りの参詣者を世話する御師の精進料理が広まったなど諸説ある。こま参道のほか、大山周辺の店で味わえるので、下山後に試したい。

ケーブルカー利用も登りごたえあり
山頂からは富士山や相模湾を一望

プロフィール 丹沢山塊の東部に位置する大山は雨降山（あふりやま）とも呼ばれ、雨乞いの山として信仰の対象とされた。江戸時代には庶民の登拝が流行し、古典落語「大山詣り」の題材にもなった。

ガイド 大山ケーブルバス停を降りたら、こま参道の石段を登る。大山ケーブル駅からケーブルカーに6分ほど乗り、**❶阿夫利神社駅**（あふりじんじゃえき）へ。大山阿夫利神社下社を参拝後、社殿左奥の登山門をくぐると杉木立の中に急勾配の石段が延びている。登山道には下社から山頂まで1丁ごとに28の石塔が立つので目安に。

石段の後も直登気味の登りが続く。足元は木の根や石が露出し気が抜けないが、推定樹齢500年以上の夫婦杉、ボタン岩、天狗の鼻突き岩などが点在し、気分を和らげてくれる。

❷十六丁目（じゅうろくちょうめ）で急な登りは一段落。二十丁目の富士見台に出ると西側の視界が開け、天気が良ければ富士山の勇姿が望める。ここから15分ほどの**❸二十五丁目**（にじゅうごちょうめ）で左からイタツミ尾根の登山道が合流し、2つの鳥居をくぐると大山阿夫利

富士見台からの富士山

神社奥社が立つ**❹大山**（おおやま）山頂に着く。秦野市街や相模灘、富士山も望む眺望がすばらしい。

山頂の眺望を楽しんだら、「不動尻・見晴台」の道標にしたがい東側の尾根へ。しばらく階段状の急坂が続き、**❺不動尻分岐**（ふどうじりぶんき）を日向薬師方面に進む。2つの短い鎖場を過ぎ、尾根道を登りきると**❻見晴台**に着く。赤土の小さな広場にベンチとテーブル、あずま屋が設けてあり、振り返ると下山してきたばかりの大山が望める。

あずま屋前の階段を下り、杉林を下る。左側が崖になった狭い道を過ぎると二重滝。二重滝橋を渡り、下社参道への階段を登ると出発点の**❶阿夫利神社駅**（あふりじんじゃえき）に出られる。ケーブルカーで大山ケーブル駅に下り、大山ケーブルバス停へ向かおう。

大山

厚木市
❹大山 1252 0:20
大山阿夫利神社奥社
0:20 急な下りが続くので足こしらえはしっかりと
0:30
❺不動尻分岐
神奈川県
伊勢原市
秦野市
カがいる。襲われることがあるので決して近づかないように
二十五丁目❸
0:40
切り立った崖があり、歩行注意
ふれあいの森
日向キャンプ場
イタツミ尾根
富士見台
（二十丁目）
晴れているときは富士山が見える
広くゆるやかな登り
0:30
二重社
二重滝
見晴台へはいったん登り返す
明るく開けた台地。あずま屋あり
0:35
0:30
❻見晴台
日向薬師バス停
十六丁目❷
0:40
阿夫利神社駅❶
大山阿夫利神社下社
モミの原生林
0:30
夫婦杉
かごや道
急な登りが続く
大山ケーブルカー
大山寺駅
大山寺
安坂
大山ケーブル駅
たいへん急な石段の連続
日向薬師バス停へ1時間20分
石段の両脇にみやげ店や飲食店が並ぶ
ヤビツ峠
大山ケーブルバス停～大山ケーブル駅間は徒歩約15分
大山ケーブル
N
1:25,000
0 250 500m
1cm=250m
等高線は20mごと
浅間山 680
伊勢原市内

44

表丹沢の盟主を巡る展望の尾根歩き

塔ノ岳
とう だけ

🔭 標高差　登り：**729m** 下り：**1206m**

🔭 登山レベル　**中級** 体力：★★★ 技術：★★

標高 **1491m**

総歩行時間 **6時間35分**

総歩行距離 **14.1km**

新緑の丹沢。左の烏尾山から右奥の塔ノ岳まで、延々と続く表尾根

🔭 DATA

電車・バス **行き：**小田急線秦野駅→神奈川中央交通西バス（約50分）→ヤビツ峠 **帰り：**大倉→神奈川中央交通西バス（約15分）→小田急線渋沢駅 **マイカー** 東名高速道路秦野中井ICから県道70号を経由してヤビツ峠まで約15km。ヤビツ峠に無料駐車場あり。または秦野中井ICから県道71号・62号を経由して大倉まで約9km。大倉の秦野戸川公園に有料駐車場と民間のコインパーキングが隣接。

ヒント ヤビツ峠行きのバスは本数が少ないので、事前に時刻のチェックを。車を利用する場合、ヤビツ峠からは往復コースとなる。

登山適期 4～11月

問合せ先

秦野市観光協会 ☎ 0463-82-8833
秦野ビジターセンター ☎ 0463-87-9300
神奈川中央交通西秦野営業所 ☎ 0463-81-1803

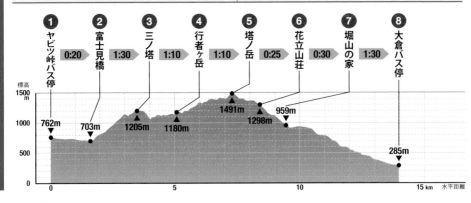

❶ ヤビツ峠バス停 → 0:20 → ❷ 富士見橋 → 1:30 → ❸ 三ノ塔 → 1:10 → ❹ 行者ヶ岳 → 1:10 → ❺ 塔ノ岳 → 0:25 → ❻ 花立山荘 → 0:30 → ❼ 堀山の家 → 1:30 → ❽ 大倉バス停

標高
1500m
1000
500

762m　703m　1205m　1180m　1491m　1298m　959m　285m

0　　　　　5　　　　　10　　　　　15 km　水平距離

欄外情報 丹沢山塊にはヤマビルが生息しており、毎年多数の被害が報告されている。活動が活発化するのは4～11月。この時期に登山するなら、事前に市販のヒル避けスプレーを散布しておくなどの予防策を忘れずに。

ブナ林、鎖場、展望など変化に富んだ
尾根歩きのあとには標高差1200mの下りが

プロフィール ヤビツ峠から三ノ塔、行者ヶ岳を経て塔ノ岳に至るのが表尾根。丹沢を代表する最もポピュラーなコースの一つだ。登り・下りとも行程は長いが、その分充実度も高い。春の新緑、秋の紅葉シーズンがとくにおすすめ。

ガイド ❶ヤビツ峠バス停から舗装道を20分ほどゆるやかに下っていく。❷富士見橋を渡ったところで道標にしたがい、左に折れる。表尾根の登山道はその先、道路の右側から始まっている。樹林帯のなかを登っていき、いったん林道を横切って再び登山道に入る。崩壊防止のためか、登山道は木の階段状になっているところが多く、歩きにくい。傾斜もキツく、ひと苦労させられる。

開けた場所に出ると、背後にどっしりとした大山が見えてくる。その上の岩まじりの斜面をジグザグに登り、凹状の道を抜ければ二ノ塔に着く。二ノ塔にはベンチがあり、休憩するにはもってこいの場所だ。

二ノ塔からはいったん鞍部に下り、❸三ノ塔へと登り返していく。ここも木の階段状の道が続く。三ノ塔の山頂部は広く、避難小屋の三ノ塔休憩所が立っている。西側の展望が開けていて、これからたどる稜線の奥に塔ノ岳が見えている。

稜線を北にたどり、

登山口となるヤビツ峠

二ノ塔から三ノ塔へ向かう

三ノ塔からガレ場を下って鞍部へ

行者ヶ岳～新大日間の崩壊地。丸太などで補強された道を行く

小さなお地蔵様がある崩壊地の上から、鎖の手すりが設けられた斜面を急下降していく。ガレ場を下り切り、最低鞍部から斜面をゆるやかに登りつめれば、烏尾山荘の立つ烏尾山の山頂だ。

烏尾山からゆるやかな尾根上の小さなアップダウンを何度か繰り返し❹行者ヶ岳に出る。ここからの下りと、その先の小ピークの下りには鎖場があるので、慎重に下りていこう。鞍部まで下ったら、両側がすっぱりと切れ落ちた大崩壊地に差し掛かる。木の橋を渡ってガレ場を登り、木の階段を上がって難所を通過する。新大日茶屋の立つ新大日まで来れば、塔ノ岳へはあともうひと頑張りだ。

Column
塔ノ岳山頂で一泊

塔ノ岳は富士山の絶好の展望台となっているが、美しい夕焼けや朝焼けが見られることでもよく知られている。山頂にある尊仏山荘に泊まる計画を立てれば、横浜や御殿場の夜景も楽しめるうえ、行程も楽になる。夕食のカレーライスはおかわり自由で、おかずが豊富なお弁当も好評だ。通年営業。できれば事前に予約を入れておきたい。☎070-2796-5270。

　鞍部に下ってゆるやかに登り返し、木ノ又小屋をやり過ごす。秦野方面の展望が開ける鞍部に下り、小ピークを越えてなだらかな稜線をたどって塔ノ岳への最後の登りに取り付く。これを登り切れば、尊仏山荘の立つ**❺塔ノ岳**山頂だ。

　ここからの展望は360度。天気に恵まれれば、丹沢山塊はもとより富士山や箱根の山々、南アルプス、奥秩父連山、八ヶ岳、伊豆七島、房総半島までをも見渡すことができる。

　帰路は大倉尾根を下山する。木の階段を下っていき、金冷シの分岐で左に折れて大倉尾根に入る。**❻花立山荘**を過ぎると木の階段の急下降が連続し、いい加減うんざりさせられる。**❼堀山**

の家で道は二手に別れるが、建物のすぐ脇を通っている左側の道に入る。このあたりからようやくゆるやかな尾根道となるが、先はまだ長い。陶芸工房まで下ると道は舗装道となり、間もなく**❽大倉バス停**に着く。

大倉尾根の長い下り。疲労による転倒に要注意

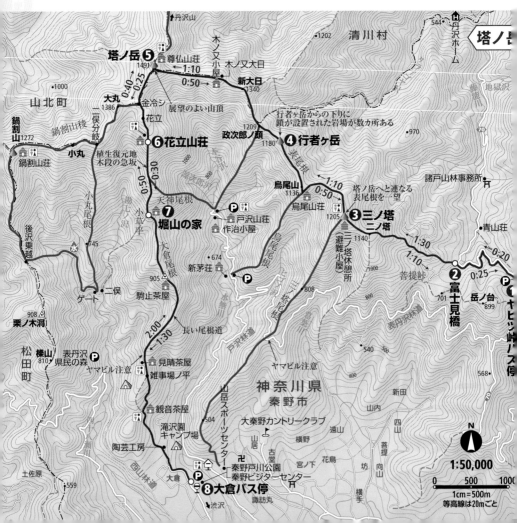

神奈川県

標高 1341m (小丸)

総歩行時間 **6時間50分**

総歩行距離 **16.6km**

広葉樹の森を抜け、表丹沢屈指の展望の山へ

なべわりやま

鍋割山

☞ 標高差　登り:**1056m** 下り:**1056m**

☞ 登山レベル　**中級**　体力:★★★　技術:★★

鍋割山稜の二俣分岐

☞ DATA

電車・バス　**行き**:小田急線渋沢駅→神奈川中央交通西バス(約15分)→大倉　**帰り**:往路を戻る

マイカー　東名高速道路秦野中井ICから県道71号・62号を経由して大倉まで約9km。大倉の秦野戸川公園に3つの有料駐車場と、大倉バス停のはす向かいに民間のコインパーキングあり。

ヒント　大倉から二俣までは長い林道歩きとなる。二俣には数台分の駐車スペースがあるが、

西山林道は一般車の通行は禁止されている。

登山適期　4～11月

問合せ先

秦野市観光協会　☎0463-82-8833
秦野ビジターセンター　☎0463-87-9300
神奈川中央交通西秦野営業所　☎0463-81-1803

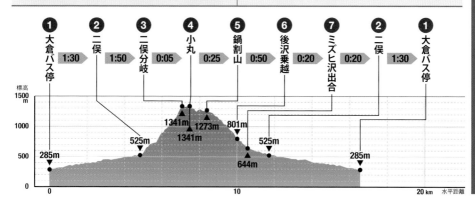

① 大倉バス停 285m — 1:30 — ② 二俣 525m — 1:50 — ③ 二俣分岐 — 0:05 — ④ 小丸 1341m — 0:25 — ⑤ 鍋割山 1341m — 0:50 — ⑥ 後沢乗越 525m — 0:20 — ⑦ ミズヒ沢出合 — 0:20 — ② 二俣 — 1:30 — ① 大倉バス停 285m

1273m　801m　644m

長い急登が終わればブナ林のプロムナード
クライマックスは富士山や東京湾の大展望

プロフィール その昔はカヤ刈り場だったことから、別名「三ノ萱」とも呼ばれる鍋割山は、塔ノ岳から西に延びる鍋割山稜の一角にある山。丹沢のなかでもとくに登山者の人気が高く、暑い盛夏と降雪のある真冬を除けば、美しいブナ林と展望を巡る快適な登山が楽しめる。

ガイド ❶大倉バス停から大倉集落を抜け、左手に四十八瀬川を見下ろしながらゆるやかに西山林道を登っていく。表丹沢県民の森への道を左に分けて進むと間もなく❷二俣だ。なお、西山林道はヤマビルの多いエリア。夏期、特に雨天時は道の中央を歩くようにしたい。

堀山の家へ続く道を右に見送り、勘七沢にかかる木の橋を渡って「鍋割山」の道標にしたがい林道をわずかに進むと、右手の斜面に小丸尾根（別名、訓練所尾根）の取り付きがある。

登山道は、スギやヒノキの針葉樹とブナやカエデなどの広葉樹が混生する斜面につけられている。最初のうちは多少傾斜がきつく感じられるが、完全に尾根上に上がってしまえば、ゆるやかな登りとなる。だが、「小丸まで1500m」の標識が現れると、すぐに急登が始まる。途中、若干傾斜が落ちるところもあるが、それもほんのわずかで、二俣分岐まではきつい尾根の登りがひたすら続く。

ようやく周囲の植生の背丈が低くなって明るさが増してくると、稜線までもうひと頑張りだ。やがて傾斜がゆるくなり、すぐにＴ字路となっ

ている鍋割山稜上の❸二俣分岐に飛び出す。ここからは樹間越しに丹沢山〜蛭ヶ岳方面の稜線を望むことができる。

分岐でひと休みしたら、明るい尾根を西に向かおう。二俣分岐は鍋割山よりも標高が高いので、概ねゆるやかな下りが続く。ブナやカエデに囲まれた稜線の道は、のんびりと散歩気分でたどっていきたい。新緑や紅葉のころはとくに美しく、5月末〜6月上旬ごろだったら、トウゴクミツバツツジがブナ林を彩っていることだろう。また、葉が落ちた樹間越しに、富士山や相模湾、丹沢主稜などを望むことができる早春や晩秋のころもおすすめだ。

❹小丸を過ぎ、ゆるやかなアップダウンを何度か繰り返していく。鍋割峠・雨山峠への道を右に見送れば、そのすぐ先が明るく開けた❺鍋割山の山頂だ。山頂には鍋割山荘が立っており、ところどころに休憩用のベンチとテーブルが置かれている。目の前に連なるのは丹沢主稜の山並み、その向こうに富士山をはじめ箱根や伊豆の山々、さらに遠く南アルプスも一望できる。

新緑がまぶしい小丸尾根を行く

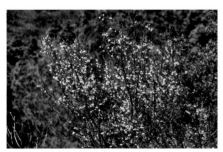
4月下旬〜5月上旬に見られるマメザクラ

鍋割山山頂には鍋割山荘が立ち、多くの登山者で賑わっている

欄外情報 近年、丹沢でも大きな問題になっているのが野生のシカによる食害。登山道上でもよく見かけ、人間を恐れず逆に近寄ってくるほどだが、生態系を守るためにも絶対に餌は与えないように。

東側に目を転じれば、相模湾や三浦半島、房総半島なども認められる。

一級の展望を楽しんだら後沢乗越経由で二俣を目指す。登山道は明瞭で、ところどころに木道が敷かれている。尾根通しに緩急を繰り返しながら高度を下げていき、やがて最低鞍部の❻後沢乗越（うしろざわのっこし）に下り立つ。

後沢乗越で栗ノ木洞へ向かう尾根道から外れ、左に折れて沢状地形に付けられた登山道を下っていく。下りきったところが❼ミズヒ沢出合（あい）で、流れを渡れば林道に出る。ここには鍋割山荘で使う水を詰めたペットボトルが何本も置かれており（鍋割山荘には水場がない）、登山者がボランティアでこの水を歩荷（ぼっか）して運び上げるシステムがとられている。

林道をしばらくたどって小丸尾根の取り付きに出たら、すぐ先が❷二俣（ふたまた）。あとは往路と同じ西山林道をたどって❶大倉（おおくら）バス停（てい）へと下っていこう。

後沢乗越への下り。傾斜は徐々に急になっていく

鍋割山

鍋割峠　小丸 ❹ 1341　塔ノ岳　花立山荘
鍋割山 ❺ 1272　鍋割山荘　二俣分岐 ❸
北町　雨山峠
山 1176
松田町
ミズヒ沢出合 ❼ 745
小丸尾根　大倉尾根 1128
小草平　堀山の家　作治小屋
堀山 943
ここから林道がはじまる　スギやヒノキの林
後沢乗越 ❻
栗ノ木洞 908
二俣 ❷
905 駒止茶屋
新茅荘
西山林道
表丹沢県民の森
ここまでタクシー入る
一般車通行禁止。ヤマビル注意
行者ヶ岳
烏尾山 1136　烏尾山荘
三ノ塔　三ノ塔休憩所（避難小屋）
二ノ塔
ヤビツ峠
三ノ塔尾根
芦沢山荘
神奈川県
秦野市
秦野戸川公園　秦野ビジターセンター
大秦野カントリークラブ
大倉バス停 ❶
渋沢・湯花楽　諏訪丸

N
1:50,000
500　1000m
1cm=500m
等高線は20mごと

2つの名刹を巡る丘陵ハイキング

日向薬師・飯山観音
（ひなたやくし・いいやまかんのん）

📷 標高差 登り：254m 下り：350m

📷 登山レベル **入門** 体力：★ 技術：★

順礼峠から飯山観音へ穏やかな丘陵が続く

📷 DATA

電車・バス **行き**：小田急線伊勢原駅北口→神奈川中央交通東バス（約25分）→日向薬師 **帰り**：飯山観音前→神奈川中央交通東バス（約30分）→小田急線本厚木駅

マイカー 東名高速道路厚木ICから国道246号、県道603号・64号を経由してふれあいの森方面へ約2km。日向薬師裏の駐車場を利用。

ヒント 行き帰りともバス便が多いので便利。

帰りのバス便も1時間2本と本数が多い。

登山適期 通年（盛夏を除く）

問合せ先

伊勢原市商工観光課	☎ 0463-94-4729
厚木市観光振興課	☎ 046-225-2820
神奈川中央交通東厚木営業所	☎ 046-241-2626
神奈中タクシー	☎ 0570-066-311

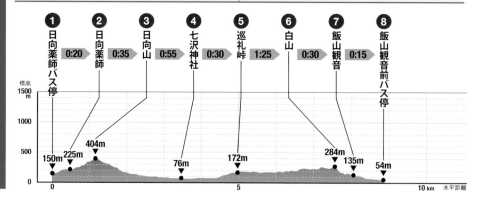

❶ 日向薬師バス停 — 0:20 — ❷ 日向薬師 — 0:35 — ❸ 日向山 — 0:55 — ❹ 七沢神社 — 0:30 — ❺ 巡礼峠 — 1:25 — ❻ 白山 — 0:30 — ❼ 飯山観音 — 0:15 — ❽ 飯山観音前バス停

標高
1500m
1000
500

150m 225m 404m 76m 172m 284m 135m 54m

0 5 10 km 水平距離

欄外情報 飯山観音の北側にある温泉地、飯山温泉。温泉街こそ形成されていないが、東京の奥座敷と呼ばれ、数軒の旅館や民宿が点在する。肌がツルツルになる美人の湯としても知られ、春は桜の名所でもある。

分岐が多い丘陵歩き
ポイントを確認しながら歩こう

プロフィール 阿弥陀如来や四天王など、23体もの仏像が安置されている日向薬師から日向山を越え、いったん七沢温泉の住宅地へ下って坂東三十三観音霊場第六番札所の飯山観音（長谷寺）へ登り返す。高野山真言宗の2つの古寺をつなぐハイキングコース。

ガイド ❶日向薬師バス停から右へ行き、山門を抜けていく。衣装場湧水の先の長い石段を登り、仁王門をくぐってうっそうとした寺林の中を行くと❷日向薬師だ。平成の大修理を終えた安城坊本堂は真新しくなったが、木の裂け目に祀られた虚空蔵菩薩は昔のままにある。

境内の左手にある休み処で喉を潤し、本堂裏手の駐車場に出たら右前方の山側から日向山・広沢寺温泉方面への道を登っていく。梅の木尾根への道を分け、右手の斜面へ。尾根上の道を登れば石の祠が置かれた❸日向山の山頂だ。

山頂から急坂を下り、鞍部で広沢寺温泉への道を分けて右の細い山道へ。苔むした道を下って車道から左へ進むと分岐に出る。

日向薬師の寺林に囲まれて立つ仁王門

順礼峠方面へ進み、❹七沢神社の先でバス道路が交差する。左の道を見送り、斜め前方の道へ進むと車道の右側に順礼峠への標識が立つ。

住宅地を通って薄暗い山道に入り、ゲートを抜けていくと地蔵が祀られた❺順礼峠だ。

左手の木段へ進み、ひと登りで休憩所となり、丘陵の上をゆるやかなアップダウンを繰り返していく。やがて前方が開けた物見峠に出て、さらに進めば六つの地名「ムツナ」が訛ったむじな坂峠だ。さらに歩を進め、急坂を上りきれば展望台が立つ❻白山に達する。

展望台の下から女坂へ進み、急坂を下ればやがて❼飯山観音の裏手に出る。境内を抜け、車道を真っ直ぐに下り、橋を渡って左へ折れれば❽飯山観音前バス停だ。

日向薬師・飯山観音

日向薬師・虚空蔵菩薩

1:50,000
0　　　500　　　1000m
1cm＝500m
等高線は20mごと

三角測量発祥の頂と神社の杜の里山ハイク

鳶尾山・八菅山
とびおさん・はすげさん

📖 標高差　登り:**138**m　下り:**138**m

📖 登山レベル　**入門**　体力:★　技術:★

神奈川県

標高 **234m**（鳶尾山）

総歩行時間 **2時間30分**

総歩行距離 **7.1km**

鳶尾山展望台からは大山が間近に望める

📖 DATA

電車・バス　**行き:**小田急線本厚木駅→神奈川中央交通東バス(約30分)→鳶尾団地　**帰り:**一本松→神奈川中央交通東バス(約40分)→小田急線本厚木駅

マイカー　圏央道厚木ICから国道129号、県道65号・63号を経由して八菅いこいの森の駐車場まで約8km。約15台。八菅神社付近にも24台駐車可能。無料。9〜17時。11月1日〜1月31日は16時30分まで。

ヒント　八菅橋下の河川敷にも広い駐車スペースがある。八菅神社へ徒歩約20分。

登山適期　通年(盛夏を除く)

問合せ先

愛川町商工観光課　☎ 046-285-6948
厚木市観光振興課　☎ 046-225-2820
神奈川中央交通東厚木営業所　☎ 046-241-2626

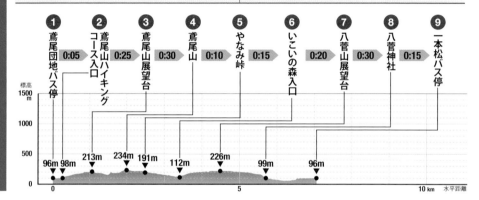

① 鳶尾団地バス停	0:05	② 鳶尾山ハイキングコース入口	0:25	③ 鳶尾山展望台	0:30	④ 鳶尾山	0:10	⑤ やなみ峠	0:15	⑥ いこいの森入口	0:20	⑦ 八菅山展望台	0:30	⑧ 八菅神社	0:15	⑨ 一本松バス停

96m 98m　213m　234m 191m　112m　226m　99m　96m

標高1500m / 1000 / 500 / 0　　0　　5　　10 km　水平距離

欄外情報　「八菅山いこいの森」では展望台までの間に設置された約30種のアスレチックを楽しみながら登ることができる。また鳶尾山周辺に植樹された約2000本の桜は3月末から4月初めに見頃を迎える。

住宅地から桜の山道に入り
いこいの森の原生の樹林帯を下る

プロフィール 丹沢山塊南端の大山山麓に広がる住宅地と中津川にはさまれた里山に、整備された道が付けられ、鳶尾山には日本最古の一つとされる三角点が鎮座している。八菅山は修験道の聖地であった八菅神社一体の総称で、今は自然観察やアスレチックができる「八菅山いこいの森」として家族連れにも人気がある。また社叢林が保存され、広大なスダジイ林を中心に豊富な樹木が繁る貴重な森になっている。

ガイド ❶鳶尾団地バス停のターミナルから左へ進み、天覧台公園にある❷鳶尾山ハイキングコース入口の長い階段を登っていく。後方の大山を眺めて登りきると静かな里山の道になり、鳶尾三丁目、鳶尾峰公園への分岐を直進していく。金毘羅社の朱色の鳥居をくぐり、ベンチが置かれた境内の左手を抜けていくと❸鳶尾山展望台だ。視界が効けば東京タワー、横浜ランドマークタワー、さらに江の島展望灯台、湘南台などの大パノラマが楽しめる。日清戦没記念碑から左手に大山を眺めて広い尾根道を進むと、

三角測量の最初の基点となった鳶尾山の山頂

一等三角点が保存されている❹鳶尾山のゆったりとした山頂に着く。

山頂をあとにして下ると、まつかげ台バス停への分岐点❺やなみ峠に突き当たり、右へ舗装された林道を下ると、左に駐車場のゲートがある❻いこいの森入口になる。林道を進めば八菅神社の鳥居から登ることもでき、左の青空博物館から登るルートもある。

正面の急な階段を登って神社からの道に合流して進めば❼八菅山展望台に着く。展望台からは八菅神社方面へ戻り、境内の長い階段を下るとケヤキの巨木が繁る❽八菅神社の入口に着く。車道を進み、八菅橋を渡って登り返せば一本松交差点の左に❾一本松バス停がある。

鳶尾山・八菅山

平山大橋　.221

八菅山展望台 ❼　.226　八菅山いこいの森

上中津川CC　.170

八菅神社 ❽

神奈川県　愛川町

中津局

❾一本松バス停 0:15

いこいの森入口 ❻

青空博物館

スダジイの森

上荻野小

やなみ峠 ❺
鳶尾山 ❹　.234

まつかげ台

日本最古の一つといわれる一等三角点がある

中津小

厚木上依知局

荻野川

上大厚木CC

段を超える神社の男坂

.159

厚木上荻野局

.412

大きな眺めが広がる

鳶尾山展望台 ❸　.213
金比羅宮跡

.167

.40

.129

.204

厚木市

荻野中

天覧台公園
❷　❶鳶尾団地バス停

鳶尾山ハイキングコース入口

.84

△110

厚木IC

厚木PA

N

1:50,000
500　1000m
1cm=500m

鎌倉の町並みを俯瞰する尾根道

天園ハイキングコース
（てんえん）

📷 標高差　登り:**150**m　下り:**140**m

📷 登山レベル　**入門**　体力:★　技術:★

神奈川県

標高 **159**m〈最高点〉

総歩行時間 **2**時間**50**分

総歩行距離 **6.9**km

大平山は天園ハイキングコースの展望台

📷 DATA

電車・バス　**行き:**JR横須賀線鎌倉駅　**帰り:**大塔宮→京浜急行バス（約10分）→JR横須賀線鎌倉駅

マイカー　横浜横須賀道路朝比奈ICから県道204号・21号を経由して鎌倉駅まで約6km。鎌倉駅、鶴岡八幡宮周辺には有料駐車場がたくさんある。

ヒント　新旧のみやげ店が並ぶ小町通りは店が開店すると混雑する。人混みが苦手な人は若宮大路へ。大塔宮バス停から鎌倉駅までは歩いても30分の距離なので、のんびりと散策しながら戻るのもよい。

登山適期　通年（盛夏を除く）

問合せ先
鎌倉市観光課　　　　　☎ 0467-61-3884
鎌倉市観光協会　　　　☎ 0467-23-3050
京浜急行バス鎌倉営業所　☎ 0467-23-2553

① 鎌倉駅　**0:30**　② 建長寺総門　**0:40**　③ 十王岩　**0:40**　④ 大平山　**0:10**　⑤ 天園　**0:40**　⑥ 下山口　**0:10**　⑦ 大塔宮バス停

標高
1500 m
1000
500
0

9m　40m　134m　156m　142m　37m　19m

0　　　　　　5　　　　　　10 km　水平距離

変化のある登山道を行く

欄外情報　建長寺は建長5年（1253）に鎌倉幕府5代執権北条時頼が建立。伽藍は中国宋時代の禅宗様式を模して、総門、三門、仏殿、法堂が直線上に並んでいる。じっくり拝観したい場合は逆コースを歩くのもいい。

貴重な伽藍が並ぶ建長寺境内から
鎌倉市最高峰へ通じる尾根道へ

プロフィール 鎌倉市の最高峰・大平山を中心とする尾根道は「鎌倉アルプス」と呼ばれ、建長寺から瑞泉寺に抜ける天園ハイキングコースが整備されている。

ガイド ❶鎌倉駅東口を出たら鶴岡八幡宮を目指す。鶴岡八幡宮を回り込むように県道21号を北鎌倉駅方面に進み、防護シェルターの巨福呂坂洞門を抜けると❷建長寺総門はすぐ。

拝観料を支払い、建長寺の境内に入る。鎌倉時代に創建した日本初の禅寺で、威容を誇る伽藍が並ぶ。境内奥の高台を登り、半僧坊本殿近くから天園ハイキングコースに入る。

最初は急な石段が続き、勝上けん展望台に出る。眼下に鎌倉の町並みと、相模湾に向けて若宮大路が真っ直ぐに延びているさまが見える。

ここから❸十王岩へは5分ほど。「かながわの景勝50選 鎌倉十王岩の展望」と刻まれた石碑が目印で、後方の岩に登ると視界が開ける。

覚園寺・今泉台住宅地への道が交差する十字路を天園方面に進む。尾根道の真ん中に立つ大

大平山から横浜市街を望む

岩をよけ、苔むす岩場を過ぎるとほどなく❹大平山山頂だ。足元から東側の斜面は薄茶色の岩肌で、周囲の緑によく映える。岩場の下は広場で、弁当を広げるのにいい。なお、昼食をとるときは、上空からのトンビの襲撃に気をつけたい。目にも止まらぬ速さで食べ物を持っていかれる。ここからほどなくで❺天園だ。

ひと休みしたら下山を開始。貝吹地蔵の手前、切り通しを思わせる岩場から急勾配の下りが続くが、その後は小さなアップダウンの繰り返し。T字路に出たら「瑞泉寺」の道標に従って右に進み、その先の分岐も右に入ると❻下山口に出る。少し先のT字路を左に曲がり、住宅街を10分ほど歩けば❼大塔宮バス停に到着。バスに乗り鎌倉駅へと向かおう。

天園ハイキングコース

相模湾と富士山を望むお散歩コース

仙元山
せんげんやま

▷ 標高差 登り:**180m** 下り:**161m**

▷ 登山レベル **入門** 体力:★ 技術:★

仙元山より相模湾、江の島、富士山を望む

🚃 DATA

電車・バス 行き:京浜急行逗子・葉山駅→京浜急行バス（約5分）→風早橋 帰り:葉山小学校→京浜急行バス（約10分）→京浜急行逗子・葉山駅

マイカー 横浜横須賀道路逗子ICから逗葉新道、県道311号を経由して逗子・葉山駅まで約6km。逗子・葉山駅周辺にコインパーキングあり ※登山口周辺には駐車場はない。

ヒント コースが短いので逗子・葉山駅から

歩き出しても良い。風早橋までは約35分。下山後、森戸海岸へと向かい、さらに葉山マリーナなどを経て逗子・葉山駅まで歩けば、山と海をめぐる充実したハイキングとなる。

登山適期 通年（盛夏を除く）

問合せ先
葉山町観光協会 ☎ 046-876-1111
京浜急行バス逗子営業所 ☎ 046-873-5511

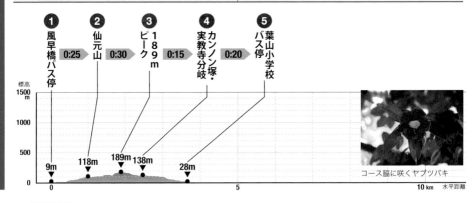

❶ 風早橋バス停		❷ 仙元山		❸ 189mピーク		❹ カンノン塚・実教寺分岐		❺ 葉山小学校バス停
	0:25		0:30		0:15		0:20	

標高 1500m

1000

500

0

9m　118m　189m　138m　28m

0　　　　　　　　　　　5　　　　　　　　10 km　水平距離

コース脇に咲くヤブツバキ

欄外情報 時間が許せば下山後、森戸海岸へと足を延ばそう。周辺には森戸神社や千貫松、石原裕次郎記念碑などがある。葉山小学校から歩いても30分ほどだ。

照葉樹の森をひと登りで
相模湾と江の島、富士山を望む頂

プロフィール バスを利用すれば休憩を入れても2時間ほどで巡れる仙元山は、地域住民のまさにお散歩の山。登山者には少し物足りないが、山頂から望む青い海と富士山がすばらしい。また、スダジイやタブノキなどの照葉樹の森が尾根上に広がり、落葉広葉樹の森とはひと味違った尾根歩きが楽しめる。

ガイド ❶**風早橋バス停**で降り、進行方向に進むとすぐ先に葉山隧道がある。この手前の交差点を右へ進み、さらに次の信号を折り返すように登っていけば葉山教会だ。仙元山ハイキングコースは、教会の左側から入っていく。照葉樹に囲まれた尾根道を行くと、じきに樹林を抜けひと登りで❷**仙元山**の山頂となる。広い山頂にはベンチやトイレ、イブキの木があり、正面には相模湾が広がっている。晴れていれば、富士

照葉樹の森を歩く

見事なイブキが育つ仙元山の山頂

山や江の島が見える。この先、これ以上の展望はないので、慌てずのんびりと過ごしたい。

仙元山から階段道を下ると、しばらくは照葉樹に囲まれたゆるやかな尾根を登っていく。やがて、これから登る、樹林に囲まれこんもりとした189mのピークが正面に見えてきて、まずは階段道を一気に鞍部まで下っていく。鞍部からが長い階段道の登り返しだ。本コース中、最も息が上がる区間だ。ひと汗かく頃には樹林に囲まれた❸**189mピーク**に到着する。

ひと息入れたら、尾根沿いを進もう。途中、クリーンセンター・小学校方面と葉山小学校バス停の分岐がある。尾根伝いに数分進むと、❹**カンノン塚・実教寺分岐**がある。左へ田浦・乳頭山・畠山方面の道を分け、斜め右へと下っていく。しばらく尾根道を行けば、途中、海が見える展望台がある。ここから溝状の道を下ると実教寺の脇に出る。民家の間を下り、国道に出たら右へ行けば、すぐに❺**葉山小学校バス停**となる。

森戸海岸の千貫松

↑逗子・葉山駅

森戸川

仙元山

❷文 長柄小
相模湾と富士山の大展望

照葉樹の尾根道を行く
階段状の道

風早橋バス停❶

❷仙元山

❸189mピーク

相模湾

森戸海岸
森戸神社

金刀比羅宮
葉山隧道
葉山教会

0:25 0:20

118

0:30

文 葉山中

0:15
0:20

森戸

葉山小

葉山町クリーンセンター

葉山町役場

花ノ木公園

0:30
0:20

海を展望

❹カンノン塚・
実教寺分岐

N

1:25,000

250 500m

1cm=250m
等高線は10mごと

葉山小学校バス停❺

卍 実教寺

大峰山
293

城ヶ島

カンノン塚、田浦、畠山方面への道が左に分岐するが、わかりにくい箇所があるので、安易に立ち入らないこと

神奈川県
葉山町

50

ファミリーで登れる三浦半島の最高峰

大楠山

（おおぐすやま）

標高差　登り：**226m**　下り：**183m**

登山レベル　**入門**　体力：★　技術：★

入門

大展望／花／紅葉／森林浴

山頂から見た雨量観測所と富士山

DATA

電車・バス　行き：JR横須賀線逗子駅→京浜急行バス（約25分）→前田橋　帰り：大楠登山口→京浜急行バス（約30分）→JR横須賀線逗子駅　※京浜急行の逗子・葉山駅からもバスに乗れる。

マイカー　横浜横須賀道路朝比奈ICから県道204号などを経由して逗子駅まで約6km。逗子駅、逗子・葉山駅周辺のコインパーキングに車を停め、バスを利用する。

ヒント　逆コースをとると、大楠登山口バス停から阿部倉側登山口までの道がややわかりにくい。初めての場合は前田橋から登ると安心。

登山適期　通年（盛夏を除く）

問合せ先

横須賀市観光案内所（スカナビi）☎ 046-822-8301

京浜急行バス逗子営業所 ☎ 046-873-5511

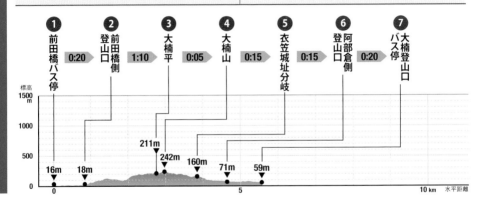

❶ 前田橋バス停		❷ 登山口 前田橋側		❸ 大楠平		❹ 大楠山		❺ 衣笠城址分岐		❻ 登山口 阿部倉側		❼ 大楠登山口バス停
	0:20		1:10		0:05		0:15		0:15		0:20	

標高 1500m

1000

500

0

16m　18m　　　　211m　242m　160m　71m　59m

0　　　　　　　　　　　5　　　　　　　　　　10 km　水平距離

欄外情報　大楠山で観察できる野鳥はメジロ、ホオジロ、エナガ、ジョウビタキ、シジュウカラ、コゲラなど。双眼鏡や野鳥図鑑を荷物に加えると山歩きの楽しみが増える。

雑木林の山道、眺望自慢の山頂
川沿いの遊歩道と楽しみがいっぱい

プロフィール 大楠山は横須賀市と葉山町の境に位置する三浦半島の最高峰。大楠芦名口、前田橋、塚山・阿部倉、衣笠などのコースがあり、ここでは前田橋から阿部倉へ抜けるコースを紹介。全体的に歩きやすく、家族で楽しめる。

ガイド 逗子駅前から長井、佐島マリーナ行きなどの京浜急行バスに乗る。バスは頻繁に出ている。❶前田橋バス停で降りたら、進行方向に向かってすぐの角を左折し、車道をゆるやかに下る。ほどなく前田川にかかるお国橋で、ここが遊歩道入口になっている。橋の右側から川に下り、川沿いの道を行く。左上の住宅が目に入ってくるが、川を渡る飛び石があったりして楽しい。水がきれいで、自然もいっぱいだ。

やがて橋に出たところが❷前田橋側登山口で、右へと山道に入る。すぐに木段の急登になって、暑い日は汗を絞られる。照葉樹の森をしばらく歩き続けると、いつしか道はなだらかになり、山上の畑のすぐ向こうに大楠山レーダー雨量観測所が立っている。ここが❸大楠平で、山頂はもう間近だ。

大楠平から少しの間、細い車道を歩くと芦名口コースとの分岐が現れ、ここは道標にしたがって山頂方面へ。車道をそのまま行けば、大楠芦名口バス停に下ることができる。分岐からはほんの数分で❹大楠山の山頂に飛び出す。三浦半島最高峰の山頂には売店と展望台、展望塔があり、富士山や東京湾、房総半島などの大パノラマが展開する。「かながわの景勝50選」、「関東

山頂直下に立つ大クスノキ

の富士見百景」に選定された眺めを堪能したい。

下りは衣笠城址方面へと急な木段を下る。大クスノキを過ぎ、ゴルフボールからの保護ネット沿いの道を行くとほどなく❺衣笠城址分岐で、ここは左の塚山公園方面へ。スギの樹林が現れればすぐに湯ノ沢沿いの道となるのでスリップに注意して歩こう。前方が開けると❻阿部倉側登山口に到着する。

ここからは車道歩きとなる。まずは正面の横浜横須賀道路をくぐって左折。道なりに歩いて集落に入り、阿部倉町内会館に出合ったら左の道を行く。ところどころに立つ古い道標を見ながらやや複雑な車道を行き、県道に出たら左折すれば❼大楠登山口バス停だ。逗子駅方面のバスは30分に1本ほど。

50

大楠山

前田川遊歩道はカワセミが訪れることも

大楠山

大楠登山口バス停❼

葉山町

横浜横須賀道路

湘南国際村

塚山・阿部倉コース

神奈川県
横須賀市

阿部倉側登山口❻

葉山国際
カンツリー倶楽部

大楠山❹

大楠平❸
大楠山レーダ
雨量観測所

大クスノキ

衣笠城址分岐❺

衣笠コース

子安

トイレは車道
沿いにある

正行院卍

❷前田橋側
登山口

お国橋

❶前田橋バス停

逗子駅

芦名二丁目

N

1:50,000

0　　500　　1000m

1cm＝500m
等高線は20mごと

大楠
芦名口

三崎

海を見守る里山三山をつなぐミニ縦走

三浦富士・武山

📷 標高差 登り：**187**m 下り：**188**m

📷 登山レベル **入門** 体力：★ 技術：★

神奈川県

標高 **204**m（砲台山）

総歩行時間 **2**時間**35**分

総歩行距離 **7.0**km

三浦富士山頂から東京湾と房総半島を望む

📷 DATA

電車・バス **行き**：京浜急行長沢駅 **帰り**：京浜急行津久井浜駅

マイカー 横浜横須賀道路佐原ICから県道27号、国道134号を経由して京急長沢駅まで約5km。駅前にコインパーキングがある。津久井浜駅の場合、津久井浜駅入口信号を駅方面に曲がり、駅北側のコインパーキングを利用する。

ヒント 武山ではオオムラサキ・博多白・妙義

山など約1200本のツツジが咲き、「武山つつじ祭り」が5月3日～5日に行われる。津久井浜観光農園の案内所は収穫体験の時期以外は閉館。

登山適期 通年（盛夏を除く）

問合せ先

北下浦観光協会 ☎046-848-0411
横須賀市観光協会 ☎046-822-8301
武山観光協会 ☎046-856-3157

① 京急長沢駅 0:15 **②** 浅間神社鳥居 0:30 **③** 三浦富士 0:35 **④** 砲台山 0:20 **⑤** 武山 0:30 **⑥** 津久井浜観光農園 0:25 **⑦** 津久井浜駅

標高 1500m / 1000 / 500

17m　54m　183m　204m　200m　22m　16m

0　　　5　　　10 km　水平距離

ハイキングコース
津久井浜駅方面
川沿いを進む

コース中の道標

欄外情報 津久井浜観光農園ではイチゴやミカンなどの収穫体験ができる。いちご狩りは1月1日～5月5日、みかん狩りは10月20日～11月30日（状況により変動）。料金は時期により変わる。☎046-849-4506。

駅からハイクで海を見渡す頂へ
三浦富士の東側は足元に注意

プロフィール 東京湾から富士山への展望が開ける三浦富士と武山の頂は、かつて漁師たちが漁場を確認する目印とされ、今も地元の信仰があつい。海上保安庁のアンテナが立つ砲台山には海軍の砲台が残され、いずれも海との関わりが伝わる。武山の不動院では1月28日に本尊が御開帳され、ツツジ祭りとともに賑わう。

ガイド ❶京急長沢駅を出て左手の標識にしたがって歩き始める。道を渡って左へ進み、小学校の角を右折すると❷浅間神社鳥居が立つ。長い階段を登り、林道に合流してソーラーパネルの脇を進んで二股を右に下ると、津久井浜駅からの合流点に横須賀警察犬訓練所がある。山道に入って地蔵がたたずむ道を登り、手すりが付いた階段を登ると2つの祠が鎮座する浅間神社奥社の❸三浦富士に着く。房総半島、伊豆大島、

浅間神社奥社が祀られる三浦富士の頂

武山の稜線越しに富士山と天城山が並ぶ

富士山の爽快な展望が開けるが、東側の斜面の先は切れ落ちているので注意しよう。

好展望の山頂を後にして急坂をわずかに下り、急な段々も下っていく。さらに根が張り出した急坂を登り、倒木を巻いて木段を登ると簡易舗装の道に合流する。林道を進んで津久井浜観光農園からの道を合わせ、見晴らし台の先の分岐を右に入ると❹砲台山だ。分岐に戻って平坦な道を進み、仕事道を合わせて長い階段の先の分岐を過ぎると❺武山に着く。

東京湾と相模湾の大展望を満喫したら西側から下っていく。龍塚への道を見送り、雨の日は滑りそうなロープが付いた道を下る。舗装路に出てゆるやかに下ると津久井公園の先に❻津久井浜観光農園の案内所があり、すぐ先には直売所もある。標識にしたがって車道をそれて農園内を進み、橋を渡っていくと京急長沢駅方面の道に出る。さらに川沿いを歩いて郵便局から右へ進むと❼津久井浜駅に着く。

大磯駅を起点に巡る富士山と相模湾の展望台

高麗山
（こまやま）

標高差 登り：**164m** 下り：**164m**

登山レベル **入門** 体力：★ 技術：★

神奈川県

標高 **181m** （浅間山）

総歩行時間 **2**時間**20**分

総歩行距離 **5.6km**

晩秋の湘南平の展望台から富士山を望む

DATA

電車・バス 行き：JR東海道線大磯駅 帰り：往路を戻る ※大磯駅へは東京駅からJR東海道線のほか、新宿駅から湘南新宿ラインを利用して平塚駅で乗り換え、または小田急線を利用して、藤沢駅で東海道線に乗り換えることもできる。

マイカー 小田原厚木道路大磯ICから県道63号、国道1号を経由して大磯駅まで約5.5km。駅周辺にコインパーキングがあるが駐車台数は少ない。

湘南平の駐車場が利用できる。

ヒント 標高が低いので、夏場のハイキングには向かない。秋〜春に歩きたい。春は桜もきれいだ。

登山適期 通年（盛夏を除く）

問合せ先

大磯町観光協会 ☎0463-61-3300
平塚市商業観光課 ☎0463-35-8107

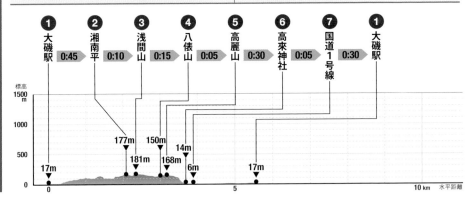

① 大磯駅 — 0:45 — ② 湘南平 — 0:10 — ③ 浅間山 — 0:15 — ④ 八俵山 — 0:05 — ⑤ 高麗山 — 0:30 — ⑥ 高來神社 — 0:05 — ⑦ 国道1号線 — 0:30 — ① 大磯駅

標高
1500m

1000

500

0

17m　177m　181m　150m　168m　14m　6m　17m

0　　　　　　5　　　　　　10 km　水平距離

欄外情報 国道1号線に下りたら平塚方面へと進み、花水川沿いまで行くと、『東海道五十三次　平塚宿』の絵にあるようなこんもりとした山容の高麗山を見ることができる。

大磯駅から湘南平の展望台に立ち
緑豊かな尾根道をたどり高麗山へ

プロフィール 奈良時代、大陸より高句麗王族（こうくり）が渡来し住んだことに由来する高麗山は、大磯駅のまさに裏山といった感じで、冬でも手軽に歩ける。展望台がある湘南平は園地化され情緒には欠けるが、富士山や丹沢の山々、さらに相模湾と360度の大パノラマが見事だ。

ガイド ❶**大磯駅**（おおいそえき）の改札を出たら右へと線路沿いを進む。小学校の向かいの東海道線のガード下をくぐり車道を登っていく。妙大寺の先から「湘南平2.0km」の道標にしたがい、住宅街を抜け登っていく。高田公園を経て簡易舗装の道を進めば山道となる。途中、二股となるが、先で合流するので真っ直ぐ登っていこう。一度小さく下り、山腹を巻くように進み最後に小さく登れば、湘南平と高麗山を結ぶ主稜線だ。これを左へ登ればテレビ塔の脇を通り❷**湘南平**（しょうなんだいら）だ。視

湘南平と高麗山を結ぶのびやかな尾根道

湘南平から江の島と相模湾を展望

界が効く日は富士山や江の島が見事だ。

ひとしきり展望を楽しんだら、先ほどの分岐まで戻り、さらに尾根伝いに高麗山へと向かおう。ひと登りで1つ目のピークの❸**浅間山**（せんげんやま）に到着。樹林に囲まれ展望はあまりないが、小さな石祠の浅間神社と1等三角点がある。浅間山からはゆるやかな尾根道を行く。一度小さく下り、鞍部からひと登りすれば❹**八俵山**（はったわらやま）だ。山頂というより峠といった感じで展望はない。

ここからゆるやかに登り、桟橋を渡り巻き道を分けてひと登りで❺**高麗山**（こまやま）に到着。広い山頂は樹林にすっぽり包まれ展望はまったくないが、傍らに石祠が祀られテーブルがある。

下山は山頂の東端から石段を下る。直下の巻き道を合わせると、男坂と女坂の分岐だ。ここでは左へと女坂を下る。何度か折り返しながら下れば、途中、東天照への道を左に分け、❻**高來神社**（こうじんじゃ）へ下り立つ。参拝し境内を抜け進めば❼**国道1号線**（こくどう1ごうせん）に出る。❶**大磯駅**（おおいそえき）へは右へ進む。道標にしたがって旧道をのんびり歩こう。

高麗山 ←0:40
0:30
5
0:05 →168 男坂

川尻から高麗山の山容が望める

浅間山3
レストハウス・展望台 0:10
781
P 0:15
湘南平と浅間山の鞍部
0:20 150
湘南平2
テレビ塔・展望台からの眺めがよい

関東ふれあいの道
道標が随所にあり
迷うことはない

4 八俵山
相模湾方向の眺めが良い

男坂が女坂を下る

6 高來神社
0:05

7 国道1号線

高麗山

平塚市

横浜→

神奈川県
大磯町

JR東海道本線

住宅地のなかの道 0:30

東海道の松並木

妙大寺（初代軍医総監松本順の墓）

車道の急坂 0:45
0:35

高田公園

御嶽神社

花水川橋

平塚→

N

1:25,000

250 500m
1cm=250m
等高線は10mごと

ガードをくぐるとすぐ急坂

東小磯

❶大磯駅

←小田原

文 大磯小学校

←小田原

相模湾

湘南平の展望台

山麓にある高來神社

石老山

巨岩・奇岩の道から大展望の山上へ

石老山
せきろうさん

📷 標高差 登り：**497m** 下り：**478m**

📷 登山レベル **初級** 体力：★ 技術：★

神奈川県

標高 **702m**

総歩行時間 **3時間20分**

総歩行距離 **6.7km**

新緑がまぶしい八方岩

📷 DATA

電車・バス **行き**：JR中央本線相模湖駅→神奈川中央交通西バス（約10分）→石老山入口 **帰り**：プレジャーフォレスト前→神奈川中央交通西バス（約10分）→JR中央本線相模湖駅 ※バスでJR相模線・横浜線の橋本駅からアクセスする場合は三ヶ木での乗り換えが必要で、総所要時間は1時間前後。

マイカー 中央自動車道相模湖東ICから国道20号・412号を経由して石老山登山口まで約5km。登山口に立つ相模湖病院の駐車場に10台分程度、登山者用の駐車スペースがある（無料）。

ヒント プレジャーフォレスト前バス停から駐車場まで帰る時間は30分ほど見ておけばよい。

登山適期 3月下旬〜12月上旬

問合せ先

相模原市観光・シティプロモーション課 ☎042-769-8236

神奈川中央交通西津久井営業所 ☎042-784-0661

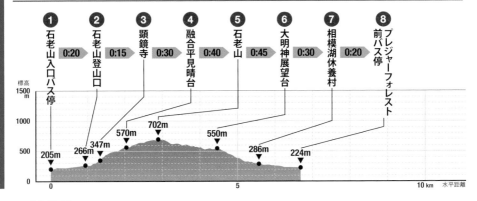

❶ 石老山入口バス停 0:20 ❷ 石老山登山口 0:15 ❸ 顕鏡寺 0:30 ❹ 融合平見晴台 0:40 ❺ 石老山 0:45 ❻ 大明神展望台 0:30 ❼ 相模湖休養村 0:20 ❽ プレジャーフォレスト前バス停

標高1500m 1000 500 0

205m 266m 347m 570m 702m 550m 286m 224m

5 10km 水平距離

欄外情報 相模湖畔にある「みの石滝キャンプ場」の渡船を利用して相模湖駅に帰る方法もある。乗船時間は約10分で、船着き場から駅までは徒歩10分ほど。☎042-685-0330。

奇岩と穏やかな樹林の道から
クライマックスの展望台へ

プロフィール 奇岩・巨岩の連なった登山道や広葉樹の尾根道、山上の大展望など、変化に富んだ山歩きが楽しめる。大明神展望台からの下りは滑りやすいので、雨後はスリップに注意したい。

ガイド ①石老山入口バス停(せきろうさんいりぐち・てい)から橋を渡ってトイレの横を通過し、しばらく歩いた先の分岐は右の道へ。川沿いを歩けばほどなく、相模湖病院のある②石老山登山口(せきろうさん・と・ざんぐち)だ。病院の南側から登山道に入り、石畳の道をゆるやかに登る。滝不動、屏風岩、仁王岩、駒立岩などの奇岩・巨岩を過ぎ、車道にぶつかったところが③顕鏡寺(けんきょうじ)。大イチョウや道志岩窟などで知られる古刹だ。

顕鏡寺から再び登山道に入り、大天狗岩を過ぎた先の分岐は左に行く(右の道も上部で合流する)。石老山最大の巨岩といわれる擁護岩を過ぎると、南方向の展望が開ける八方岩で、これが最後の奇岩。急な登りもほぼ終わる。ここから④融合平見晴台(ゆうごうだいら・はらしだい)はすぐだ。

相模湖や陣馬山が見渡せる融合平からは一転

巨岩の脇を顕鏡寺へと続く道

して穏やかな樹林の道となり、疲れをあまり感じることなく⑤石老山(せきろうさん)に到着する。樹間から富士山や丹沢が望める静かな頂だ。

頂上からは西方向へと大明神展望台を目指す。急な下りもやがてゆるやかな尾根道となり、大明神山まで来れば⑥大明神展望台(だいみょうじんてんぼうだい)はすぐ。近隣の山だけでなく、富士山や丹沢、そして南アルプスまでも望める好展望地だ。

展望台からは、箕石橋(みのいしばし)へと急坂を下る。茶色くザレた道は滑りやすいので慎重に。道が沢沿いになれば、ほどなく林道に出る。関川公衆トイレを過ぎ、バンガロー村の中を歩くと⑦相模湖休養村(こきゅうようむら)の管理事務所が見えてくる。突き当たった車道を右に下れば、20分ほどで⑧プレジャーフォレスト前バス停(まえ・てい)だ。

樹林に包まれた石老山頂上

4〜5月にはシャガがあちこちに咲く

石老山

相模湖駅
渡船乗り場
412
石老山入口バス停 ①

箕石橋
0:20
0:30
8 プレジャーフォレスト前バス停
0:15
0:20

相模湖休養村 ⑦
コース中随一の展望
0:30
0:40
バンガロー村
林道を下る

大明神展望台 ⑥
0:30
0:40
551 大明神山
杉林を下る

相模湖病院
顕鏡寺 ③ 0:10
石老山登山口 ②
0:15
擁護岩
融合平見晴台 ④ 0:20
0:30
570 八方岩
奇岩を縫って登る

1:00
0:45
岩場の下り。転倒注意
階段状の急下降
0:30
0:40

神奈川県
相模原市

⑤石老山
702
富士山、丹沢方面の眺め

N

1:25,000
0 250 500m
1cm=250m
等高線は20mごと

原生林に覆われた山城跡の散策ハイク

津久井城山
（つくいしろやま）

🔭 標高差　登り：**240m** 下り：**240m**

🔭 登山レベル　**入門**　体力：★　技術：★

広場のような本城曲輪跡の津久井城山山頂

🔭 DATA

電車・バス　**行き**：JR横浜線・相模原線、京王相模原線橋本駅→神奈川中央交通西バス（約20分）→津久井湖観光センター前　**帰り**：往路を戻る

マイカー　圏央道相模原ICから県道65号、国道413号を経由して津久井湖城山公園・花の苑地まで約4km。駐車場94台。無料。8〜19時。

ヒント　荒川登山道は崖崩れの改修工事中。

管理事務所まで要問合せ。

登山適期　通年（盛夏を除く）

問合せ先

相模原市観光・シティプロモーション課 ☎ 042-769-8236

津久井湖城山公園管理事務所 ☎ 042-780-2420
（パークセンター）

神奈川中央交通西津久井営業所 ☎ 042-784-0661

❶ 津久井湖観光センター前バス停
0:10
❷ 荒川登山道分岐
0:20
❸ まき道園路合流点
0:20
❹ 飯綱曲輪分岐
0:15
❺ 津久井城山
0:10
❹ 飯綱曲輪分岐
0:20
❻ パークセンター
0:30
❶ 津久井湖観光センター前バス停

標高 1000m

500

135m
292m
343m
187m
375m
343m
188m
135m

0　　　　　　　　　5　　　　　　　　　10 km　水平距離

欄外情報　パークセンターではイベントなどがない土曜・休日にクラフト体験ができる（有料）。ほかにもさまざまなイベントや研修会が開催され、11月中旬〜2月にはイルミネーションで彩られる。

低山とは思えない森が魅力の里山
ヒノキの美林を眺めて曲輪の山上へ

プロフィール 鎌倉時代に築かれた津久井城址にはヒノキの美林や豊富なシダ類などが見られ、「御屋敷跡」や「堀切と引橋」などの遺構も見られる。また桜の名所、津久井湖城山公園には「花の苑地」や「水の苑地」などがあり、遊具のある城山公園パークセンターでは家族連れも楽しめる。

ガイド ❶津久井湖観光センター前バス停から「桜の小径」の階段を上がる。春には桜が咲き誇る道を進み、木段を上がって山道に入ると、伊豆韮山代官・江川太郎左衛門英龍の植林による樹齢120年の「江川ひのき」の森が現れる。

道は狭くなり、樹齢900年のスギや城兵が刀を研いだと伝わる「宝ヶ池」が見られる荒川登山道を分ける❷荒川登山道分岐を過ぎ、途中、小網やパークセンター方面への道を分けながらゆるやかな道を進めば小網口分岐で、ここから左へと登っていく。中勾配の道をジグザグに登

山頂からは津久井湖と南高尾山稜が望める

ると女坂が左右に分かれる❸まき道園路合流点になり、左へ進んで緩やかな女坂をいくと男坂が合流する❹飯綱曲輪分岐に出る。

分岐から少々急な道をわずかに登って家老屋敷跡を経由して林の中を抜けると太鼓曲輪の広い尾根道に出る。「堀切と引橋」の跡からわずかに進むと山頂直下の広場があり、3本に分かれた道の先が❺津久井城山の山頂になる。本城曲輪跡の広い山頂からは北に津久井湖、東の樹間から東京方面が眺められる。

往路を❹飯綱曲輪分岐まで下ったら御屋敷・根本口方面へ露岩を交えた男坂を下り、男坂・女坂分岐、さらに根本口への道も見送ると展望広場がある城坂になる。周遊道路を横切ると広大な御屋敷跡があり、城坂橋を渡ると❻パークセンターに着く。研修センターから四季の広場を通り、展望デッキから津久井湖を眺めて北根小屋バス停への道を見送っていくと❶津久井湖観光センター前バス停に着く。

遊具が設置されたパークセンター四季の広場

津久井城山

津久井湖　八王子JCT　橋本駅
三井大橋

江川ひのき林
津久井湖観光センター
津久井湖城山公園
花の苑地　水の苑地

荒川登山道分岐❷
大蔵寺卍
あずま屋

❶津久井湖観光センター前バス停
女坂　城山ダム
卍城山
新小倉橋
小倉橋
向原

小網口
小網口分岐

❺津久井城山
荒川登山道
荒川登山道は一部崩落のため通行止め。解除は未定

まき道園路合流点❸
舗装路を歩く
展望デッキ
根小屋諏訪神社卍
四季の広場

城坂
男坂
❹飯綱曲輪分岐
卍飯綱神社
鷹射場
相模原IC
城山登山口
和田

❻パークセンター

卍根小屋小

N

1:25,000
0　250　500m
1cm=250m
等高線は20mごと

神奈川県
相模原市

海老名JCT→

「富士八景」に指定された絶景の展望山歩き

倉見山
（くらみやま）

標高差 登り：**696**m 下り：**643**m

登山レベル **初級** 体力：★★ 技術：★

山梨県

標高 **1256**m

総歩行時間 **5**時間**10**分

総歩行距離 **9.8**km

「関東の富士見百景」の堂尾山公園富士見台から望む富士山

▶ DATA

電車・バス 行き：富士急行線東桂駅 帰り：富士急行線三つ峠駅

マイカー 中央自動車道都留ICより国道139号を経由して三つ峠駅まで約7km。富士山駅（☎0555-22-7133）に予約すれば駅前に駐車できる。

ヒント 東桂駅周辺の商店は早朝、営業していないことが多いので、昼食は事前に用意しておこう。マイカーでアクセスした場合は、三つ峠駅から東桂駅まで電車で移動する。富士山の撮影が目的なら寿駅から堂尾山公園に上がるといい。なお、コース上にトイレはない。

登山適期 4～11月下旬

問合せ先
都留市産業課 ☎0554-43-1111
西桂町産業振興課 ☎0555-25-2121
富士吉田市富士山課 ☎0555-22-1111

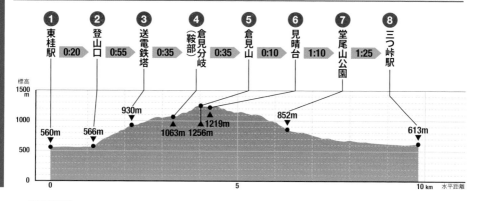

① 東桂駅 **0:20** **②** 登山口 **0:55** **③** 送電鉄塔 **0:35** **④** 倉見分岐〈鞍部〉 **0:35** **⑤** 倉見山 **0:10** **⑥** 見晴台 **1:10** **⑦** 堂尾山公園 **1:25** **⑧** 三つ峠駅

標高
1500m

930m
560m
566m
1063m 1256m
1219m
852m
613m

1000

500

0

0 5 10 km 水平距離

欄外情報 三つ峠駅へと下る途中にクマガイソウの群生地がある。開花期の4月下旬～5月中旬にはフェンスが開放され、間近で鑑賞できる。期間中は町民グラウンドが駐車場になる。開場9～16時。

初級者も不安なく歩ける
アップダウンが少ないコース

プロフィール 富士山北麓6市町村の住民投票により、"トレッキングしながら見る富士山"として富士八景に選定された。山頂から下山口付近まで終始富士山の雄姿が望める。通過困難な箇所もなく初級者向きだが、一部に急坂があるので注意して歩きたい。

ガイド ❶東桂駅から国道139号に出たら右折し、最初の信号を左へ進んでいく。しばらく車道を進むと右手に❷登山口の標識が現れ、墓地を抜けて山道へと入っていく。いきなり急斜面の登行となり、一気に高度を稼いでいく。落ち葉で道が不明瞭な箇所もあるが、尾根上から外れなければ迷うようなことはない。

下山路から西桂の町並を見下ろす

やがて❸送電鉄塔となり、右手へ平坦な尾根を登っていく。山の神の碑を過ぎると正面に倉見山が姿を見

歩き始めは明るい尾根道を登っていく

せ、ひと下りで❹倉見分岐（鞍部）だ。ここから倉見山への最後の登りとなる。自然林の中を急登していくと視界が開け、待望の富士山が姿を見せ、❺倉見山の山頂に達する。富士山を眺めるには先へ進み、急坂を下って登り返せば❻見晴台だ。

展望を満喫したら倉見山を背に左へ。相定ヶ峰で向原・杓子山方面への道を分けて進み緩急の下りをいくと、蚕の神様を祀った石塔が立つ❼堂尾山公園に出る。

公園からは三つ峠駅に向けて北へと下る。山腹を横断するように沢を越えながら下り、川のたもとの唐沢分岐を右に行けばクマガイソウ群生地となる。群生地を過ぎたら高速道路をくぐり、桂川沿いを歩いて❽三つ峠駅に到着する。

ちょっぴり辛く味わい深き低山縦走

日連アルプス
ひづれ

神奈川県

標高 **423m** (峰山)

総歩行時間 **3時間**

総歩行距離 **7.2km**

標高差 登り:**207m** 下り:**207m**

登山レベル 初級 体力:★ 技術:★★

大きな眺めが広がる峰山の展望スポット

DATA

電車・バス **行き**:JR中央本線藤野駅 **帰り**:往路を戻る ※金剛山登山口にある金剛山バス停へは藤野駅から神奈川中央交通西のバス便もあるが、本数はたいへん少ない。

マイカー 中央自動車道相模湖ICから国道20号を経由して藤野駅まで約2km。藤野駅の南東側すぐのところに民間の有料駐車場がある。日連アルプス山麓に駐車場はない。

ヒント 金剛山の登り、宝山のロープ場の下りはいずれもかなりの急坂。ロープ場が苦手な人は逆コースを歩くのもいい。

登山適期 3〜12月

問合せ先
藤野観光協会 ☎042-684-9503
神奈川中央交通西津久井営業所 ☎042-784-0661
藤野交通(タクシー) ☎042-687-3121

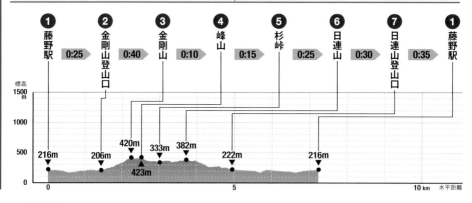

①藤野駅		②金剛山登山口		③金剛山		④峰山		⑤杉峠		⑥日連山		⑦日連山登山口		①藤野駅
	0:25		0:40		0:10		0:15		0:25		0:30		0:35	

標高
1500m

1000

500

0

216m　206m　420m　333m　382m　222m　216m

423m

0　　　　　　5　　　　　　10 km　水平距離

欄外情報 マイカー利用者向きだが、金剛山登山口から南に約3kmのところに藤野やまなみ温泉がある。桜を見ながら入浴できる露天風呂と加水一切なしの100%源泉が自慢だ。10〜21時。水曜・元日休。☎042-686-8073。

駅から歩いてアクセスする里の低山
急坂、展望と飽きのこない楽しさ

プロフィール 藤野観光協会のホームページには「日連アルプスと呼ばれるようになってから久しい」との記述があるが、いつ頃、誰が呼び始めたのかはわかっていない。とりあえずは、日連地区にある山並みだから、との解釈で紹介するが、500mに満たない低山ながら、要所要所で展望が開け、広葉樹の森もあり、稜線の最初と最後には急な登り下りもあって、実際に歩いてみるとなかなか面白いコースだ。

ガイド ❶**藤野駅**からゆるやかに下り、国道20号に出たら左折。すぐに日連大橋、道志方面の道が分岐するのでこちらを右折する。相模川を日連大橋で渡って、次はなだらかな登り道を行く。秋川橋への道を右に分け、商店や住宅の並ぶ通りを道なりにまっすぐ歩く。道が平坦になり、住宅地が道路より一段下に位置するようになると、左に赤い鳥居が現れる。❷**金剛山登山口**だ。

ここから登山道に入る。しばらくは山腹を巻くような傾斜の少ない道も、ほどなく尾根を直登するかのような急斜面となる。ジグザグを

金剛山登山口の赤い鳥居

金剛山の最後の登りはとにかく急

広々と心地いい金剛山の山頂

日連山の山頂付近で昼食をとる登山者たち

切った道は後半、ほぼ直線的に稜線へと突き上げる。振り返れば藤野市街や相模川がきれいに望めるが、息がきれる急登にその余裕がない人も多いかもしれない。

稜線に出たら右に行けば、金剛山神社の立つ❸**金剛山**に到着する。展望は開けないが、小広く雰囲気のいい山頂だ。

山頂からはいったん下って東方向へと峰山に向かう。10分ほどで到着する❹**峰山**は日連アルプスの最高峰で、尾根を少し北に進めば大月周辺の山々や大菩薩方面の眺めが大きく広がる。

Column

藤野観光案内所「ふじのね」

JR中央本線藤野駅に隣接する、藤野観光協会の観光案内所。地域の古民家の廃材などを内装に活用し、観光パンフレットやハイキングマップなどを配布するほか、地元産ユズを使った特産品や雑貨などの販売、地元で活動する芸術家の作品の展示販売などを行っている。登山に出かける前に立ち寄って情報収集するのもいい。下山後のおみやげ探しにもおすすめ。

8時30分～17時。年末年始休。☎042-687-5581。

当コース一の展望地だろう。

　眺めを堪能したら杉峠を目指す。ゆるやかに下り、ピークに登り返した先の鞍部が❺杉峠だ。左右に分岐する道を見送り、今度は日連山に向かって登り返す。なだらかなピークを2つほど越えると❻日連山で、顕著なピークではないが周囲は雑木林になっていて穏やかな頂だ。

　ここから最後のピーク、宝山はすぐ先。テーブルのある頂を過ぎると本日の難関、ロープ場が待っている。かなりの急傾斜で、岩場でない分、濡れているときはぬるぬる滑ってむしろ始末が悪いことは容易に想像できる。ロープに頼りすぎるのは禁物だが、太く丈夫なロープをしっかりと握り、ゆっくり慎重に下ってほしい。

　下り終えると道はやや広くなり、やがて登山コース案内板の立つ❼日連山登山口に至る。藤野駅に向けて集落内の車道を歩き、県道に出たら左へと進む。日連橋を渡った先のY字路を右に入れば、往路に歩いた道にぶつかるのでここは右折。景色を楽しみながら日連大橋を渡り、❶藤野駅へと坂道をのんびり歩こう。

用心深い行動が必要な宝山のロープ場

日連アルプス

1:25,000

富士・箱根・伊豆

山中湖を挟んで正面に富士山が広がる大展望台

石割山
（いしわりやま）

標高差 登り:**423m** 下り:**423m**

登山レベル **初級** 体力:★ 技術:★★

山梨県

標高 **1412m**

総歩行時間 **3**時間

総歩行距離 **7.1km**

石割山の山頂から山中湖と富士山を展望

🔍 DATA

電車・バス **行き**：富士急行線富士山駅→富士急バス（約40分）→平野 **帰り**：往路を戻る ※山中湖循環バスも利用できる。また、右まわり線は石割山ハイキングコース入口まで入る。ただし、所要時間は約50分と長い。

マイカー 東富士五湖道路山中湖ICから国道138号、県道729号を経由して石割山登山口まで約9km。登山口に駐車場あり。

ヒント 下山後に汗を流すなら、逆コースで登り、富士見平から石割の湯へと下ることもできる。石割山～大出山入口バス停までの縦走も楽しい。

登山適期 4～11月

問合せ先

山中湖村観光産業課 ☎ 0555-62-9978

山中湖村観光協会 ☎ 0555-62-3100

富士急バス本社営業所 ☎ 0555-72-6877

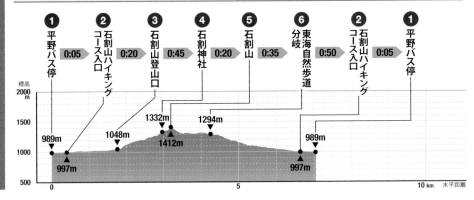

① 平野バス停 — 0:05 — ② 石割山ハイキングコース入口 — 0:20 — ③ 石割山登山口 — 0:45 — ④ 石割神社 — 0:20 — ⑤ 石割山 — 0:35 — ⑥ 東海自然歩道分岐 — 0:50 — ② 石割山ハイキングコース入口 — 0:05 — ① 平野バス停

標高 2000m

989m
997m
1048m
1332m
1412m
1294m
989m
997m

1500

1000

500

水平距離
0   5   10 km

欄外情報 石割山ハイキングコース入口から歩いて10分ほどのところに山中湖平野温泉の日帰り入浴施設「石割の湯」がある。10～21時。木曜休（GW、7～8月、年末年始、祝日は営業）。☎0555-20-3355。

**長い石段と石割神社からの急登
下りはじめのザレ場に注意して下山**

プロフィール 石割山は、山中湖北岸に連なる富士山と対峙する尾根上の最高峰。中腹には、その名の由来ともなっている巨岩をご神体とする石割神社がある。山頂からは正面に大きく裾野を広げる富士山が見事だ。

ガイド ❶平野バス停から道志方面へ国道413号を進み、じきに赤鳥居が見えてくると❷石割山ハイキングコース入口だ。バスによってはここに停まる路線もある。ここで左の車道へと進む。途中、下山路に利用する平尾山への道を分け、登っていけば駐車場やトイレがある❸石割山登山口だ。マイカーの場合はここまで入れる。

　ひと息入れたら、黄色い橋を渡り、赤鳥居をくぐり石段を登っていく。403段と長いので、マイペースでいこう。登り切ったあずま屋のあるところが富士見平で、石割の湯からの道を合

スッパリ割れた巨岩がご神体の石割神社

木の根の階段やロープを利用して登る

わせる。ここからはゆるやかな尾根道となる。周囲はブナやミズナラなどの広葉樹が多く、新緑のころはとてもきれい。道が右へとカーブし、わずかに登れば❹石割神社だ。社の裏側の大岩の隙間を横になって進み、ご神体の巨岩を3周すると願いが叶うそうだ。

　参拝を済ませたら出発。なお、ここからは一部道が荒れ、木の根の足場やロープを利用しながら登っていくので足元に注意。樹林を抜けると、眼前に富士山が広がり❺石割山の山頂だ。山上の草地には夏場、シモツケ、ヤマオダマキなどが花を咲かせている。お昼を食べながら、時間が許す限りゆっくりしたい。

　下山は平尾山方面へと溝状になったザレ状の道を一気に下る。ロープが張られているがスリップには注意を。傾斜がゆるめば、しばらくで❻東海自然歩道分岐だ。ここで左へ下る。広葉樹から植林帯になると、途中、石割山登山口（駐車場）への道を分け下っていく。車道に下り立ったら往路をたどり❶平野バス停へ戻ろう。

さまざまな花に彩られる富士見ハイク定番の頂

三ツ峠山（開運山）

<small>み　とうげ　やま　かいうんざん</small>

山梨県

標高 **1785m**

総歩行時間 **3時間25分**

総歩行距離 **6.9km**

標高差　登り：**552m**　下り：**552m**

登山レベル　初級　体力：★★　技術：★★

頂上から望む黒岳。後方は南アルプス

DATA

電車・バス　**行き**：富士急行線河口湖駅→富士急バス（約25分）→三ツ峠登山口　**帰り**：往路を戻る　※三ツ峠登山口へのバスは4月中旬〜11月の季節運行。平日は1便、土曜・休日は2便。三ツ峠登山口へのバスがない日は甲府駅北口行きの三ツ峠入口で降り、登山口まで徒歩約1時間。

マイカー　中央自動車道河口湖ICから国道139号・137号、御坂みちを経由して約15km。三ツ峠山登山道入口に駐車場あり。林道脇と広場で約30台。

ヒント　三ツ峠山から府戸尾根経由で天上山を経て河口湖駅へも下れる。所要約3時間45分。

登山適期　4〜11月

問合せ先

富士河口湖町観光課　☎0555-72-3168

富士急バス本社営業所　☎0555-72-6877

富士急山梨ハイヤー　☎0555-22-1800

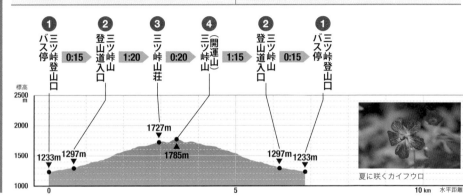

① バス停 三ツ峠登山口　0:15　② 三ツ峠登山道入口　1:20　③ 三ツ峠山荘　0:20　④ 三ツ峠山（開運山）　1:15　② 三ツ峠登山道入口　0:15　① バス停 三ツ峠登山口

標高 2500m
2000
1500
1000

1727m
1785m
1233m　1297m　　　　　1297m　1233m
0　　　　　　　　5　　　　　　　　10 km　水平距離

夏に咲くカイフウロ

欄外情報　下山後、御坂峠の天下茶屋へ足を運ぶのもいい。太宰治が『富嶽百景』のなかで記している富士山が展望できる。茶屋では名物のほうとう鍋が味わえ、2階には、太宰治が逗留した部屋が復元されている。☎0555-76-6659。

林道のような広い山道をたどり
大展望広がる開運山の山頂に立つ

プロフィール 三ツ峠山は、最高点の開運山、御巣鷹山（おすたかやま）、木無山（きなしやま）の総称。山頂へは四方から山道が延びているが、最も短時間で登れるのが本コースだ。駐車場からなら1時間40分ほどで山頂に立てるため、朝一番の富士山を狙うカメラマンの定番スポットにもなっている。

ガイド ❶三ツ峠登山口バス停（みつとうげとざんぐちばすてい）を降りたら、旧御坂峠への道と分かれ右の車道を進めば、やがて駐車場がある。すぐ先のT字路を左に入ったところがトイレのある❷三ツ峠山登山道入口（みつとうげやまとざんどういりぐち）だ。ここから右へと延びるコンクリートで舗装された道を登っていく。やがて、コンクリートの道が終わり未舗装となるが、この道は山上の山荘やテレビ塔を管理する車などが往来するため、ときおり、ジープがやってくることがあるのですれ違いの際は注意を。

8月上旬〜下旬頃に咲くレンゲショウマ

緑あふれる広い山道をゆく

堰堤が見えてきたところで大きく折り返すと傾斜がきつくなる。ブナやミズナラに変わり、モミなどの針葉樹などが混生している。一度傾斜がゆるんだところにベンチがある。山道沿いでは、夏、至る所でレンゲショウマが見られる。山道沿いにカラマツが多くなると、じきに山道は二股になる。左は開運山へと直接向かう道で、右は木無山に通じる尾根筋へと向かう道だ。ここではまず右へ進もう。三ツ峠山荘の手前で右に行けば展望台があり、富士山などの眺めが広がる。秋は黄金色に色づいたカラマツと富士山がすばらしい。

山頂へは❸三ツ峠山荘（みつとうげさんそう）の前を抜けていく。途中、右に岩登りのゲレンデ、屏風岩が見える。四季楽園の前を通ると、先ほどの道が合流。御巣鷹山への道と分かれ右へ進む。富士見山荘（休業中）を抜け、ザレ場状の滑りやすい斜面をひと登りで❹三ツ峠山（開運山）（みつとうげやま（かいうんざん））だ。山頂からは富士山や南アルプス、八ヶ岳の展望が見事。下山は四季楽園裏の道を通り、往路に出て戻ろう。

四季楽園と御巣鷹山

三ツ峠山の山頂標

三ツ峠山

1:25,000
250 500m
1cm=250m
等高線は10mごと

N

三ツ峠登山口バス停 ❶
天下茶屋
御坂トンネル
笛吹市・甲府

0:15
❷三ツ峠山登山道入口
1294

大幡八丁峠
清八峠
1513 大幡八丁峠・清八峠
都留市

0:15
未舗装の林道を歩く。
部分的に傾斜が強い
堰堤

平日は三ツ峠
入口バス停から
約1時間歩く

1549 第1ベンチ
1358

レンゲショウマ
0:20

御巣鷹山
1775
アヤメ
オオバギボウシ
ワレモコウ
ヒメシャジン
マルバダケブキ
マツムシソウ
富士見山荘（休業中）
四季楽園
フジアザミ
1785

1:20

山梨県
富士河口湖町

シモツケソウ
ヤマオダマキ
カイフウロ
ヤマホタルブクロ

1732
木無山 ❸三ツ峠山荘
屏風岩
富士山のビューポイント

1372
1500
1600
1700

❹三ツ峠山
（開運山）

天上山・河口湖
達磨石・三つ峠駅
西桂町

富士山と樹海、湖。３つの風光を同時に楽しむ

足和田山（五湖台）

📷 標高差　登り：**399m** 下り：**350m**

📷 登山レベル　**初級** 体力：★ 技術：★

山梨県

標高 **1355m**

総歩行時間 **3時間10分**

総歩行距離 **7.5km**

三湖台から見下ろした青木ヶ原樹海と西湖

📷 DATA

電車・バス　**行き：**富士急行線富士山駅→富士急バス（約25分）→一本木　**帰り：**氷穴→富士急バス（約25分）→富士急行線河口湖駅

マイカー　中央自動車道河口湖ICから国道139号を経由して鳴沢氷穴の駐車場（無料）まで約11km。

ヒント　平日は土曜・休日に比べてさらにバスの本数が少なくなるので、事前にしっかりと下調べ

を。マイカーの場合、鳴沢氷穴の駐車場を利用し、氷穴バス停から路線バスで登山口の一本木バス停に向かう方法がある。

登山適期　4～11月

問合せ先

富士河口湖町観光課　☎0555-72-3168

鳴沢村企画課　☎0555-85-2312

富士急バス本社営業所　☎0555-72-6877

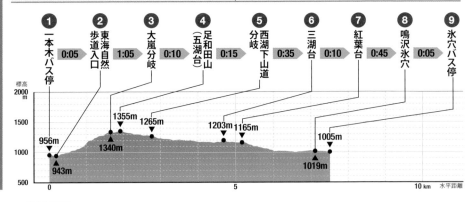

① 一本木バス停	0:05	② 東海自然歩道入口	1:05	③ 大嵐分岐	0:10	④ 足和田山（五湖台）	0:15	⑤ 西湖下山道分岐	0:35	⑥ 三湖台	0:10	⑦ 紅葉台	0:45	⑧ 鳴沢氷穴	0:05	⑨ 氷穴バス停

標高2000m

956m　943m　1355m　1340m　1265m　1203m　1165m　1019m　1005m

0　5　10km　水平距離

欄外情報　紅葉台入口バス停に下山すれば、道の駅なるさわや、隣接する日帰り温泉「富士眺望の湯ゆらり」（☎0555-85-3126・無休）は徒歩圏内。道の駅前には道の駅なるさわバス停がある。

**いきなりの急登には疲れるが
頂上に立ったあとは稜線漫歩**

三湖台は絶好の休憩地

プロフィール 富士山の展望コースとして、ビギナーも歩き通せるのが足和田山（五湖台）だ。急な登りはあるものの通過困難な箇所はなく、青木ヶ原樹海の眺めもすばらしい。新緑や紅葉の時期にぜひ訪ねてみたい。

ガイド ❶一本木バス停から国道を横断し、反対側のバス停の斜め左に入る道を行く。❷東海自然歩道入口まではすぐで、獣避けの柵を開けて登山道に入る。通過後は必ず閉めておこう。いきなり急な木段が始まるが、ウォーミングアップを兼ねてゆっくりと。じきに道はなだらかになる。しばらくすると再び急斜面となり、大きくジグザクに登るようになる。やがて、左手に富士山が見え隠れするようになり、途中にある露岩は富士山の好展望地だ。

道は向きを変え、富士山を背に登っていくよ

足和田山から紅葉台に向け快適な道を行く

うになる。鉄剣を祀った祠を過ぎてひと登りすると❸大嵐分岐。ここからほぼ平坦な道をわずかで❹足和田山（五湖台）の頂上に着く。頂上には展望台とベンチがあり、富士山や河口湖を眺めながら休憩できる。

足和田山からは南西へと三湖台を目指す。なだらかで気持ちのいい道だ。途中で何度か林道が交わるが、尾根上を忠実にたどろう。❺西湖下山道分岐を過ぎ、細かなアップダウンを繰り返すと❻三湖台。見下ろす青木ヶ原樹海の深さには驚かされる。

三湖台からはいったん戻る形で紅葉台を目指す。ゆるやかに下れば❼紅葉台で、レストハウスの2階は有料の展望台になっている。ここからしばらく下ると右手に小さな広場があり、富士八景の看板と万葉の歌碑が立つ。やがて鳴沢氷穴と国道139号の分岐。国道に下れば紅葉台入口バス停、❽鳴沢氷穴（要入場料）へ下れば❾氷穴バス停がある。

足和田山

赤土のビューポイント
富士山と樹海
西湖・本栖湖・精進湖が
見える

丸太造りの展望台と
テーブル・ベンチあり

足和田山
（五湖台）

山梨県
富士河口湖町

大嵐分岐

西湖蝙蝠穴

紅葉台展望レストハウス

三湖台

西湖下山道分岐

雑木林

いきなり
木段の急登

東海自然歩道

紅葉台

一本木バス停

東海自然歩道入口

鳴沢

雑木林の中、林道と
絡みながら下る尾根道

氷穴バス停

竜宮洞穴

浄水場
紅葉台水道

鳴沢溶岩樹型

道の駅なるさわ

紅葉台入口

林道

富士緑の休暇村

道の駅なるさわ

富士眺望の湯ゆらり

鳴沢氷穴

鳴沢村

精進湖

朝霧高原

長尾山

富士吉田

1:50,000

N

1cm=500m
等高線は20mごと

0　　500　　1000m

"子抱き富士"を眼前に望む大展望コース

パノラマ台

標高差 登り:**412m** 下り:**410m**

登山レベル **初級** 体力:★ 技術:★

山梨県
標高 **1328m**
総歩行時間 **2時間35分**
総歩行距離 **5.3km**

登る途中にあるアカマツの平坦地から見た"子抱き富士"

DATA

電車・バス 行き:富士急行線富士山駅→富士急バス(約45分)→パノラマ台下 帰り:本栖湖→富士急バス(約45分)→富士急行線河口湖駅

マイカー 中央自動車道河口湖ICから国道139号、県道709号を経由してパノラマ台下バス停のすぐ北にある県営駐車場まで約19km。無料。

ヒント 往復ともバスの本数は少ないが、下山後は本栖湖、本栖湖観光案内所、どちらかのバス停を利用するが、本数は若干、本栖湖が多い。マイカーの場合、中央自動車道甲府南ICから精進湖ブルーライン経由でもアクセスできる。

登山適期 4〜11月

問合せ先
富士河口湖町観光課 ☎0555-72-3168
富士急バス本社営業所 ☎0555-72-6877

❶ パノラマ台下バス停 0:50 **❷** 三方分山分岐(根子峠) 0:15 **❸** パノラマ台 0:20 **❹** 烏帽子岳 0:40 **❺** 本栖湖畔分岐 0:30 **❻** 本栖湖バス停

標高 2000m / 1500 / 1000 / 500 916m 1230m 1328m 1257m 918m 918m 0 5 10km 水平距離

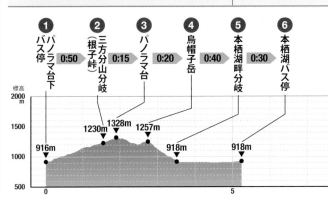

パノラマ台から本栖湖を見下ろす

欄外情報 マイカーの場合はパノラマ台の往復が一般的だが、本栖湖または本栖湖観光案内所バス停からバスで駐車場に戻ってもいい。駐車場に隣接するパノラマ台下バス停へのバス便は1時間に1本程度ある。

**ビギナーにも不安のないコース
富士山ファンなら一度は登りたい**

プロフィール 大室山を抱くようにそびえる富士山の姿から「子抱き富士」とも呼ばれる眺めを望むことができる展望の山。本栖湖畔に広がる樹海は規模こそ小さいものの、青木ヶ原樹海の深い森を彷彿とさせる。

ガイド ❶パノラマ台下バス停から右へと登山道に入る。ブナやミズナラが大きく枝を広げる落葉樹林帯のなかに道は続く。しばらく歩くとアカマツが立ち並ぶ平坦地。子抱き富士も望め、ちょうどいい休憩ポイントになっている。

落葉樹林帯を再び登ると木製の階段や橋が続く一帯となり、最後の木橋から10分ほどで稜線上の❷三方分山分岐（根子峠）に飛び出す。パノラマ台（左方向）と三ツ沢峠（右方向）を示す道標が立ち、ここからは尾根道を左へと登る。

尾根道は徐々に高度を上げ、登りきっていったんゆるやかに下れば、あずま屋と展望盤のある❸パノラマ台だ。眼下の精進湖、本栖湖をはじめ、富士山や御坂山塊、天子山塊、遠くは南アルプスまで、北面以外はまさにその名のとおりのパノラマが展開する。

頂上からは南へと、尾根筋を下る。鞍部から小ピークを越え、再び登り返せば❹烏帽子岳。電波塔の立つ山上からは南西へと、本栖湖へ向けて下る。傾斜はそれほどきつくなく、滑りや

本栖湖畔では樹海を歩く

すい箇所もない。

道がゆるやかになると、やがて❺本栖湖畔分岐で、この分岐は左手を行く。右に歩いて国道に出れば本栖隧道バス停があるが、このバス停に停車する便は極端に少ない。樹海の道を歩き、次の分岐は本栖湖方面へ。樹海を抜けて国道300号に出たら道路を横断し、本栖湖畔の道を歩くと再度、国道300号に出る。間近の本栖湖観光案内所バス停か、そのすぐ先の❻本栖湖バス停のどちらかからバスに乗る。

パノラマ台に憩う登山者と富士山

秋には道端にトリカブトが多く咲く

❶パノラマ台下バス停
アカマツと広葉樹の混成林
木の階段
桟橋
❷三方分山分岐（根子峠）
❸パノラマ台
1328
❹烏帽子岳
1257
富士山を展望
城山
1056
東海自然歩道
本栖湖畔分岐❺
空き地
林の中の道
本栖湖観光案内所
（本栖湖レストハウス前）
本栖湖バス停❻

0:50 / 0:30
0:15 / 0:20
0:20
0:30
0:50 / 0:40
0:30

身延町

富士山と、青木ヶ原樹海、精進湖を展望

甲府
精進湖
358
139
河口湖

パノラマ台

パノラマ台から見た御坂山塊と精進湖

山梨県
富士河口湖町

N
1:50,000
500 1000m
1cm＝500m
等高線は20mごと

本栖湖

富士宮

2つのピークをつなぐスリルある岩稜歩き

毛無山・十二ヶ岳
（けなしやま・じゅうにがたけ）

📷 標高差 登り：**772m** 下り：**775m**

📷 登山レベル **中級** 体力：★★ 技術：★★★

毛無山（右）から十二ヶ岳（左）へと岩稜が続く

🔍 DATA

電車・バス **行き：**富士急行線河口湖駅→富士急西湖周遊バス（約25分）→毛無山登山口 または河口湖駅→富士急バス（約20分）→文化洞トンネル **帰り：**桑留尾→富士急バス（約30分）→富士急行線河口湖駅 または十二ヶ岳登山口→西湖周遊バス（約30分）→河口湖駅

マイカー 中央自動車道河口湖ICから国道139号、県道714号・710号・21号を経由して毛無山登山口まで約9km。登山口の東側にある西浜小学校脇などに無料の登山者用駐車場がある。

ヒント 周遊バスと路線バスのバス停は異なるので要注意。

登山適期 4～11月

問合せ先
冨士河口湖町観光課 ☎0555-72-3168
富士急バス本社営業所 ☎0555-72-6877

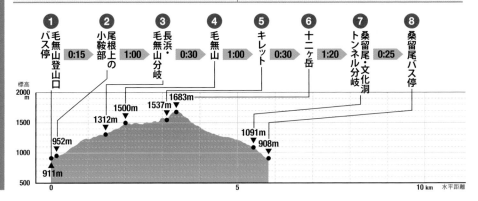

① 毛無山登山口バス停
0:15
② 小鞍部 尾根上の
1:00
③ 長浜・毛無山分岐
0:30
④ 毛無山
1:00
⑤ キレット
0:30
⑥ 十二ヶ岳
1:20
⑦ 桑留尾・文化洞トンネル分岐
0:25
⑧ 桑留尾バス停

標高
2000m
1683m
1537m
1500m
1312m
1091m
952m
908m
911m

500
0
5
10 km 水平距離

欄外情報 下山口の桑留尾バス停近くには、HAMAYOUリゾートに併設する温泉施設「冨士西湖温泉いずみの湯」がある。10～20時。休業日は施設に問い合わせ。☎0555-82-2641。

富士山を眺望する岩尾根は息つく暇もないアップダウンの連続

プロフィール 西湖の北側に連なる毛無山から十二ヶ岳への稜線は、小さなコブと鞍部が代わる代わる現れる細い岩尾根となっており、随所に鎖やロープが設けられている。転倒や滑落に充分注意しつつ、富士山を眺めながらの縦走を楽しもう。

ガイド ❶毛無山登山口バス停からひと登りして❷尾根上の小鞍部に出たら右折、間もなく急登が始まる。

しばらくは辛い登りがこれでもかとばかりに続くが、1242mピークまで来るとようやく傾斜がゆるむ。❸長浜・毛無山分岐から道は再び急

キレットに架かる吊橋

登に転じるが、そう長くは続かない。カヤトの原の斜面に出れば、❹毛無山の山頂も近い。

毛無山からは大小のアップダウンが連続する岩尾根の縦走となり、途中のピークや鞍部などには一ヶ岳から始まり十二ヶ岳までの標識が付けられている。三ヶ岳の下りからは、ロープが設置された短い岩場をところどころで通過する。

十一ヶ岳を過ぎ、太いロープが固定された溝状の岩場を鞍部に向かって急下降していく。下り着いた❺キレットに架かる金属製の吊橋を渡ったら、今度は十二ヶ岳への急峻な斜面の登りが待ち構えている。鎖が連続する、長い岩場の登りだ。コース中最大の難関が終わり、桑留尾への分岐で右に進めば、すぐに❻十二ヶ岳の山頂にたどり着く。

山頂から分岐まで戻り、右に折れて桑留尾へと下山する。随所にロープが架かる、滑りやすい急斜面の下りが終わると右方向にトラバース気味に進んで隣の尾根へと移っていく。❼桑留尾・文化洞トンネル分岐を直進し、最後の急斜面を下って舗装道を右に曲がれば、すぐに❽桑留尾バス停だ。

毛無山・十二ヶ岳

- 節刀ヶ岳・大石峠
- 金山 1686
- 0:30 0:20
- キレット ❺
- やや顕著なピーク状小鞍部
- 鎖が連続する岩稜
- 十一ヶ岳
- 1661
- 一ヶ岳
- 北斜面をトラバース
- 1519
- 露岩上、展望よい
- 1:00
- 六ヶ岳
- 四ヶ岳
- 三ヶ岳
- 二ヶ岳
- ❹毛無山
- 1500
- 淵坂峠
- 大石ヶ国道137号線
- カヤトの斜面に出る大パノラマが広がる
- 十二ヶ岳 ❻
- 1683
- 十二ヶ岳・桑留尾分岐
- ロープあり
- 急斜面ロープ
- 路肩注意
- ルンゼ(岩溝)状に固定ロープあり落石注意
- 0:30 0:20
- ❸長浜・毛無山分岐
- 山梨県富士河口湖町
- ブナ林「地蔵」の標識
- 尾根の西端に地蔵をまつる
- 雑木が美しいゆるやかな尾根
- 小突起
- 小沢をまたいで西側の尾根に移る
- ゆるやかな尾根
- 1:20 1:40
- 1242
- マツと雑木のピーク、四等三角点あり
- 1:00 0:40
- 長浜
- 河口湖
- 桑留尾・文化洞トンネル分岐 ❼
- 十二ヶ岳登山道入口
- レイクホテル西湖
- (周遊バスのみ)
- 十二ヶ岳登山口
- マツ林、急斜面
- 西湖
- 尾根上の小鞍部 ❷
- 文化洞トンネル
- 毛無山登山口バス停 ❶
- (周遊バスのみ)
- P
- P
- 文西浜小
- N
- ❽桑留尾バス停
- 富士西湖温泉いずみの湯
- 富士西湖民宿〜富士山駅路線
- 湖北ビューライン
- 文化洞トンネル(西湖民宿行きのバス停)
- 0:15 0:10
- 足和田山へ
- 1066.9
- 西湖
- 1:30,000
- 0 300 600m
- 1cm=300m
- 等高線は20mごと
- 勝山国道137号線

富士山大沢崩れと田貫湖の眺望。歩きやすい登山道

長者ヶ岳・天子ヶ岳
ちょうじゃがたけ　てんしがたけ

静岡県・山梨県

標高 1336m（長者ヶ岳）

総歩行時間 **5時間20分**

総歩行距離 **8.6km**

👁 標高差　登り：**663m** 下り：**663m**

👁 登山レベル　**初級** 体力：★★ 技術：★

長者ヶ岳山頂から見た富士山西面

👁 DATA

電車・バス 行き：JR身延線富士宮駅→富士急静岡バス（約45分）→休暇村富士　帰り：往路を戻る

マイカー 中央自動車道河口湖ICから国道139号を経由して田貫湖まで約50km。田貫湖キャンプ場の駐車場が利用できる。ほかに新東名高速道路新富士ICから国道139号を経由して約25km。

ヒント 富士宮駅と休暇村富士間のバスは朝一番の便と最終バスを利用すれば日帰りが可能。

東京駅から休暇村富士へ富士急の高速バス（1日1便）があるが宿泊者限定。

登山適期 3月下旬～12月上旬

問合せ先

富士宮市観光課　☎ 0544-22-1155

富士急静岡バス　☎ 0544-26-8151

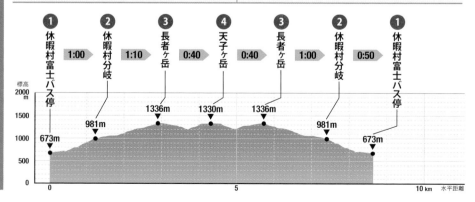

❶ 休暇村富士バス停		❷ 休暇村分岐		❸ 長者ヶ岳		❹ 天子ヶ岳		❸ 長者ヶ岳		❷ 休暇村分岐		❶ 休暇村富士バス停
	1:00		1:10		0:40		0:40		1:00		0:50	

標高
2000m
1500
1000
500
0

1336m　1330m　1336m
981m　　　　　　　　981m
673m　　　　　　　　　　　673m

0　　　　　5　　　　　10 km　水平距離

欄外情報 天子ヶ岳南東面の尾根を下り、途中で横断する林道伝いに休暇村富士まで戻ることもできるが長い。バス利用の場合、天子ヶ岳から白糸の滝入口バス停まで下るコースも選べる。ただし便は少ない。

急坂を登り、きれいな森の尾根道を行く
長者ヶ岳からは天子ヶ岳を往復する

朝の田貫湖から望む天子ヶ岳（左）と長者ヶ岳

プロフィール 富士山の西面や南アルプス、遠くに駿河湾を望むことができる。ブナやツツジなど広葉樹の森に包まれているコースのほとんどは東海自然歩道になっていて歩きやすい。よく知られたハイキングコースだが、都会から離れているせいかハイカーはそう多くなく、静かな山歩きを楽しめるのがうれしい。

ガイド 田貫湖畔の❶休暇村富士バス停からスタート。湖畔の道を右回りでしばらく行くと長者ヶ岳の登山口がある。スギの植林帯をジグザグと登ると広葉樹の森にかわり、さらにひと登りすると、明るく開けた❷休暇村分岐にでる。ここまではかなり急な登りである。

休暇村分岐は小さな平地でテーブルがあり、富士山が正面、眼下に田貫湖が広がる。ここからは、長者ヶ岳から北東に延びる大きな尾根を行く。平坦なところもあるが大体は緩い登りで長者ヶ岳を目指す。雑木の中のきれいな登山道。ところどころから富士山が見える。

やや急坂になって、それを過ぎると❸長者ヶ岳の山頂。東側が開かれていて、富士山と田貫湖の展望台になっている。北東側にも切り開きがあって南アルプスの南部や天子山塊の北側、毛無山まで続く起伏がわかる。

広葉樹の森の中、緩い下りで天子ヶ岳に向かう。標高差120mほど下がったところが鞍部になっていて、正面に天子ヶ岳がそびえている。しばらく急坂を登ると❹天子ヶ岳の山頂部にでる。山頂は南北に長く、最高地点は登山道から少し外れたところにある。頂上広場は南端にあり、ここからも富士山を望むことができる。

帰りは往路を戻るので安心だ。休暇村富士への分岐からは田貫湖東岸の長者ヶ岳登山口に下るコースもある。

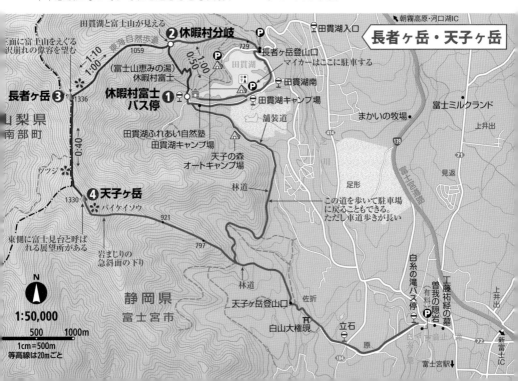

長者ヶ岳・天子ヶ岳

田貫湖と富士山が見える

正面に富士山をえぐる
沢崩れの偉容を望む

東海自然歩道

1:10
1:00
0:50
1:00

❷休暇村分岐

田貫湖入口

田貫湖

P

729

長者ヶ岳登山口
マイカーはここに駐車する

（富士山恵みの湯）
休暇村富士

❸長者ヶ岳
1336

休暇村富士
バス停 ❶

田貫湖南

田貫湖キャンプ場

山梨県
南部町

0:40

田貫湖ふれあい自然塾
田貫湖キャンプ場

天子の森
オートキャンプ場

舗装道

まかいの牧場

富士ミルクランド

上井出

139

ツツジ

❹天子ヶ岳
1330

バイケイソウ

東側に富士見台と呼ばれる展望所がある

林道

921

この道を歩いて駐車場に戻ることもできる。ただし車道歩きが長い

足形

見返

岩まじりの
急斜面の下り

797

林道

N

1:50,000
500   1000m
1cm=500m
等高線は20mごと

静岡県
富士宮市

天子ヶ岳登山口

佐折

白山大権現

立石

原

工藤祐経の墓
曽我の隠岩
（有料）P

白糸の滝バス停

音止

白糸の滝

新富士IC

上井田

72

富士宮駅

184

朝霧高原・河口湖IC

富士の寄生火山。荒々しい自然地形を歩く

宝永山
ほうえいざん

📖 標高差 登り：**307m** 下り：**307m**

📖 登山レベル 初級 体力：★ 技術：★

静岡県

標高 **2693m**

総歩行時間 **2**時間**55**分

総歩行距離 **5.9km**

富士山の中腹に口を開ける宝永第一火口と宝永山（右）

🗺 DATA

電車・バス 行き：JR東海道新幹線新富士駅→富士急富士登山バス（約2時間）→富士宮口五合目へ。乗車時間は約30分。

帰り：往路を戻る ※JR身延線富士宮駅、JR東海道線富士駅などからの便もある。JR御殿場線御殿場駅からマイカー規制時の駐車場・水ヶ塚公園への便もある。

マイカー 7月上旬から9月上旬はマイカー規制が実施されるので、東名高速道路御殿場ICから約22kmの水ヶ塚公園に駐車してシャトルバスで富士

ヒント 富士登山シーズンではない6月や9月でも宝永山は歩くことができる。

登山適期 6～9月

問合せ先

富士宮市観光課 ☎ 0544-22-1155

富士急静岡バス ☎ 0545-71-2495

富士急行御殿場営業所 ☎ 0550-82-1333

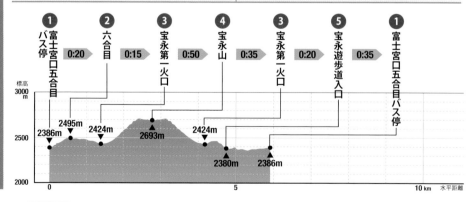

❶ 富士宮口五合目バス停	0:20	❷ 六合目	0:15	❸ 宝永第一火口	0:50	❹ 宝永山	0:35	❸ 宝永第一火口	0:20	❺ 宝永遊歩道入口	0:35	❶ 富士宮口五合目バス停

標高 3000m

2495m 2424m 2424m

2386m 2693m 2380m 2386m

2500

2000

0 5 10 km 水平距離

欄外情報 宝永第一火口からは、五合目駐車場に戻らずに直接、水ヶ塚公園に下ることもできる（須山口登山歩道）。宝永第二火口、第三火口を経由して三辻から水ヶ塚公園に戻るコースもある（須山口下山歩道）。

六合目から宝永第一火口へトラバースし、崩れやすい火山砂礫の急坂を登る

プロフィール 富士山で最大最新の寄生火山を訪ねる。宝永第一火口から急登をあえいで宝永山に立つ。乾いた火山地形の中を行くが足元にはかわいい高山植物も見える。帰路はカラマツに囲まれた緑の遊歩道を戻る。

ガイド ❶**富士宮口五合目バス停**からは平べったい形の富士山と山頂が見える。❷**六合目**まではゆるい勾配の幅広い道を行く。森林限界は越えていて空気の薄さを感じるところだ。2軒の山小屋がある六合目で富士山頂に登る人と分かれ、宝永山に続くトラバース道に入る。左手はタデが群落する富士の急斜面。右手には駿河湾まで伸びる広い裾野を見ることができる。

トラバース道が終わると宝永第一火口の縁に出る。眼下に広がる大きな火口に驚くところだ。富士山頂側には赤茶けた巨大な火口壁がそびえる。正面には横長の宝永山が見えるが、これも大火口の外輪山だということがわかる。登山道を登るハイカーがアリのよう。
❸**宝永第一火口**へは崖沿いの急坂をひとしき

宝永山頂付近から見た愛鷹山と伊豆半島（右奥）

り下る。火口底に立つとサッカー場がいくつもできそうな平が広がり、車ほどの大きさの火山岩がゴロゴロしている。

広い火口を横切って、火口壁を大きな切り返しで登るが、ひと足ごとにずり落ちるような歩きにくい道だ。短い歩幅でゆっくり頑張ろう。やがて宝永山に続く稜線に出る。左は御殿場口ルートにつながる富士登山道で、右に行けば馬の背のような平坦な道の先に❹**宝永山**の頂がある。山頂は樹木ひとつなく、火山砂礫が広がるだけの吹きさらしだが展望がすばらしい。

帰りは宝永第一火口縁から左へと急坂を下り、❺**宝永遊歩道入口**（宝永第二火口縁）から森の中の道を❶**富士宮口五合目バス停**へと戻ろう。

岩場を越えて大パノラマの鋭峰の頂へ

釈迦ヶ岳

📷 標高差 **登り：677**m **下り：677**m

📷 登山レベル **中級** 体力：★★　技術：★★

釈迦ヶ岳頂上から望む富士山。手前の稜線は御坂山塊

📷 DATA

電車・バス **行き：**富士急行線富士山駅→富士急バス（約40分）→すずらんの里入口　**帰り：**すずらんの里入口→富士急バス（約40分）→富士急行線河口湖駅

マイカー 中央自動車道河口湖ICから国道139号、県道21号・719号を経由し、すずらん群生地無料駐車場まで約19km。登山口へは歩いて向かう。

ヒント JR中央本線高尾駅から午前7時台

に1本、河口湖駅までの直通電車が毎日運行。新宿から富士急バスと京王高速バス（約1時間50分）も利用できる。路線バスは本数が少ない。

登山適期 4～12月上旬

問合せ先

笛吹市芦川支所　☎ 055-298-2111

富士急バス本社営業所　☎ 0555-72-6877

京王高速バス予約センター　☎ 03-5376-2222

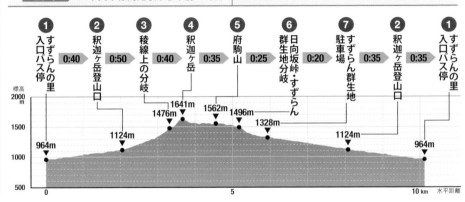

❶ すずらんの里入口バス停		❷ 釈迦ヶ岳登山口		❸ 稜線上の分岐		❹ 釈迦ヶ岳		❺ 府駒山		❻ 日向坂峠・すずらん群生地分岐		❼ すずらん群生地駐車場		❷ 釈迦ヶ岳登山口		❶ すずらんの里入口バス停
	0:40		0:50		0:40		0:35		0:25		0:20		0:35		0:35	

標高 2000m ・ 1476m ・ 1641m ・ 1562m ・ 1496m ・ 1328m ・ 1124m ・ 964m ・ 964m ・ 1124m

水平距離

欄外情報 釈迦ヶ岳は西面の岩場がやや険しいため、逆コースはあまりおすすめできない。岩場の通過が不安な人は、すずらん群生地から逆コースをたどり、釈迦ヶ岳を往復すれば安心だ。

頂上周辺の岩場通過がポイント
ロープに頼らず一歩一歩着実に

プロフィール 富士五湖の北側に連なる御坂山塊（みさかさんかい）の、その最北部に位置し、三角形の美しくも鋭い姿を見せる。頂上付近は岩場を歩くことになるが、たどり着いた頂上からの眺めは御坂山塊随一といっても過言ではない。帰路の府駒山周辺の広葉樹林もまた見どころだ。

ガイド ❶**すずらんの里入口バス停**（さといりぐちてい）から、バス通りとは別の、北にのびる車道を行く。すぐに橋を渡り、200mほど先の分岐は右折。バス停から40分ほど歩くと❷**釈迦ヶ岳登山口**（しゃかがたけとざんぐち）を示す看板が立ち、ここから左へと、舗装された狭い林道に入る。この林道の終点が登山道入口だ。

広葉樹林の道は次第に斜度を上げ、気持ちよく高度を稼ぐ。登りがゆるやかになると❸**稜線**（りょうせん）**上の分岐**（じょうのぶんき）で、ここは右に行く。これまでの山腹の斜面とは一転し、狭い尾根筋に続く道には岩場が現れる。要所にはロープがかかるので、バランスの保持に活用しよう。最後の岩場はやや急傾斜だが、手がかりが多く見た目以上に楽。この岩場を抜ければ、富士山や南アルプスの大

頂上直下の岩場を登る

パノラマが広がる❹**釈迦ヶ岳**（しゃかがたけ）の頂上だ。

展望を楽しんだら、来た道とは反対側に下る。ロープ場を慎重に下ると一転してなだらかな尾根道となり、林床には小さな花々が姿を見せる。やがて❺**府駒山**（ふこまやま）。なだらかなこの頂から30分も歩けば❻**日向坂峠**（ひなさかとうげ）・**すずらん群生地分岐**（ぐんせいちぶんき）に到着する。ここは右へとすずらん群生地に下る。

分岐からの尾根はなかなかの急傾斜。スリップに注意しつつ左に大きくカーブすると舗装された狭い道に突き当たる。ここを右折して車道にぶつかったらここも右折。ほどなく❼**すずらん群生地駐車場**（ぐんせいちちゅうしゃじょう）が見えてくる。あとは車道を❶**すずらんの里入口バス停**（さといりぐちてい）まで戻ろう。

釈迦ヶ岳

N
1:30,000
0　　300　　600m
1cm＝300m
等高線は20mごと

檜峰神社

釈迦ヶ岳 ❹
ロープ場のある急な下り
岩場の多い急傾斜の尾根道。落石に注意
1641 屏風岩
0:35 0:40

稜線上の分岐 ❸
広葉樹林帯の急な登り
登山道入口
狭い舗装路を登る
0:35 0:50

❺ 府駒山
美しい樹林帯
1562
0:35 0:50 0:25 0:30

日向坂峠・すずらん群生地分岐 ❻
美しい樹林帯
0:35 0:20
日向坂峠（とんべえ峠）
黒岳

すずらん群生地駐車場 ❼
P
0:40 0:35
すずらん群生地
歩道がないので車に注意

山梨県
笛吹市

無ヶ沢上芦川林道（全面舗装の林道）
芦川

❷ 釈迦ヶ岳登山口
0:40 0:35

❶ すずらんの里入口バス停

水ヶ沢林道
黒岳
破風山 1674
水ヶ沢林道終点 P
新道峠

府駒山周辺に多いトリカブト

釈迦ヶ岳の頂上に置かれたお地蔵様

↓河口湖　　　　中藤山・大石峠　　　↓大石・河口湖

箱根随一ともいえる富士山の絶景を楽しむ

金時山
（きんときやま）

神奈川県

標高 **1212**m

総歩行時間 **2**時間**55**分

総歩行距離 **4.7**km

標高差　登り：**548**m　下り：**478**m

登山レベル　**初級**　体力：★　技術：★★

金時山からの富士山と愛鷹山（左）。休日は登山者でいっぱい

DATA

電車・バス　**行き**：新宿駅西口→小田急箱根高速バス（約2時間）→金時登山口　**帰り**：往路を戻る

マイカー　東名高速道路御殿場ICから国道138号を経由して金時登山口まで約10km。駐車場は、金時登山口から500mほど手前の公時神社・金時公園駐車場（有料・無料あり）を利用する。

ヒント　公共交通で行く場合、便数の多い1つ手前の仙石バス停で降り、金時登山口バス停まで200mほど歩くといい。エリア内の鉄道・バスなどが1日乗り放題の箱根フリーパスもある。

登山適期　3月下旬～12月上旬

問合せ先

箱根町観光課	☎ 0460-85-7410
箱根町観光協会	☎ 0460-85-5700
小田急箱根高速バスお客さまセンター	☎ 03-3427-3160
箱根登山バス小田原営業所	☎ 0465-35-1271

❶ 金時登山口バス停　0:40　❷ 矢倉沢峠　0:45　❸ 金時山　0:40　❹ 長尾山　0:20　❺ 乙女峠　0:30　❻ 乙女口バス停

標高 2000m / 1500 / 1000 / 500

664m　874m　1212m　1144m　1005m　734m

0　5　10 km　水平距離

天下の秀峰 金時山（きんときやま）
海抜 1213m　静岡県小山町

まさかりを掲げて金太郎気分

欄外情報　行楽シーズン休日の高速バスは特に復路で、東名高速道路の大渋滞に巻き込まれる可能性が高い。行きは高速バス、帰りは箱根登山バスと小田急線電車、という組み合わせも考えておきたい。

**絶景の頂上までは短時間の行程だが
頂上手前には岩場の急坂が待っている**

プロフィール 金太郎伝説の残る山として、また箱根火山群の一峰としても知られ、その頂からの富士山をひと目見ようと、四季を通じてハイカーの絶えない山だ。頂上には茶屋が2軒あって何かと安心だが、ハイカーの技量を試すかのように、頂上直下は急な岩場が続く。

ガイド 傍らに登山案内マップの立つ**❶金時登山口バス停**から、北に延びる舗装路を10分ほど歩き、途中に立つ道標にしたがって右へと登山道に入る。両側にササの茂る樋状の道を登ると金時山・明神ヶ岳の分岐。分岐を左に曲がると

大岩の上から箱根山一帯を望む

金時山頂上下の岩場を登る

すぐ先が**❷矢倉沢峠**で、ここからは前方に見える金時山を目指してササ原の尾根道を行く。やがて、箱根山周辺の眺めが広がる休憩地、大岩が現れる。この先、公時神社への分岐を通過すれば頂上まではあと少し。短いながら急な岩場もあるので、通過には注意してほしい。岩場が終わればほどなく**❸金時山**の頂上だ。

2軒の茶屋が立ち、晴れていれば富士山と箱根の絶景を一度に味わえる頂上は、いつも登山者がいっぱい。ここには有料トイレもある。

下りは、西（富士山の方向）へと長尾山を目指す。頂上直下は急な下りになっているのでスリップに気をつけよう。長尾山手前の鎖場を慎重に通過すれば平らな**❹長尾山**の頂だ。ここから滑りやすい木段の道を下ると富士山展望台のある**❺乙女峠**はすぐ。左へと直角に曲がり、広葉樹林帯やスギの植林帯を、張り出した根に気をつけながら30分ほど下れば高速バスも停まる**❻乙女口バス停**だ。

65
金時山

金時山

箱根と富士山を一望する穏やかな山稜

明神ヶ岳・明星ヶ岳

みょうじんがたけ みょうじょうがたけ

標高差 登り：**521m** 下り：**727m**

登山レベル **初級** 体力：★★ 技術：★★

神奈川県

標高 **1169m**（明神ヶ岳）

総歩行時間 **5時間**

総歩行距離 **11.9km**

明神ヶ岳山頂付近から振り返ると金時山と富士山が重なって望める

DATA

電車・バス **行き**：箱根登山鉄道箱根湯本駅→箱根登山バス（約25分）→仙石　または新宿駅西口→小田急箱根高速バス（約2時間）→金時登山口
帰り：宮城野橋→箱根登山バス（約20分）→箱根登山鉄道箱根湯本駅
マイカー 東名高速道路御殿場ICから国道138号経由で約15km、公時神社の駐車場を利用する。
ヒント 箱根湯本駅からバスを利用する場

合、仙石バス停のほうが金時登山口バス停に比べて便数が多く便利だ。
登山適期 3月下旬〜12月上旬
問合せ先
箱根町観光協会 ☎0460-85-5700
箱根登山バス宮城野営業所 ☎0460-86-0880
小田急箱根高速バスお客さまセンター ☎03-3427-3160
箱根登山タクシー ☎0465-22-1311

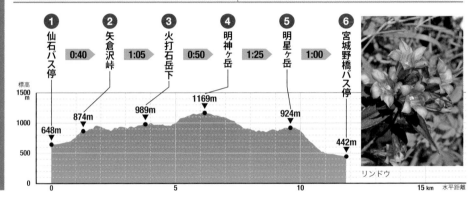

❶ 仙石バス停 — 0:40 — ❷ 矢倉沢峠 — 1:05 — ❸ 火打石岳下 — 0:50 — ❹ 明神ヶ岳 — 1:25 — ❺ 明星ヶ岳 — 1:00 — ❻ 宮城野橋バス停

標高 1500m

648m　874m　989m　1169m　924m　442m

0　5　10　15km　水平距離

リンドウ

欄外情報 宮城野橋を渡らずに右折して5分ほど行った宮城野バス停の下に、天然温泉の日帰り入浴施設「勘太郎の湯」がある。大理石の露天風呂は男女が日替わりで入浴できる。金曜休（祝日の場合は営業）。☎0460-82-4477。

グループ登山に最適な広い山頂
ササ原の山陵から神奈川の山を見渡す

プロフィール 箱根山の古期外輪山一帯に連なる明神ヶ岳周辺は、好展望の明るいササ原の山稜が続き、金時山と富士山のツーショットや箱根の展望は、ここならではの景観を見せる。大文字焼きで知られる明星ヶ岳は、山上に明けの明星が見られることからその名が付けられた信仰の山。ゆったりとした2山をつなぎ、のびやかな山上で大展望を堪能しよう。

ガイド ❶仙石バス停から車道を横切ってバス通りを歩き、金時登山口バス停から右へ登り、登山口の分岐から山道に入っていく。

ひと登りすると明るいササ原に出て、❷矢倉沢峠で金時山への道を見送って直進していく。ゆるやかに歩を進めていくと金時山の稜線の鞍部に富士山頂が頭を出す。大涌谷を眺めてゆったりとした平原をアップダウンしていくと、燧石が産出したことから名がついた❸火打石岳下に出る。

花を見ながら歩を進め、宮城野への道を見送っていく。やがて丹沢方面の展望が開け、明るいササ原の山上をゆるやかに登っていくと、

明神ヶ岳山頂から大涌谷方面を一望する

公園のような❹明神ヶ岳の山頂に達する。金時山に重なってそびえる富士山も独特な景観を見せ、山頂東側からの相模湾の眺めもすばらしい。

展望を楽しんだら明星ヶ岳方面へ下っていこう。花を見ながらゆるやかにアップダウンを繰り返していくと、「塔ノ峰へ75分」の標識が立つ塔ノ峰・宮城野分岐の広場に出る。すぐ先が❺明星ヶ岳の山頂だ。頂上らしいピークがないので見落とさないようにしよう。

分岐に戻り、左手のヒノキの美林を下る。再び富士山と金時山が見られ、急坂を交えた少々荒れた道が続く。やがて舗装道路に下り立ち、バス停方面へ右折して橋を渡れば❻宮城野橋バス停がある。

明神ヶ岳・明星ヶ岳

1:50,000

500　1000m

1cm=500m
等高線は20mごと

2つの名瀑をつなぐ城跡を歩く

鷹巣山・飛竜ノ滝

標高 **834m**（鷹巣山）

総歩行時間 **2**時間**55**分

総歩行距離 **5.8**km

標高差 登り：**303m** 下り：**434m**

登山レベル 初級 体力：★ 技術：★

水量によってさまざまな景観を見せる飛竜ノ滝

DATA

電車・バス 行き：箱根登山鉄道小涌谷駅 **帰り：** 畑宿→箱根登山バス（約20分）→箱根登山鉄道箱根湯本駅

マイカー 小田原厚木道路小田原西ICから国道1号を経由して約4km。箱根湯本駅周辺の有料駐車場を利用する。

ヒント 週末は駐車場が混み合うので電車利用が便利。畑宿からのバス便は1時間に2本程度。

登山適期 3月下旬〜12月上旬

問合せ先

箱根町観光協会	☎0460-85-5700
箱根登山鉄道鉄道部	☎0465-32-6823
箱根登山バス小田原営業所	☎0465-35-1271
箱根登山タクシー	☎0465-22-1311

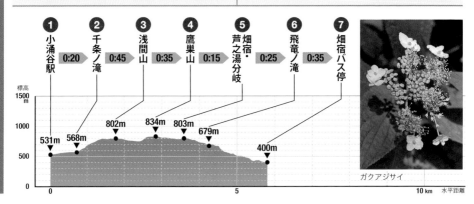

❶ 小涌谷駅 — 0:20 — ❷ 千条ノ滝 — 0:45 — ❸ 浅間山 — 0:35 — ❹ 鷹巣山 — 0:15 — ❺ 畑宿・芦之湯分岐 — 0:25 — ❻ 飛竜ノ滝 — 0:35 — ❼ 畑宿バス停

標高 1500m / 1000 / 500 / 0

531m 568m 802m 834m 803m 679m 400m

0 5 10km 水平距離

ガクアジサイ

欄外情報 畑宿バス停近くにある「畑宿寄木会館」は、江戸時代から畑宿を中心に栄えた箱根寄木細工の展示・販売を行う施設。実演見学や寄木細工体験もできる。入館無料。9時30分〜16時。木曜休。☎0460-85-8170。

湿潤な森からアジサイの丘を越え
迫力ある瀑布を間近で眺める

プロフィール 優美な流れを見せる千条ノ滝から始まり、鷹巣城が築かれた明るい山稜を越え、湿潤な森に落ちるスケールの大きい飛竜ノ滝へ。趣が違う2つの滝を訪ね、周辺の賑わいから離れた深山の雰囲気を味わおう。

ガイド ❶小涌谷駅から左へ進み、国道1号を横切って、舗装道路を登っていく。大きくカーブしていくと金時山から明神ヶ岳への展望が開ける。その先で車道をそれ、蛇骨川に沿って進んでいくと静かに落ちる❷千条ノ滝に出る。

優美な滝を眺めたら木橋を渡り、浅間山・湯坂路コースの静かな山道に入る。すぐに鷹巣山・芦之湯方面の道を見送り、木の根が張り出した自然林の中を、ひたすら高度を稼いでいくと宮ノ下駅への分岐に出る。右手に進み、明るい草地で鷹巣山からの道を合わせていけば、鷹巣城が置かれたとされる❸浅間山の山頂だ。

山頂から引き返してアジサイの群落地を下っていく。林道を渡って金時山を眺めていき、急な木段を登っていくと❹鷹巣山の山頂に着く。

展望の効かない山頂を後にし、林道の先の❺畑宿・芦之湯分岐から左へ折れ、植林の中の木段を下っていく。突き当たりから左の急坂を下ると沢の手前の分岐になり、橋を渡れば❻飛竜ノ滝の展望所に着く。

深い森から落ちる滝で涼をとったら、分岐に戻って下っていく。落石が転がるジャリ道を抜け、舗装路に出て夫婦桜を過ぎると国道1号（箱

浅間山の頂上から箱根山を望む

幾筋もの水が流れ落ちる千条ノ滝

根新道）に沿って歩くようになり、ほどなく旧東海道に合流する。ここを左に行き、畑宿寄木会館の駐車場を左に見てなおも下れば、わずかな時間で❼畑宿バス停に到着する。

鷹巣山・飛竜ノ滝

神奈川県
箱根町

1:27,000
0　250　500m
1cm=270m
等高線は10mごと

富士山の南面がすぐそこ。愛鷹連峰の最高峰

越前岳
（えちぜんだけ）

標高差　登り：**634m**　下り：**634m**

登山レベル　**初級**　体力：★★　技術：★★

静岡県

標高 **1504m**

総歩行時間 **4**時間**30**分

総歩行距離 **5.6km**

富士山撮影の好適地、馬ノ背見晴台

DATA

電車・バス　**行き**：JR御殿場線御殿場駅→富士急バス（約45分）→十里木　**帰り**：往路を戻る　※越前岳登山口にある十里木高原バス停へのバス便は季節運行で便数も少ない。

マイカー　東名高速道路御殿場ICから国道469号を経由して十里木高原駐車場（無料）まで約20km。裾野ICからは約14km。

ヒント　路線バスは便数が少ないので、マイカー、レンタカーが便利。十里木高原バス停の前が駐車場で、約40台分。トイレもある。

登山適期　3月下旬〜12月上旬

問合せ先
裾野市産業振興課　☎055-995-1825
富士急行御殿場営業所　☎0550-82-1333

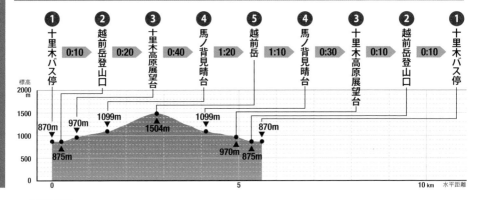

1 十里木バス停 — 0:10 — **2** 越前岳登山口 — 0:20 — **3** 十里木高原展望台 — 0:40 — **4** 馬ノ背見晴台 — 1:20 — **5** 越前岳 — 1:10 — **4** 馬ノ背見晴台 — 0:30 — **3** 十里木高原展望台 — 0:10 — **2** 越前岳登山口 — 0:10 — **1** 十里木バス停

標高
2000m

870m　970m　1099m　1504m　1099m　870m
875m　　　　　　　　　　　　　　　970m　875m

1500

1000

500

0

0　　　　　5　　　　　10 km　水平距離

欄外情報　越前岳東面の愛鷹神社（山神社）にも登山者駐車場があり、越前岳へのコースが通じている。グレードは同じ。越前岳南面の割石峠経由コースは人気が高いが、体力度、技術度ともに★が一つ増える。

カヤとツツジの高原から林の中の急登
山頂からは富士山だけではない好展望

山麓から見た越前岳（右）と位牌岳

プロフィール 越前岳は愛鷹連峰の最高峰。明るい十里木高原からほぼ一直線に頂を目指す。行きも帰りも富士山が主役だが、ブナやアセビなど植生も豊か、海も見える。

ガイド ❶十里木バス停から車道を歩き、十里木高原バス停のある❷越前岳登山口へ。ここには駐車場とトイレ、登山ポストがある。富士山を背に、越前岳へと向かおう。

まずは大きな電波中継塔を目指す。階段を登っていくとコンクリート造りの❸十里木高原展望台があって、ここで朝日に輝く富士山とご対面。観光の人がここまでは登ってくるようだ。この先には2番目の電波中継塔があり、正面には大きく越前岳がそびえている。

電波中継塔から近い❹馬ノ背見晴台は広々していてテーブルもあり雰囲気がよい。富士山の

越前岳の南に連なる呼子岳（右）や位牌岳（左）の稜線

撮影にはここがいちばんだろう。この先から急坂となるが、大雨でできた溝や複数の踏み跡があって歩きにくい道だ。ツツジやアセビの林に入り、富士山もしばらく姿を隠してしまう。雑木の林をくねくねと行くが、木の根をまたいだり大石を越えたり、ぬかるみもあって滑りやすいところだ。下山時は注意したい。

勾配がゆるくなって、ブナやモミジのまじった林にかわると山頂は近い。何本か踏み跡があるが高いほうへと登っていけばすぐに山頂広場に出る。❺越前岳の山頂にはいくつもの道標とテーブルがあって賑やか。富士山は雑木の間からになってしまうが、愛鷹山南部の呼子岳や位牌岳、遠く南アルプスも見える。駿河湾が光って見えるのが印象的だ。

下山は往路を戻る。正面に富士山を見るように下るが、午後は雲の中にかくれてしまうことが多い。馬ノ背見晴台まで急で歩きにくいところが多いので、スリップなどに注意したい。

越前岳

真鶴半島と相模湾を見渡す展望の頂

幕山
（まくやま）

📷 標高差 登り：**453m** 下り：**453m**

📷 登山レベル 初級 体力：★ 技術：★★

神奈川県

標高 **626m**

総歩行時間 **2時間50分**

総歩行距離 **6.4km**

幕山中腹より真鶴半島と遠く初島を望む

📷 DATA

電車・バス 行き：JR東海道本線湯河原駅→箱根登山バス（約15分）→幕山公園 帰り：往路を戻る ※幕山公園まで行くバスは1日5本。バスがない場合は鍛冶屋バス停（1時間に2本運行）から歩く。幕山公園まで約30分。

マイカー 東名高速道路厚木ICから小田原厚木道路、西湘バイパス、国道135号を経由して幕山公園まで約50km。無料駐車場が数カ所あり（湯河原梅林の「梅の宴」期間中は有料）。

ヒント 湯河原梅林の「梅の宴」期間中は臨時バスが増発する。

登山適期 通年（盛夏を除く）

問合せ先

湯河原町観光課 ☎0465-63-2111

箱根登山バス湯河原営業所 ☎0465-62-2776

湯河原タクシー ☎0465-63-4111

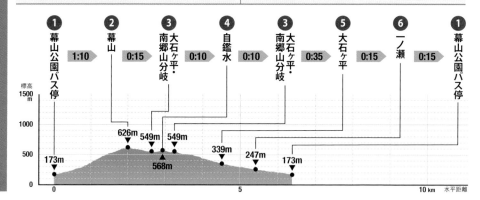

❶ 幕山公園バス停		❷ 幕山		❸ 大石ケ平・南郷山分岐		❹ 自鑑水		❸ 大石ケ平・南郷山分岐		❺ 大石ケ平		❻ 一ノ瀬		❶ 幕山公園バス停
	1:10		0:15		0:10		0:10		0:35		0:15		0:15	

標高 1500m

626m 549m 549m 339m 247m 173m 568m 173m

0 5 10 km 水平距離

欄外情報 湯河原梅林では例年、2月上旬〜3月中旬まで「梅の宴」の梅祭りを開催。梅の見頃はその年により違うが、2月下旬〜3月中旬頃。期間中は各種イベントも開催され、夜間ライトアップも行われる。要入園料。

関東有数の梅林公園から
海を見渡す頂を巡る周回コース

プロフィール 伊豆半島に位置する湯河原は冬もハイキングが楽しめる。湯河原梅林の北にそびえる幕山の周回ハイキングコースは、梅の見頃の2月下旬〜3月上旬頃がおすすめだ。

ガイド ❶**幕山公園バス停**で下車したら公園へと入っていく。トイレ脇の石段を上がると幕山登山口がある。正面には幕岩がそそり立ち、週末は多くのクライマーが岩登りを楽しんでいる。登山口からは梅林内を登っていく。梅林の上部を過ぎて、あずま屋の先からはジグザグに登っていく。やがて、右手眼下に湯河原市街や真鶴半島が見えてくる。山頂直下の周回路を経て、❷**幕山**に到着だ。小広い山頂から青い海と真鶴半島を望みながらひと休みしたい。

山頂からは北斜面を下っていく。桜が植栽された尾根道を下ると、❸**大石ヶ平・南郷山分岐**

湯河原梅林より見た幕山

だ。この分岐から右へと下り、自鑑水を経て、大きな展望の広がる南郷山に登ることもできるが、下草の刈り払いがなされていないときなどはコースを見渡せないことがあり、また、林道との交差や一部に急坂もあって、初心者だと道に迷う可能性がある。南郷山も周回したい場合は、この山をよく知る人などに同行してもらうのが安心だ。ただし、❹**自鑑水**までの往復は問題ないので訪ねてみよう。ここは、敗走途中の源頼朝が復活を誓った場所だそうだ。

分岐まで戻ったら、「大石ヶ平1200m」の道標にしたがい植林帯を下る。途中から背の高いハコネザサに囲まれた道を下っていくと、やがて新崎川沿いの林道に出る。左に歩いて橋を渡れば❺**大石ヶ平**だ。

大石ヶ平からは簡易舗装された道を下る。❻**一ノ瀬**で「ししどの窟」方面への道を右に分けて公園内の道を行けば、❶**幕山公園バス停**に戻ることができる。

大石ヶ平へはハコネザサのトンネルを行く

相模湾と富士山の展望を楽しむ

玄岳
（くろたけ）

📖 標高差　登り：**598**m　下り：**598**m

📖 登山レベル　初級　体力：★★　技術：★★

静岡県

標高 **798**m

総歩行時間 **3**時間

総歩行距離 **6.2**km

玄岳と氷ヶ池の分岐付近からは相模湾の展望が広がる

DATA

電車・バス　行き：JR東海道本線熱海駅→東海バス（約20分）→玄岳ハイクコース入口　帰り：往路を戻る

マイカー　小田原厚木道路小田原西ICから国道1号、箱根新道、県道20号、伊豆スカイラインを経由して約34kmの西丹那駐車場を利用。紹介したコースを歩きたい場合は、熱海市街の駐車場を利用する。

ヒント　西丹那駐車場の東側から玄岳へは約20分。笹に覆われているが比較的歩きやすく、相模湾と富士山の展望が良好。

登山適期　3〜12月

問合せ先
熱海市観光経済課　☎0557-86-6195
東海バス熱海営業所　☎0557-85-0381
熱海第一交通　☎0557-81-8285

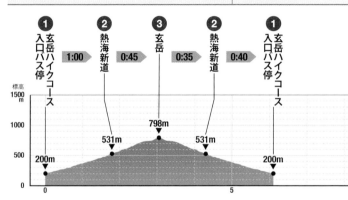

❶玄岳ハイクコース入口バス停 —1:00→ ❷熱海新道 —0:45→ ❸玄岳 —0:35→ ❷熱海新道 —0:40→ ❶玄岳ハイクコース入口バス停

200m / 531m / 798m / 531m / 200m

山頂直下から見た富士山

欄外情報　山頂下の氷ヶ池方面への分岐から、伊豆スカイラインの玄岳ICへの下りは、急坂のうえ笹に覆われて足元が不安定なのでおすすめできない。また氷ヶ池経由で酪農王国オラッチェへ下るルートも笹に覆われ歩きづらい。

ゆるやかな山道を歩くハイクコース
笹原の山腹から相模湾と富士山を眺める

プロフィール 展望ドライブで人気のある伊豆スカイラインが山頂付近を通るので、玄岳ハイクコースを歩く登山者は少なく、静かな山歩きが楽しめる。山頂周辺からは、駿河湾へ裾野を伸ばす富士山から相模湾への爽快な大パノラマが展開する。

ガイド ❶玄岳ハイクコース入口バス停から、バス通りをそれて左に入るアスファルトの道を歩き始める。住宅地の中の道を抜け、急坂を登っていくと建設会社の建物が現れ、その右手に玄岳ハイクコース入口がある。

薄暗い山道に入り、竹が茂る道を登っていく。ヒノキの林から自然林の道に変わり、ゆるやかな山道を登っていく。ひと登りすると車道が見えてきて、道に沿って左へ進むと❷熱海新道の橋に出る。

三角点が置かれた広場のような玄岳の山頂

穏やかな山頂を目指して笹原の道を登る

「才槌の洞」と呼ばれる洞窟があった森の中を進んでいくと、やがて頭上も明るくなり、ゆったりとした稜線が樹間から望める。しばらく歩を進めると、やがて展望が開ける小さな広場に出る。熱海の市街地と相模湾の展望がすばらしいので、ひと息入れていくといいだろう。

展望を楽しんだら先へ進み、平坦な道をいくと、ほどなくしてリンドウが群生する玄岳と氷ヶ池の分岐に出る。氷ヶ池への下りはロープが付けられた急坂が続き、滑りやすいので、ほとんど利用されていない。

分岐から標識にしたがって左へ進むと、笹原の向こうに初めて富士山が姿を現す。駿河湾と富士山を眺めながら、こんもりとした玄岳の山頂を目指していく。後方には箱根山から相模湾への大パノラマが広がり、笹原に囲まれた道を登りつめれば、小さな広場のような❸玄岳の山頂に達する。

下山は往路を辿り、❶玄岳ハイクコース入口バス停へと戻る

海と富士山をお伴に伊豆半島展望ハイキング

達磨山
だるまやま

👁 標高差 登り:587m 下り:358m
👁 登山レベル 初級 体力:★ 技術:★

静岡県
標高 **982m**
総歩行時間 **4時間5分**
総歩行距離 **12.8km**

金冠山から駿河湾越しに眺める富士山

👁 **DATA**

電車・バス **行き:**伊豆箱根鉄道修善寺駅→東海バス(約30分)→大曲茶屋 **帰り:**戸田峠バス停→東海バス(約30分)→修善寺駅 ※帰りのバスは本数が少ない。直前に情報収集を。

マイカー 東名高速道路沼津ICから国道246号・1号・136号、修善寺道路などを経由して、修善寺駅まで約24km。駅周辺の有料駐車場を利用する。

ヒント 縦走コースのため、船原峠や戸田峠

の無料駐車場までマイカーを利用した場合は、それぞれ達磨山までの往復登山となる。

登山適期 3月中旬〜12月

問合せ先
伊豆市観光商工課 ☎0558-72-9911
伊豆市観光案内所 ☎0558-99-9501
東海バス修善寺駅前案内所 ☎0558-72-5990
寺山タクシー ☎0558-72-2129

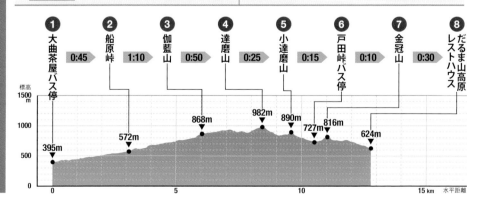

❶ 大曲茶屋バス停 — 0:45 — ❷ 船原峠 — 1:10 — ❸ 伽藍山 — 0:50 — ❹ 達磨山 — 0:25 — ❺ 小達磨山 — 0:15 — ❻ 戸田峠バス停 — 0:10 — ❼ 金冠山 — 0:30 — ❽ だるま山高原レストハウス

標高
1500m

395m 572m 868m 982m 890m 727m 816m 624m

0   5   10   15 km 水平距離

欄外情報 内湯のみの小さな施設だが、修善寺温泉では唯一の共同浴場が「筥湯(はこゆ)」。展望楼もあり、風情ある温泉情緒を味わえる。12〜21時(受付〜20時30分)。無休。☎0558-72-5282。

**広々としたササ原の稜線を歩き
一等三角点が立つパノラマの山頂へ**

プロフィール 伊豆半島の西側を南北に走る稜線の、達磨山をメインとした北のエリアを歩く。達磨山は天城四兄弟の長男万太郎（番太郎）と呼ばれ、天城山の万二郎岳、万三郎岳、松崎町の長九郎山をしたがえる兄貴分。標高が約1000mあるために積雪も珍しくはなく、春や秋の温暖な時期がおすすめのシーズンだ。

ガイド ❶**大曲茶屋バス停**で下車し、国道をそのまま進んで右の旧道に入る。3kmほど歩くとあずま屋のある❷**船原峠**で、西伊豆スカイラインの橋げた沿いに階段を上がる。ここから灌木帯と西伊豆スカイラインの車道を交互に進む。各入口には道標があって迷うことはない。しばらく歩くと広い土肥駐車場に着く。好天なら駿河湾の向こうに御前崎までが望める。

駐車場の端からササの歩道を登ると、❸**伽藍山**の三角点に出る。さらにスカイラインを進むと富士山が大きく見える小土肥駐車場。歩道に入って小さなピークを越えると古稀山に出る。目の前には達磨山が大きな姿を見せている。

ゆるやかなササ原を登ると、天城山とともに伊豆を代表する大型火山、❹**達磨山**の山頂に着く。一等三角点のある山頂からいったん下って登り返せば❺**小達磨山**。あとはゆるやかに下れば❻**戸田峠バス停**だ。道標にしたがって金冠山に向かおう。間近の❼**金冠山**は富士山の展望台。4月中旬頃にはマメザクラが咲く。

金冠山からは、バスがすぐ来るようなら❻**戸田峠バス停**で待つが、金冠山とバス停の中間あ

小達磨山付近から達磨山を振り返る

たりに入口がある防火帯の広い山道を❽**だるま山高原レストハウスバス停**まで下ろう。レストハウスの展望デッキから見える富士山は、昭和14年（1939）にニューヨークで開催された万国博覧会に日本を代表する風景として紹介され、大絶賛を博したといわれている。

だるま山高原レストハウス展望デッキからの眺め

変化に富んだ植生を楽しむ森のなかの周回路

天城山
（あまぎさん）

標高差 登り：**353m** 下り：**353m**

登山レベル 初級 体力：★★ 技術：★★

静岡県

標高 **1406m**（万三郎岳）

総歩行時間 **4**時間**20**分

総歩行距離 **8.4km**

万三郎岳の展望ポイントから見た馬ノ背と富士山。左端に万三郎岳が頭をのぞかせている

DATA

電車・バス 行き：JR伊東線伊東駅→東海バス（天城東急リゾートシャトルバス約55分）→天城縦走登山口 帰り：往路を戻る

マイカー 小田原厚木道路小田原西ICから真鶴道路、熱海ビーチライン、国道135号、県道12号・351号・111号を経由して天城高原ゴルフ場まで約66km。登山者用の大きな無料駐車場あり。

ヒント 伊東駅から天城高原ゴルフ場までの

シャトルバスは登山者の利用も可。ただし便数は少なく、時間が合わなければタクシーを利用することになる。マイカーのほうがプランは立てやすい。

登山適期 4〜11月

問合せ先
伊豆市観光協会天城支部 ☎0558-85-1056
東海バス伊東業所 ☎0557-37-5121
東豆タクシー ☎0557-37-3511

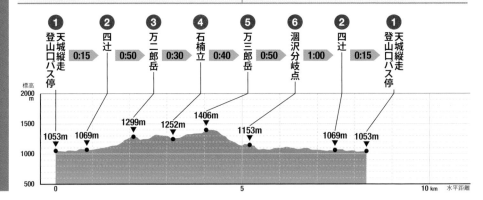

① 天城縦走登山口バス停 —0:15→ ② 四辻 —0:50→ ③ 万二郎岳 —0:30→ ④ 石楠立 —0:40→ ⑤ 万三郎岳 —0:50→ ⑥ 涸沢分岐点 —1:00→ ② 四辻 —0:15→ ① 天城縦走登山口バス停

標高 2000m 1500 1000 500

1053m 1069m 1299m 1252m 1406m 1153m 1069m 1053m

0 5 10km 水平距離

欄外情報 空気が澄む冬期は木の葉も落ち、富士山などの展望を楽しめる確率も高くなるが、気象条件によっては雪が降ることもある。登山道の凍結には要注意。軽アイゼンを携行すべきだろう。

富士山や伊豆半島の展望を楽しみつつ、ヒメシャラやブナの森を巡る

プロフィール 伊豆半島のほぼ中央部、南北に連なる標高1000m余りの山々の総称が天城山。その盟主・万三郎岳は伊豆半島の最高峰でもあり、ブナやヒメシャラ、アセビなどの豊かな森が訪れる人を魅了する。登山適期は4〜11月。とくにマメザクラやシャクナゲ、アセビ、ツツジなどが次々に開花する5〜6月と、紅葉の見頃となる10月中旬〜11月上旬がおすすめだ。

ガイド ❶天城縦走登山口バス停から登山道に入り、小さな沢に下りて苔むした堰堤脇の斜面を登り返してゆるやかに登っていく。再び沢に下りたところが❷四辻。ここで涸沢分岐点〜万三郎岳の道を右手に見送り、左のコースに入る。しばらくは涸れた沢に沿うほぼ平坦な道が続く。ヒメシャラやアセビなどをはじめとする美しい広葉樹の森で、森林浴気分が味わえる。

やがてガレ沢に突き当たるので、これを横切って再び森に入ると、すぐに本格的な登りとなる。ところどころ木の階段になっていて息が切れるが、春にはこのあたりからトウゴクミツバツツジの花が見られるようになる。

登りは長くは続かず、間もなくして傾斜が落ちてくれば❸万二郎岳の山頂に着く。山頂は樹林に囲まれていて展望はほとんどないが、しっとりと落ち着いた雰囲気で、ひと息入れるにはちょうどいい。

万二郎岳からは天城連山の主脈をたどっていく。下りはじめて数分のところに小さな露岩があり、ここから富士山や駿河湾、伊豆半島南部

ツツジに彩られた美しい森のなかの道をたどっていく

樹林に囲まれた万二郎岳の山頂

初夏に咲くアマギシャクナゲ

などが一望できる。すぐ目の前にはこんもりとした馬ノ背のピークがそびえ、その後ろにちらりと万三郎岳も顔をのぞかせている。コース中、いちばんのビューポイントだ。

鞍部まで下りきったら、今度は馬ノ背への登りにとりかかる。登りつめたところが馬ノ背で、その先から「アセビのトンネル」が始まる。溝状にえぐれた道の両側からアセビの木々が覆いかぶさるように生えているさまは、まさにトンネルのようである。

トンネルを抜け、再び下って❹石楠立の鞍部に出る。このあたりから万三郎岳山頂部にかけ

Column

伊東の共同温泉でさっぱり

伊東の市街には10の温泉共同浴場が点在しており、外来者も入浴できるので、登山帰りに汗を流していくといい。なかでも人気なのは、伊東で最古の湯といわれる「和田寿老人の湯」。その湯は江戸時代に徳川将軍に献上され、のちには俳人の種田山頭火もたびたび入浴に訪れたという。このほか、七福神の石像を一体ずつ祀ってある「七福神の湯」を巡ってみるのも楽しい。入浴料もリーズナブルだ。
伊東市観光案内所 ☎0557-37-6105。

ては、天城山の特産種として知られるアマギシャクナゲの群生地となっている。淡いピンクの花々が登山道を彩る毎年5月中旬～下旬ごろにかけては、この花を目当てに大勢の登山者がやってきてひときわ賑やかになる。

石楠立からは見事なブナの原生林が続く。ゆるやかに尾根をたどったのち、最後に急坂をひと登りすれば伊豆半島の最高峰❺万三郎岳だ。山頂には大きな地図案内板や標識、一等三角点、ベンチなどが設置されている。やはり木々に囲まれていてほとんど展望はないが、天気がよければ樹間から富士山が見え隠れする。

下山は涸沢分岐点を経由する周回コースをたどる。稜線を西に向かうとすぐに分岐があり、天城峠・八丁池方面に続く主稜線と分かれて右のルートをとる。道はすぐに急な下りとなり、整備された丸太の階段がしばらく続く。急下降が終わり、山腹をトラバースするように進めば、

間もなくで❻涸沢分岐点だ。

分岐から先も、山腹を巻く道が続く。苔むした岩がゴロゴロしている、歩きにくい道だ。小さなアップダウンが繰り返され、しかも下りよりも登りの割合のほうが多いので、ペース配分に気をつけながら歩いていこう。

やがて見事なヒメシャラの林のなかを行くようになると❷四辻はもう間もなく。四辻からは往路と同じ道をたどって❶天城縦走登山口バス停に戻る。

石楠立あたりのブナの森を歩く

登山道で見かけるヒメシャラの大木

奥武蔵・秩父

子ども連れにも歩き通せる奥武蔵入門コース

天覧山・多峯主山
（てんらんざん・とうのすやま）

📷 標高差　登り:**166m** 下り:**166m**

📷 登山レベル　**入門**　体力:★　技術:★

埼玉県

標高 **271m**（多峯主山）

総歩行時間 **3時間50分**

総歩行距離 **8.1km**

多峯主山から見た奥武蔵の山々。中央左に頭を見せているのは武甲山

📷 DATA

電車・バス **行き:** 西武池袋線飯能駅　**帰り:** 往路を戻る　※能仁寺に近いOH!!!・天覧山下バス停へのバス便もある。

マイカー 圏央道入間ICから国道16号・299号を経由して約9km、圏央道狭山日高ICからは県道397号を経由して約8kmで飯能市民会館の西駐車場（無料）。駐車場はイベント開催時に閉鎖されることがあるので、その場合は、南側の入間川河畔にある民間有料駐車場を利用する。市民会館まで徒歩約5分。

ヒント 特急のレッドアロー号が全日、ほぼ30分おきに池袋駅を出発している。

登山適期 通年（盛夏を除く）

問合せ先
飯能市観光・エコツーリズム推進課　☎042-973-2124
飯能市市民会館　☎042-972-3000
国際興業バス飯能営業所　☎042-973-1161

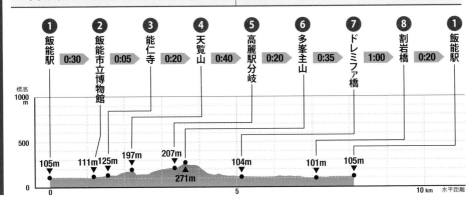

① 飯能駅 — 0:30 — ② 飯能市立博物館 — 0:05 — ③ 能仁寺 — 0:20 — ④ 天覧山 — 0:40 — ⑤ 高麗駅分岐 — 0:20 — ⑥ 多峯主山 — 0:35 — ⑦ ドレミファ橋 — 1:00 — ⑧ 割岩橋 — 0:20 — ① 飯能駅

標高 1000m / 500 / 0

105m　111m 125m　197m　207m　271m　104m　101m　105m

0　　　　　5　　　　　10 km　水平距離

欄外情報 コース中にある曹洞宗の禅寺、能仁寺は、室町中期に創建された古刹。この寺の庭園（有料）は日本名園百選にも選定されている。寺院内にはモミジが多く、新緑や紅葉のころにぜひ訪ねたい。

超低山なのに自然はたっぷり
大きく広がる展望も見逃せない

プロフィール 大正11年（1922）、埼玉県が県として初めて指定した名勝が天覧山だ。低い山ではあるが、コース中には湿原や深い広葉樹林などもあり、後半の吾妻峡での河原歩きは、楽しいハイキングに彩りを添える。

ガイド ❶飯能駅北口から駅ビル北側の車道を歩き、すぐ先で右斜めに入る車道を広小路交差点に向かう。交差点を左折し、中央公民館前のＴ字路信号にぶつかったら右折。左斜め向かいの観音寺境内に入る。境内奥の墓地から、歩道が❷飯能市立博物館裏へと続いている。この博物館前の県道を右に行けば❸能仁寺は正面。境内に入って本堂に続く階段の手前を右に行き、出合った車道を右、すぐ先を左に曲がる。広葉樹に包まれた道を10分ほど登ると天覧山中段で、トイレと案内板がある。

ここから山道になり、正面の道を登る。徳川綱吉の母桂昌院が奉納したといわれる十六羅漢像を過ぎれば、ほどなく❹天覧山の頂上で、東京都心や奥多摩、富士山など、超低山とは思え

吾妻峡のドレミファ橋

ない眺めが広がる。

天覧山から北西に急坂を下りきるとマムシ要注意の湿原で、ここ一帯だけの固有種、飯能笹も見られる。道は再び山中に入り、見返り坂を登った先が❺高麗駅分岐だ。この先の分岐を右に行けば、急な木段と「子ども専用クサリ場」を越え、❻多峯主山の明るく開けた山頂に飛び出す。天覧山同様、展望にすぐれた頂だ。

山頂からは雨乞池方面に下り、南に吾妻峡を目指す。広葉樹林を下って車道に出たら右折し、200mほど先を道標にしたがって左折。吾妻峡はすぐで、❼ドレミファ橋を渡って対岸へ。ここから川岸を歩き、途中から車道に上がって再度、川に下れば飯能河原の❽割岩橋だ。あとは市街地を抜けて❶飯能駅に戻る。

天覧山・多峯主山

湿原を行くハイカーたち

直登コースの鎖場は子ども専用
多峯主山❻
黒田直邦の墓
271
雨乞池
御嶽八幡神社
常盤御前の伝説にまつわる「しだけ」が道筋に生い茂る
0:10→
←0:20
❺高麗駅分岐
見返り坂
0:30→
←0:40
飯能笹が見られる
湿原
天覧山❹
197
十六羅漢像
高麗駅
西武秩父
巾着田
奥武蔵自然歩道
高麗峠分岐
0:20
道標あり
0:55→
←0:35
石の鳥居
0:15
0:05→
←0:05
天覧山中段
OH!!!・天覧山下
❼ドレミファ橋
吾妻峡
1:00
河原を歩くので増水時は避ける
入間川
能仁寺❸
P
市民会館
飯能市立博物館❷
観音寺の境内、墓地を抜けて博物館へ行く
卍観音寺
広小路交差点
0:30
JR八高線
高麗川
西武池袋線
割岩橋❽
飯能河原
中央公民館
毎日、ライトアップされる
飯能の名所旧跡や昔の建物名が記される絵馬型案内板が飾られている
0:20
❶飯能駅
東飯能駅

N
1:25,000
250 500m
1cm=250m
等高線は10mごと
埼玉県
飯能市
所沢
八王子

日和田山

のどかな里山から花々の咲く巾着田を歩く

日和田山
（ひわださん）

📷 標高差　登り：**260**m　下り：**265**m

📷 登山レベル　**初級**　体力：★　技術：★

中級　初級　入門　大展望／花

巾着田から見た日和田山

📷 DATA

電車・バス　行き：西武池袋線武蔵横手駅　帰り：西武池袋線高麗駅

マイカー　圏央道入間ICから国道16号・299号を経由して日和田山の登山口にある駐車場（有料）まで約12km。圏央道鶴ヶ島ICからは県道15号を経由して約11km。

ヒント　マイカーの場合、日和田山登山口の駐車場（有料）、または巾着田の駐車場（有料）に停めたら、高麗駅まで歩いて電車で武蔵横手駅に移動し、それから山歩きを始めるといい。

登山適期　3〜12月

問合せ先
日高市産業振興課　☎042-989-2111
巾着田管理事務所　☎042-982-0268

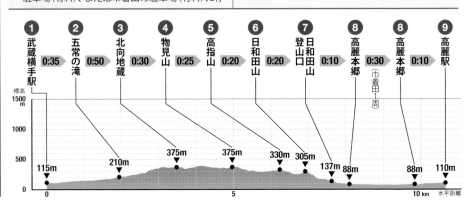

❶ 武蔵横手駅		❷ 五常の滝		❸ 北向地蔵		❹ 物見山		❺ 高指山		❻ 日和田山		❼ 日和田山登山口		❽ 高麗本郷		❽ 高麗本郷		❾ 高麗駅
	0:35		0:50		0:30		0:25		0:20		0:20		0:10		0:30 （巾着田1周）		0:10	

115m　210m　375m　375m　330m　305m　137m　88m　88m　110m

標高1500m／1000／500／0

0　　5　　10 km　水平距離

欄外情報　日和田山登山口から東に少し足をのばすと、高句麗から渡来した高麗王・若王の菩提寺でもある聖天院、学問の神様ともいわれる高麗神社がある。

冬でも歩ける里山ハイキングだが
男坂を下る際はくれぐれも慎重に

プロフィール 奥武蔵の入口にあって、隣の天覧山・多峯主山ともども、初心者向きコースとしておすすめの山。日和田山の男坂を下る際は注意が必要だが、下山後に巾着田の散策をルートに組み込めば、四季を通じて実り多い1日を過ごすことができるだろう。

ガイド ❶武蔵横手駅を降りたら目の前の国道を渡って右へと歩き、最初の角を左折。杉木立に囲まれた薄暗い車道をゆるやかに登る。30分ほど歩くと❷五常の滝を示す道標が立ち、右へと沢に下れば黒い岩に白く筋を描く五常の滝がその姿を現す。滝から車道に戻り、なおも進むと分岐となるので、ここは左の山道へと入ろう。車道をそのまま行っても北向地蔵で合流する。樹林のなかを進む道はいったん車道に出、再び山道に入るとやがて❸北向地蔵。天明6年（1786）から鎮座されているそうだ。

北向地蔵からはスギやヒノキの植林帯を歩く。途中、小瀬名からの道が合流した先で車道を横断し、ゆるやかに登りつめれば❹物見山の頂上だ。展望はないものの、明るい樹林に包ま

金刀比羅神社から見た富士山と奥多摩の山々

巾着田を形づくる高麗川を鹿台橋から見る

れた頂上は昼食をとるのにもってこいだ。

南に向かって尾根を下ると、ほどなく車道に突き当たる。駒高と呼ばれる集落で、トイレや売店がある。天気がよければ富士山も望めることだろう。ここからしばらくは車道歩き。左に電波塔が見えたところで、左にわずかに登れば❺高指山で、いったん車道へ戻ってすぐ先から山道に入る。尾根道を下り、最後に急斜面を登りきれば❻日和田山の頂上だ。東側には筑波山も望めるが、展望を楽しむなら少し下の金刀比羅神社がおすすめだ。富士山や奥多摩などの眺

静かに水を落とす五常の滝

Column

巾着田の花々

高麗駅の近くにある巾着田は、冬をのぞいて常に花々に彩られ、山歩きのあとの散策に最高の場所。春は菜の花、桜、イチリンソウ、夏はアジサイ、ハス、そして秋は500万本のヒガンバナ、コスモス、キツネノカミソリ、さらに花ではないが、冬はヒガンバナの葉が緑のじゅうたんをつくっている。

いつも人でいっぱいの金刀比羅神社

めが大きく広がる。

　金刀比羅神社からの下りは、なだらかな女坂と岩場のある男坂に分かれる。男坂は上部の岩場がやや急なので、自信のない人は無理せず女坂を下ろう。どちらの道も下部で合流し、鳥居をくぐってわずかな時間で❼日和田山登山口に到着する。

　車道を右に行き、そのまま下れば❽高麗本郷の交差点。花の時期なら南に下って巾着田を散策するといい。30分ほどで一周できる。❾高麗駅へは高麗本郷の交差点から鹿台橋を渡って左折し、道標にしたがって南下すれば10分ほどで到着する。

日和田山直下の男坂の岩場

埼玉県

標高 376m

総歩行時間 3時間35分

総歩行距離 9.0km

さまざまなコースで歩ける越生の里山

大高取山
（おおたかとりやま）

👁 標高差 登り:**310m** 下り:**310m**

👁 登山レベル　**入門**　体力:★　技術:★

幕岩展望台より関東平野を一望

👁 **DATA**

電車・バス 　行き:JR八高線・東武越生線越生駅　**帰り:**往路を戻る　※「オーパークおごせ」の利用者は越生駅までの送迎バスが利用できる。

マイカー 　関越自動車道鶴ヶ島ICから国道407号、県道114号・39号・30号などを経由して世界無名戦士之墓まで約15km。20台ほど駐車できる。

ヒント 　越生梅林の開花時期はこちらから登るのもいい。越生駅から梅林入口までは川越観光自動車バスが利用できる。梅まつり期間中の土曜・休日には臨時バスも運行。歩く場合は約55分。

登山適期 　3～12月

問合せ先

越生町産業観光課 　　　　　　　☎ 049-292-3121

越生町観光案内所(オーティック) ☎ 049-292-6783

川越観光自動車(バス) 　　　　　☎ 0493-56-2001

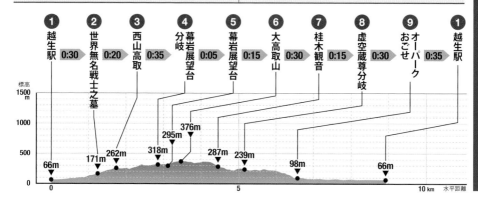

❶ 越生駅		❷ 世界無名戦士之墓		❸ 西山高取		❹ 幕岩展望台分岐		❺ 幕岩展望台		❻ 大高取山		❼ 桂木観音		❽ 虚空蔵尊分岐		❾ オーパークおごせ		❶ 越生駅
	0:30		0:20		0:35		0:05		0:15		0:30		0:15		0:30		0:35	

標高
m

1500

1000

500

0

66m　171m　262m　318m　295m　376m　287m　239m　98m　66m

0　　　　　　　　　5　　　　　　　　10 km　水平距離

西山高取から幕岩展望台を経て 大高取山に立ち「オーパークおごせ」へ

プロフィール 関東三大梅林の越生梅林の南にそびえる大高取山は、越生梅林をはじめ、東麓の五大尊ツツジ公園、虚空蔵尊からなど、各方面から山頂を目指せる。ここでは西山高取と大高取山に立ち、立ち寄り湯「オーパークおごせ」へと下るコースを紹介しよう。

ガイド ❶越生駅から商店街をまっすぐ進む。突き当たった県道の先に法恩寺がある。山門脇にある道標にしたがい右へ進み、続いて左へと車道を登っていく。道なりに進むと、途中、越生神社があるので参拝していこう。さらに車道をたどり、正法寺の墓地を見送れば、じきにトイレや駐車場がある。広い石段を登れば❷世界無名戦士之墓に到着する。建物の上は展望台になっており、越生市街が見渡せる。

大高取山へは左手から道標にしたがい山道へと入っていく。樹間越しに関東平野を望みながら進む。はじめはスギ・ヒノキ林をゆるやかに

植林に囲まれ薄暗い大高取山の山頂

朱塗りの社の桂木観音

樹林に囲まれた西山高取の山頂

登っていくが、山道が岩まじりになると傾斜がきつくなる。しかし、それもひと登り。尾根道をゆるやかに進めば❸西山高取で、南側が開けている。五大尊つつじ公園からの道を合わせまっすぐ進むと、一度、階段道を小さく下る。すぐT字路となるので、道標にしたがい右へ延びる山道をゆるやかに進む。やがて、樹間越し右下にゴルフ場が望める。

この先で途中、道は二分するが、道標にしたがい右へ進めば、やがて❹幕岩展望台分岐となる。直接、大高取山へと登るには右へ尾根道を進むが、ぜひ幕岩展望台に足を延ばそう。山腹を巻くように進み、最後に少し左へ下れば❺幕岩展望台だ。よく晴れた日は筑波山から新宿副都心までが一望できる。

ひと休みしたら道標にしたがいジグザグに登っていく。じきに広い主尾根に出る。桂木観音へは左だが、まずは右へと数分登り❻大高取山の山頂を踏んでこよう。樹林に囲まれ展望はないが三角点の標柱がある。

下山は尾根道を戻り南へと下っていく。尾根沿いはほとんど樹林のなかだ。かつて展望が開けた箇所も、今は木が大きくなり古い展望案内

虚空蔵尊分岐とオーパークおごせへの道

欄外情報 「オーパークおごせ」は2種類の露天風呂や内風呂のほか、キャビン、テントサイト、レストランなどが揃ったリゾート施設。10～22時。第2木曜休。☎049-292-7889。

図があるだけ。最後に一気に下ると**❼桂木観音**（かつらぎかんのん）に到着する。朱塗りの観音堂は彫刻が見事。

桂木観音の階段を下り車道に出たら左へ下っていく。途中、右に黒山三滝方面への道を分け、左へカーブして下るとユズ園だ。道標にしたがい、ユズ園を抜け山道を進むと、途中、**❽虚空蔵尊分岐**（こくうぞうぶんき）で道を分ける。あとは尾根伝いに下っていけば、**❾オーパークおごせ**に下り立つ。時間が許せば、ぜひ汗を流して帰りたい。越生駅へは施設利用の場合、無料送迎バスが利用できる。歩く場合は、車道をたどり、県道に出たら、左へと進めば**❶越生駅**（おごせえき）だ。東武越生線利用の場合は武州唐沢駅へ向かってもよい。歩行時間は越生駅に行くよりやや短い。

📷 Column

梅の時期は越生梅林コース、車なら虚空蔵尊コース

越生梅林の見頃は例年2月中旬〜3月。古梅や白梅、紅梅など約千本が咲く。この時期は越生梅林から登りたい。登山口は梅園入口バス停から左へと進み梅園神社を過ぎたところ。越生梅林入口から大高取山までは約1時間。車利用で周回コースを歩くなら、虚空蔵尊（写真）を起点に周回することができる。虚空蔵尊前と虚空蔵尊さくら公園に駐車場がある。

中級
初級
入門

花／森林浴／日だまりハイク

山城跡を訪ねる和紙の里の低山歩き

仙元山
せんげんやま

📷 標高差　登り：**208m** 下り：**208m**

📷 登山レベル　**初級**　体力：★　技術：★

埼玉県

標高 **299m**

総歩行時間 **3**時間**30**分

総歩行距離 **11.3**km

割谷の馬頭尊碑から見た仙元山（真ん中の平坦な山）

📷 DATA

電車・バス 行き：東武東上線・JR八高線小川町駅　帰り：往路を戻る

マイカー 関越自動車道嵐山小川ICから県道11号、国道254号を経由して道の駅おがわまち（埼玉伝統工芸会館）まで約4.5km。

ヒント マイカーの場合、小川町駅周辺には駐車場が少ないので、道の駅おがわまちの駐車場をスタート・ゴールにしたほうが楽。仙元山の山頂

と青山（割谷）城跡の往復だけなら、見晴らしの丘公園に駐車してもいい。

登山適期 3〜12月

問合せ先

小川町にぎわい創出課　☎0493-72-1221
小川町観光案内所「楽市おがわ」　☎0493-74-1515
道の駅おがわまち（埼玉伝統工芸会館）　☎0493-72-1220

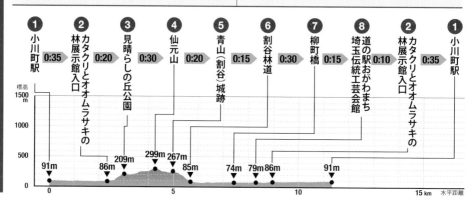

① 小川町駅 — 0:35 — ② カタクリとオオムラサキの林展示館入口 — 0:20 — ③ 見晴らしの丘公園 — 0:30 — ④ 仙元山 — 0:20 — ⑤ 青山（割谷）城跡 — 0:15 — ⑥ 割谷林道 — 0:30 — ⑦ 柳町橋 — 0:15 — ⑧ 道の駅おがわまち埼玉伝統工芸会館 — 0:10 — ② カタクリとオオムラサキの林展示館入口 — 0:35 — ① 小川町駅

91m　86m　209m　299m　267m　85m　74m　79m　86m　91m

標高 1500m / 1000 / 500 / 0

0　　5　　10　　15 km　水平距離

欄外情報 コース上にある「カタクリとオオムラサキの林」と「カタクリとニリンソウの里」では3月下旬〜4月中旬にかけ、カタクリやニリンソウが咲く。また、例年7月上旬には、オオムラサキの放蝶会を実施。

**静かな森の道から展望台を経て山頂へ
山城跡を巡ってのどかな山里に下る**

`プロフィール` 標高300mにあと1m、小京都・
小川町の裏山的な存在が仙元山だ。東京タワー
より低いが、さまざまな樹種が山を包み、深山
の趣さえ漂っている。春の北麓にはカタクリや
ニリンソウが咲き誇る花の山でもある。

`ガイド` ❶小川町駅正面の商店街を南下し、国
道254号を横断してそのまま直進。すぐ先のT
字路を右折して次の分岐を左に行き、ぶつかっ
たT字路を左折。県道に出たら右折して槻川を
渡り、青山陸橋西交差点を過ぎた先で左に入る。
300mほど歩いてJR八高線の踏切を渡った先で
右に曲がると山頂への別コースの登山口がある
が、ここは右に見送って道なりに歩く。ほどな
く左側に公衆トイレが現れ、ここからもコース
が延びている。こちらも見送り、もう少し歩い
た右側の❷カタクリとオオムラサキの林展示館
入口からコースに入る。

すぐにカタクリとオオムラサキの林展示館が
立ち、建物の左横から続く登山道を登れば、20
分弱で❸見晴らしの丘公園に出る。公園からは

青山（割谷）城跡の本郭跡

左に続く未舗装の林道を歩き、右側のあずま屋
から再び登山道に入る。

樹林の道を行き、パラグライダー離陸場を過
ぎれば間もなく❹仙元山の山頂。杉木立に包ま
れた静かな頂だ。山頂からはゆるやかに下り、
割谷への分岐から❺青山（割谷）城跡を往復す
る。堀切や郭跡を巡ったら割谷への分岐に戻っ
て割谷集落へと下る。❻割谷林道に出たら左に
行き、割谷橋を渡って突き当たりのT字路を左
折。車道を歩いて下里八宮神社を過ぎれば❼柳
町橋だ。橋の手前から左の細い道に入ると「カ
タクリとニリンソウの里」。途中で木の橋を渡っ
て❽道の駅おがわまちに立ち寄ろう。道の駅か
らは西光寺を経て往路の❶小川町駅に戻る。

山歩きの面白さが短いコースに凝縮

官ノ倉山
(かんのくらやま)

📷 標高差 登り:**228m** 下り:**253m**

📷 登山レベル [初級] 体力:★ 技術:★★

埼玉県

標高 **344m**

総歩行時間 **3時間10分**

総歩行距離 **8.4km**

石尊山直下の鎖場を下る

📷 DATA

電車・バス **行き:**東武東上線東武竹沢駅 **帰り:**東武東上線・JR八高線小川町駅

マイカー 関越自動車道嵐山小川ICから県道11号、国道254号を経由して小川町駅前まで約4km。駅前のコインパーキングに駐車し、次駅の東武竹沢駅までは電車で移動する。小川町駅から東武竹沢駅までの朝7〜9時台の電車は、土曜・休日が1時間に2〜4本、平日が1時間に4本。

ヒント JR八高線の竹沢駅を利用する場合は、駅を出たら国道254号を左(南東)に歩く。500mほど行くと東武竹沢駅からの道が左から合流する信号があるので、ここを右折すればいい。

問合せ先 3〜12月

問合せ先
小川町にぎわい創出課 ☎0493-72-1221
小川町観光案内所「楽市おがわ」 ☎0493-74-1515

① 東武竹沢駅 —0:35→ ② 三光神社 —0:30→ ③ 官ノ倉峠 —0:15→ ④ 官ノ倉山 —0:30→ ⑤ 北向不動 —0:30→ ⑥ 長福寺 —0:50→ ⑦ 小川町駅

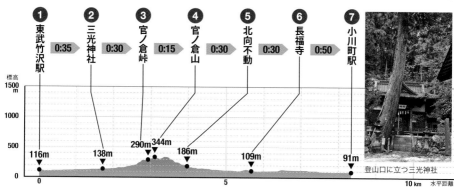

標高 1500m / 1000 / 500 / 0

116m 138m 290m 344m 186m 109m 91m

0 / 5 / 10 km 水平距離

登山口に立つ三光神社

欄外情報 登山口にあたる三光神社の手前と、下山して最初の集落の手前にある公衆トイレはいずれもきちんと管理され、安心して利用することができる。

何カ所もの急な登下降と鎖場
短いながら気を抜けないコース

プロフィール 標高こそ300m台だが、急な登下降や鎖場、広葉樹林、山麓には由緒ある寺社と、山歩きの楽しさがコンパクトに詰まった山。帰路は小京都・小川町の街歩きも楽しい。

ガイド ❶**東武竹沢駅**の改札を出たら線路下のトンネルをくぐり西口へ。駅前の道を南に歩いて踏切を渡り、国道254号との交差点を直進する。公衆トイレを過ぎると左手に、日・月・星、3つの光が名の由来といわれる❷**三光神社**が見えてくる。神社の手前を左折して道なりに行けば、あずま屋の立つ天王沼。沼の向こうに官ノ倉山が姿を見せる。沼の右手に続く登山道は徐々に傾斜を増し、やがて急斜面の薄暗い杉林を九十九折に登るようになる。ひと汗かいたところが❸**官ノ倉峠**で、ここから道は左に直角に折れる。正面に続く明瞭な道は安戸集落への道なので、そちらには行かないように。

峠からは木の根と岩がミックスした急登が待つが、❹**官ノ倉山**まではすぐ。樹木がまばらに立つ頂上は好展望地で、小川町の街並み、笠山や大霧山といった奥武蔵の人気の山々、そして、すぐ目の前には石尊山の道標が見えている。

次のピーク、石尊山へは、いったん下って登り返す。この下りはくせ者で、短いながらたいへん急。要注意箇所だ。鞍部で安戸集落からの

長福寺付近の里道を歩く

道を合わせて登り返せば小さな社の立つ石尊山。晴れた日には日光連山や筑波山も望める。

この石尊山の頂上直下には長い鎖場が待っている。困難ではないが、岩や鎖が濡れているときは十分注意したい。鎖場を終えても坂道は続き、やがて傾斜がゆるむと道は未舗装の林道となる。ほどなく❺**北向不動**で、白く小さな社は、長く急な階段の先に立っている。

林道を下った先のT字路を右に行き、公衆トイレの先で集落に入る。途中、道標にしたがって小さな橋を渡る。暗い林を抜け、舗装路を渡って再度、林間に入り、再び舗装路に出て左に行けば❻**長福寺**はすぐだ。長福寺からはずっと車道歩き。複雑だが、要所には道標が立つ。大塚八幡神社の長い参道を抜ければ市街の一角で、小川町立図書館を過ぎ、国道254号に出たら左折。次の交差点を右に入れば、❼**小川町駅**は間もなくだ。

官ノ倉山

大展望広がる比企三山の一座に立つ

大霧山
おおぎりやま

- 標高差 登り：**571m** 下り：**414m**
- 登山レベル **初級** 体力：★ 技術：★

埼玉県

標高 **767m**

総歩行時間 **3時間50分**

総歩行距離 **8.4km**

大霧山

中級 初級 入門

大展望／花／紅葉／森林浴／日だまりハイク

大霧山山頂より両神山（右端）と秩父の山々を展望

DATA

電車・バス **行き：**東武東上線・JR八高線小川町駅→イーグルバス（約25分）→橋場 **帰り：**白石車庫→イーグルバス（約30分）→東武東上線・JR八高線小川町駅

マイカー 関越自動車道嵐山小川ICから県道11号、国道254号、県道11号を経由して橋場まで約17km。橋場バス停脇に10台ほど駐車できる。

ヒント 皆野・白石車庫行きのバスは平日と

土・日曜でダイヤが異なるうえ、便数も少ないので事前に確認したい。車利用の場合、彩の国ふれあい牧場の駐車場などを利用しての往復登山とすれば、登り行程を短くできる。

登山適期 4月下旬〜12月上旬（盛夏を除く）

問合せ先
東秩父村産業観光課 ☎ 0493-82-1223
イーグルバス都幾川営業所 ☎ 0493-65-3900

① 橋場バス停 **1:00** **②** 粥仁田峠 **0:40** **③** 大霧山 **0:40** **④** 旧定峰峠 **0:50** **⑤** 定峰峠 **0:40** **⑥** 白石車庫バス停

標高
1500m

196m　549m　767m　632m　618m　353m

0　　　　　5　　　　　10km　水平距離

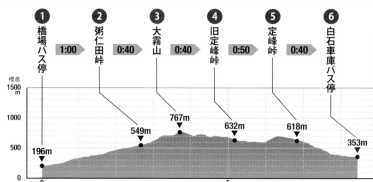

晩秋の尾根道をたどり大霧山へ

欄外情報 春の白石集落は桜やミツバツツジ、レンギョウ、ハナモモなどが咲き、まさに桃源郷のよう。バスの待ち時間に散策するのもオススメ。

古えの峠道をたどり
展望広がる山頂に立つ

プロフィール 大霧山は笠山、堂平山とともに比企三山に数えられる。その山稜には秩父と東秩父を結ぶ峠道が越えており、古くから交易や巡礼が行われてきた。歴史ある道をたどり、山頂展望を楽しみたい。

ガイド ❶橋場バス停で下りたら、正面に流れる槻川を渡り車道をゆるやかに登っていく。しばらく行くと、車道をショートカットする山道がある。再び車道に飛び出す。途中、農産物の無料販売所などを経て進むと、じきに粥仁田峠への分岐となる。道標にしたがい、民家の前を抜けて登っていく。再び車道となりしばらく進めば、あずま屋が立つ❷粥仁田峠に到着する。

ひと息入れたら、あずま屋脇から尾根伝いに登っていく。尾根沿いは落葉広葉樹に覆われており、初夏の新緑や秋の紅葉がきれいだ。最後に短く急登すると❸大霧山だ。広い山頂には三等三角点や展望板があり、眼前には武甲山から両神山といった秩父の山々、遠く浅間山や榛名山、赤城山、日光連山が一望できる。

定峰峠へと続く明るい尾根道

下山は尾根道を南へ下る。途中、ちょっとしたロープ場を下り、しばらくすると左手が牧草地となっており、東に笠山や堂平山が見える。牧草地脇を抜け植林帯を行く。小ピークを越え、一度、大きく左へ曲がって進むと、やがて石祠のある❹旧定峰峠に到着する。道標にしたがい、白石（経塚バス停）への道を分け、定峰峠方面へと尾根伝いに進む。途中、鞍部から登り返し、獅子岩を抜け701mピークを越えて下っていけば峠の茶屋がある❺定峰峠だ。車道を左にたどった後、山腹のショートカット道を行く。さらに、車道を横切りながら下ると、茶店がある車道に出る。あとは右へと下っていけば❻白石車庫バス停となる。

大霧山山腹の牧草地と笠山、堂平山

大霧山

「天空のポピー」
5月上旬〜6月初旬
秩父高原牧場

彩の国
ふれあい牧場

小川町駅
普門寺卍

地蔵岳
393

❶橋場バス停
観音山
▲458

道の駅和紙の里
ひがしちちぶ
御堂

小川町駅

栗和田

1:00

0:40

粥仁田峠 ❷

あずま屋

埼玉県
東秩父村

皆野町

入山

皆谷

新田

仙元山
465

0:40

0:30

大霧山 ❸
767

八幡神社
ロープ場あり
牧場の草地

朝日根

萩平

秩父市

0:40

0:50

直角に曲がる

経塚

小川町

笠山
837

定岳寺卍

定峰

旧定峰峠 ❹

「ダイダラボッチの伝説」
解説板

白石車庫バス停
❻
白石

栗山

0:50

0:40

1:00

N

1:50,000

0   500   1000m

獅子岩

（白石キャンプ村）

春、花々に
包まれる

1cm=500m
等高線は20mごと

701mピーク

❺定峰峠

民話と信仰の山上集落から雨乞いの山へ

越上山
<small>おがみやま</small>

🔍 標高差　登り:**434**m　下り:**383**m

🔍 登山レベル　**初級**　体力:★★　技術:★

埼玉県

標高 **566**m

総歩行時間 **4**時間**20**分

総歩行距離 **11.6**km

鉄塔先の尾根上から見た越上山

🔍 DATA

電車・バス　**行き**:西武池袋線東吾野駅　**帰り**:西武池袋線吾野駅

マイカー　圏央道圏央鶴ヶ島ICから国道407号、県道15号、国道299号を経由して東吾野駅まで約16km。駅前に有料駐車場がある。帰りは西武秩父線で吾野駅から東吾野駅へ戻る。

ヒント　低山だが、小さなアップダウンが続くため、時間に余裕をもって歩きたい。コース中には分岐が多いので、道標をよく確かめて進むこと。顔振峠からは時間が長くなるが、黒山三滝方面へも下れる。顔振峠から黒山バス停へは約2時間。

登山適期　通年(盛夏を除く)

問合せ先　飯能市観光・エコツーリズム推進課 ☎042-973-2124　奥むさし飯能観光協会 ☎042-980-5051

❶ 東吾野駅 — 0:55 → ❷ ユガテ — 0:25 → ❸ エビガ坂 — 1:35 → ❹ 越上山 — 0:30 → ❺ 顔振峠 — 0:55 → ❻ 吾野駅

標高
1500m

566m
505m

292m
396m

132m

183m

0　　　　　　5　　　　　　10　　　15 km　水平距離

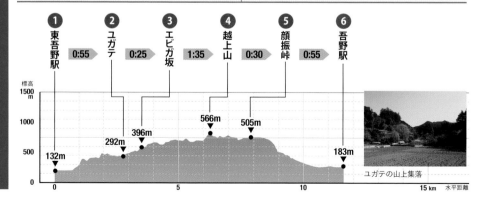

ユガテの山上集落

欄外情報　奥武蔵グリーンラインが上がってくる顔振峠には、平九郎茶屋、富士見茶屋、顔振茶屋などがあり、それぞれに名物のそばやうどん、おしるこなどがいただける。

ユガテからアップダウンが続く
山上の道をたどり顔振峠へ

`プロフィール` 山上集落のユガテはかつて温泉が天まで吹き上げたとされる民話の里。越上山は雨乞い神事が行われた信仰の山。顔振峠はその絶景から義経が何度も振り返ったといわれる峠。そんな伝説の山上をめぐる縦走コース。

初夏の顔振峠から秩父の山々を眺める

`ガイド` ❶東吾野駅から国道に出たら左へ進んだ後、ユガテ方面へと右に入る。しばらくで福徳寺がある。屋根の勾配が美しい阿弥陀堂を見ながら舗装路を進むと虎秀新田の分岐だ。道標にしたがいユガテ方面へと右に入る。コンクリート道と分かれ、植林帯を登っていき、尾根に出たら左へ進む。この先で右へと下れば❷ユガテに到着する。手入れされた畑が広がるのどかな山上集落で、トイレやベンチがある。

ひと息入れたら畑地を通り住宅の上に登る。林道を右にたどり、先の道標で山道へ入る。小さく下り林道を横断。しばらく植林帯を進めば❸エビガ坂だ。鎌北湖への道を分け、小さくアップダウンを繰り返しながら進む。一度林道をたどってから再び山道へ。途中、鉄塔をくぐって

進むと、越上山が望める場所がある。獅子ヶ滝への分岐、さらに桂木観音への道を分けた後、林道を横断し登っていけば、越上山・顔振峠分岐だ。道標にしたがい折り返すように進行を変え登っていく。最後に切れ落ちた岩場を抜ければ❹越上山だ。樹林に囲まれ展望はない。

分岐まで戻ったら、途中、諏訪神社を経て車道に下り立てば、やがて❺顔振峠となる。春は桜が咲き茶屋の先から秩父の山々が展望できる。吾野駅へは道標にしたがい、山上集落を見下ろしながら山道を下る。未舗装林道を経て舗装路をしばらく下って行く。最後に国道をトンネルでくぐり右へ行けば、❻吾野駅へと上がる石段がある。

越上山

黒山三滝　茶屋
奥武蔵グリーンライン　•392
❺顔振峠
•456　風影　538　　❹越上山
明るい山上集落　見晴台　566　桂木観音分岐
•364　•468　0:55　諏訪神社
熊に注意
上長沢
•357　1:10　0:30　卍宗林寺　岩場に注意　小さなアップダウンが続く
•399　長沢　阿寺　十二曲　下り道はスリップに注意
瀬尾　奥武蔵中　文　熊に注意
1:10
弁財天　奥武蔵小　文　卍　1:35
•304　鎌北
坂石　久ノ本　0:20　❸エビガ坂
•299　中峠　301　0:25
坂石町分　•246　毛呂山町
館跡　南元組　虎秀新田分岐　❷ユガテ
❻吾野駅　井上　0:45　虎秀　明るい山上集落
ふれあい農園　0:55　橋本見晴台
大高山　卍福徳寺
西武池袋線　東吾野医療介護センター
N　埼玉県　吾那神社
飯能市　P
1:50,000　東吾野駅　❶
500　1000m
1cm＝500m　日高市
等高線は20mごと　飯能↓　白子

80

奥武蔵の古刹を参拝し展望抜群の頂に立つ

関八州見晴台

かんはっしゅうみはらしだい

📷 標高差　登り：**527m**　下り：**588m**

📷 登山レベル　**初級**　体力：★★　技術：★★

埼玉県

標高 **771m**

総歩行時間 **4時間15分**

総歩行距離 **11.2km**

ヤマツツジ咲く関八州見晴台から関東平野を一望

📷 DATA

電車・バス　**行き**：西武秩父線西吾野駅　**帰り**：西武池袋線吾野駅　※西吾野駅や吾野駅へは、土曜・休日の朝に西武池袋線池袋駅から直通の快速急行が運行される。

マイカー　圏央道圏央鶴ヶ島ICから国道407号、県道15号、国道299号を経由して東吾野駅まで約27km。駅前に有料駐車場がある。起点駅へは西武秩父線で移動。東吾野駅が満車の場合は西吾野駅の先の正丸駅にも有料駐車場がある。

ヒント　車の場合、西吾野駅、吾野駅とも、駐車場がないので注意。コース上では高山不動尊や山頂直下の道路脇の広い路肩などに駐車できる。ただし、歩く楽しみが大幅に減少する。

登山適期　3〜12月

問合せ先　飯能市観光・エコツーリズム推進課　☎042-973-2124

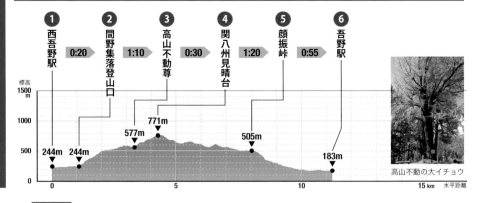

① 西吾野駅　0:20　② 間野集落登山口　1:10　③ 高山不動尊　0:30　④ 関八州見晴台　1:20　⑤ 顔振峠　0:55　⑥ 吾野駅

標高 1500m　1000　500　0

244m　244m　577m　771m　505m　183m

0　5　10　15km　水平距離

高山不動の大イチョウ

欄外情報　正式名を高貴山常楽院という高山不動尊の不動堂は、江戸時代後期の建築。大イチョウは樹高約37m、幹回り10m、推定樹齢800年で、県の天然記念物に指定されている。

関東三大不動の高山不動尊を参拝し
360度の展望広がる関八州見晴台へ

プロフィール 東京の高幡不動、千葉の成田不動とともに関東三大不動の高山不動尊。その奥の院が祀られる関八州見晴台は、その名の通り、武蔵、上野、下野、常陸、下総、上総、安房、相模の関八州をぐるりと見渡す展望が見事。

ガイド ①西吾野駅から車道を下り右へと進む。しばらく進むと、右にパノラマコースを分け②間野集落登山口に至る。北川を渡り、民家の間を直進して山道へと入っていく。植林帯を登っていくと、しばらくで萩の平茶屋跡に出る。ここからは傾斜はゆるくなり、途中、右からパノラマコースが合流。続いて、関八州見晴台に直接進む道を左に分けて進めば③高山不動尊だ。高く梢を伸ばす大イチョウの反対側の急な石段を登れば立派な不動堂が立つ。

高山不動尊の参拝を済ませ、トイレ脇から裏手に続く山道を登れば車道に出る。茶屋の向かいから山道を登り、小ピークの丸山を越えると、再び車道に出る。すぐ先からツツジに囲まれた山道をひと登りで、④関八州見晴台だ。高山不

顔振峠を歩くハイカーたち

動尊の奥の院とあずま屋があり、武甲山や両神山、奥多摩、奥日光、筑波山などを展望できる。晴れた日は東京スカイツリーも見える。展望を楽しみながらゆっくり昼食としたい。

下山は東へと山道を歩いて花立松ノ峠へと下る。山道は峠までで、あとは稜線上の車道を歩くことになるが、ところどころ展望も開け、車道が迂回するピークには山道も付けられているので好きなほうを歩けばいい。緑濃い山岳道路を行き、一帯が大きく開けると⑤顔振峠だ。茶屋が何軒か立ち、春には梅や桜、桃などの花々に山上が彩られる。顔振峠からは道標にしたがい、吾野駅を目指して下る。途中から車道を歩いて駅前は旧道を行けば⑥吾野駅に到着する。

奥武蔵屈指のロングコースを歩く

伊豆ヶ岳
（いずがたけ）

標高差 登り：**551m** 下り：**607m**

登山レベル **中級** 体力：★★★ 技術：★★

前武川岳から見た伊豆ヶ岳と古御岳（右）

DATA

電車・バス 行き：西武秩父線正丸駅 帰り：西武秩父線西吾野駅

マイカー 圏央道入間ICから国道16号・299号を経由して約30km。また、圏央道圏央鶴ヶ島ICからは県道15号、国道299号を経由して約29km。正丸駅の有料駐車場を利用するが、予約はできない。

ヒント マイカーを利用する場合、西吾野駅から電車で正丸駅に戻る。なお、正丸駅から3つ手前の東吾野駅にも駐車場があるが、駐車可能台数は少ない。

登山適期 3月下旬〜12月上旬

問合せ先
飯能市観光・エコツーリズム推進課 ☎ 042-973-2124
奥むさし飯能観光協会 ☎ 042-980-5051

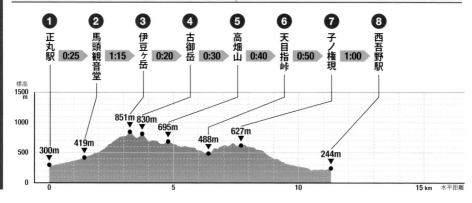

❶ 正丸駅		❷ 馬頭観音堂		❸ 伊豆ヶ岳		❹ 古御岳		❺ 高畑山		❻ 天目指峠		❼ 子ノ権現		❽ 西吾野駅
	0:25		1:15		0:20		0:30		0:40		0:50		1:00	

標高 1500m
300m / 419m / 851m 830m / 695m / 488m / 627m / 244m

水平距離

欄外情報 古御岳を越えてしまうと、適当なエスケープルートがなくなる。伊豆ヶ岳までに予想以上に時間がかかったときは、正丸峠経由で正丸駅に戻ったほうがいい（所要1時間40分前後）。

厳しい登り下りの繰り返し
後半にバテないペース配分を

プロフィール 奥武蔵の人気ナンバーワンともいわれる山。知名度が高いだけに気軽に登れると思われがちだが、伊豆ヶ岳単体をとっても急な斜面に苦労する。子ノ権現を経て駅へと下る縦走は、登り下りを交えて11km以上あり、想像以上に疲れるコースであることを十分に認識しておきたい。

ガイド ❶正丸駅の改札を出て、右手の急な階段を下る。車道に下りたったら右へと線路下のガードをくぐり、集落のなかの車道を歩く。しばらくすると❷馬頭観音堂が立ち、ここから左の沢沿いの道に入る。名栗げんきプラザ方面への道を右に分け、「伊豆ヶ岳胸突き八丁休んでけ岩」との古い看板がぶら下がったあたりから、伊豆ヶ岳名物の急登が始まる。前半は杉林、後半は雑木林のなかに続く荒れた急坂は息つく暇もない。とにかくゆっくり着実に、時には張られたロープの助けも得ながら高度を上げる。

　急斜面を登り切って尾根に出、展望の開けた場所を過ぎればほどなく、男坂・女坂の分岐。

伊豆ヶ岳への急斜面を登る

伊豆ヶ岳の頂上は岩場になっている

古御岳の下りの美しい樹林

ヤマツツジ咲く伊豆ヶ岳の山頂部

正面の男坂は実質的に通行禁止の措置（コラム参照）がとられているため、右の女坂を行く。途中から崩壊地の迂回路を登れば、ほどなく❸伊豆ヶ岳の頂上だ。西面だけが開け、武甲山や武川岳が顔をのぞかせている。

　頂上からは南へと、ロープの張られた急斜面を下る。下り立った鞍部からゆるやかに登り返せば、あずま屋の立つ❹古御岳だ。樹林に囲まれた心地いい雰囲気。この古御岳からはまたも急下降するが、周囲の樹林はコース随一といっていいほどに美しい。小さなアップダウンを繰

Column
伊豆ヶ岳の鎖場

　かつては伊豆ヶ岳のシンボルだった長い鎖場だが、落石の危険があるため、現在は入口にロープが張られ、通行を遠慮してほしい旨の看板も立っている。実際、転落事故も起きているし、上部には不安定な石がごろごろしている。それでも登る人は少なくないようだが、ここは女坂を行くべきだろう。

り返すと❺高畑山の頂上に着く。変化の少ない道を行き、鉄塔の脇を通って中ノ沢ノ頭の北側を巻くあたりから、登山道は東方向へと進路を変える。間もなく❻天目指峠で、いったん車道を渡り、再び山中に入る。

このコースは、ここからけっこうなくせ者ぶりを見せる。子ノ権現はもう近いと思わせておいて、岩がごろごろ、木の根がはみ出した歩きづらい急斜面の尾根を歩かせるのだ。それでもここが最後の踏ん張りどころ。右手に小さな社が現れるとつらい登りは終わりで、鳥居をく

ぐって竹寺への道を右に分ければ❼子ノ権現の境内へと導かれる。

一足2トンともいわれる有名な鉄の草鞋を見学し、大きな赤い仁王像、天然記念物の二本杉を見上げてから車道に出る。屋根付き駐車場のなかを抜けるとほどなく吾野駅への分岐で、そのすぐ先に西吾野駅への分岐がある。ここを右に入って杉林の道をしばらく下ると小床集落。季節の花が彩るのどかな山里だ。国道299号に出たら左に行き、小さな橋を渡った先で右に坂道を歩けば❽西吾野駅に到着する。

子ノ権現の鉄の草鞋

小床集落のヤブデマリ

埼玉県

標高 1044m

総歩行時間 **4時間50分**

総歩行距離 **9.3km**

アカヤシオ咲く稜線を行くロングコース

蕨山
わらびやま

標高差 登り：**718m** 下り：**791m**

登山レベル **中級** 体力：★★ 技術：★★

コース途中の尾根上から見た棒ノ嶺（左）

DATA

電車・バス 行き：西武池袋線飯能駅→国際興業バス（約1時間）→名郷 帰り：ノーラ名栗・さわらびの湯 または河又名栗湖入口→国際興業バス（約45分）→西武池袋線飯能駅

マイカー 圏央道入間ICから国道16号・299号、県道70号・53号を経由してさわらびの湯の第3駐車場まで約25km。登山の際は第3駐車場に駐車すること。

ヒント マイカーの場合、名郷へはノーラ名栗・さわらびの湯または河又名栗湖入口バス停から路線バスで移動。バスは1時間に1〜2便なので、事前に確認しておきたい。

問合せ先 3月下旬〜12月上旬
奥むさし飯能観光協会 ☎042-980-5051
国際興業バス飯能営業所 ☎042-973-1161

❶ 名郷バス停		❷ 蕨入林道終点		❸ 蕨山		❹ 蕨山展望台		❺ 藤棚山		❻ 大ヨケの頭		❼ 中登坂		❽ 金比羅神社跡		❾ ノーラ名栗・さわらびの湯バス停
	0:20		2:00		0:05		0:20		0:40		0:20		0:30		0:40	

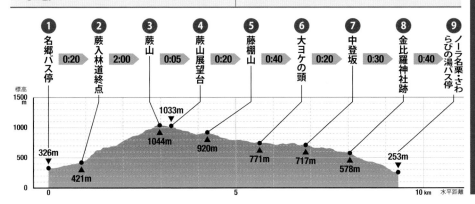

標高
1500m

1033m
1044m
920m
326m
421m
771m
717m
578m
253m

0 5 10km 水平距離

山頂までは岩まじりの急登の連続
稜線は気持ちいい雑木林の道

プロフィール スギなどの植林帯が多い奥武蔵だが、いったん尾根上に上がればミズナラやコナラ、カエデなどの自然林が心地いい。尾根筋にはいくつもの小ピークがあって、縦走気分も味わえる。大展望の連続とはいかないものの、ロングコースを歩く充実感はたっぷりだ。

ガイド 駐車場（有料）もある❶**名郷バス停**から側道を飯能方面に少し戻る。50mも歩くと右に橋があるのでここを渡り、蕨入林道を登っていく。余談になるが、蕨入などと使う「入」はこのあたりでは「沢」を意味する。

しばらく林道を登っていくと❷**蕨入林道終点**で、ここから登山道になる。右側を流れる沢を渡って植林帯を登るが、ここはコース中でいちばんと言っていいほどの急坂。ゆっくり小幅でいこう。汗をかきながら、それでも着実に高度を上げればやがて尾根に出る。左へと進めば急

4月のコース上部に咲くアカヤシオ

登山者で賑わう蕨山展望台

登とゆるやかな道が交互に現れる。

急坂を登りつめると、有間山方面と蕨山展望台方面との分岐に出る。コースは左だが、ここはいったん右に行き、❸**蕨山**の最高点を往復しておこう。展望は開けないものの、今回のコースでは最も高い地点になる。

分岐まで戻って尾根を南下する。鞍部に下って登り返せば❹**蕨山展望台**だ。周囲の木々が高くなってはいるが、近くの武甲山や武川岳だけでなく、日光連山や赤城山も遠望できる。

展望台からは一気に下る。途中、かなりの急斜面があるので慎重にいきたい。下りきってから❺**藤棚山**付近にかけては防火帯のなだらかで広い道が続き、新緑の頃は黄緑に包まれる。なかなか高度が下がらないゆるやかな道は、展望の開ける❻**大ヨケの頭**に至り、ここで左方向（東）へと進路を変える。

林道を横断し、再びなだらかな下りを行くと❼**中登坂**で、ここを過ぎると右下に名栗湖が見えてくる。一部の急な下りに注意して金比羅山を越えると❽**金比羅神社跡**に着く。

神社跡からはコース最後の大下り。緩急織り交ぜて下り続けるが、疲労が蓄積している頃な

蕨山から若葉の美しい尾根を下る

ので、スリップしないよう気を抜かずに歩きたい。小さな社と鳥居の立つ現・金比羅神社を過ぎればロングコースも終わりで、広い車道にぶつかれば、**❾ノーラ名栗・さわらびの湯バス停**（なぐり）（ゆ）（てい）が目の前に立っている。

中登坂先から見た名栗湖

Column

さわらびの湯

　地元の特産材である西川材をふんだんに使った日帰り天然温泉。外観はUFOのようなユニークなスタイル、内部はウッディな感覚にあふれている。露天風呂や大浴場に加えてデッキ状のジャクジーが用意され、山の疲れをとるにもよさそうだ。6コーナーに分かれたおみやげ品も充実しているが、レストランはない。ただし持ち込みは自由で、ビールは自販機で購入できる。

10〜18時。第1水曜休。
☎042-979-1212。

蕨山

名郷
高畑山
695

山頂への急坂を登る

子ノ権現卍

尾根に上がり
左へ進む

❶名郷バス停
0:15
0:20
丸木橋を
渡って山道へ
❷蕨入林道終点
初夏はガクウツギや
ニリンソウが咲く

白岩

樹林に囲まれた
蕨山の最高点
1:15
2:00
急坂
急坂
ミズナラやカエデなどの
明るい尾根道

橋小屋の頭

蕨山❸
1044
1033
0:05
❹蕨山展望台
山頂標や展望盤、
ベンチがある
明るい展望台
広河原逆川林道
0:20
❺藤棚山
920

広い雑木の
尾根道

森河原
上名栗
新館
西平山
732

埼玉県
飯能市
豆口峠

卍竹寺

名栗小 ⚔
棒ノ嶺方面を
展望
樹間に名栗湖を
見下ろす
樹林内の
気持ちよい草広場
卍鳥居観音
名栗支所
小殿

大ヨケの頭❻
0:20
中登坂❼
金比羅山
660
0:30
0:35
林道を横断
0:30
0:30
0:45
1:00
0:40
0:45
金比羅神社跡❽
0:40
連慶橋
ノーラ
名栗
**❾ノーラ名栗・
さわらびの湯
バス停**
仁田山峠

仙岳尾根
1:00
名栗湖
有間ダム
見晴らし
さわらびの湯
河又名栗湖入口

N

1:50,000
500　　1000m
1cm=500m

↓飯能

秩父のシンボルの頂から廃寺跡を巡る

武甲山
ぶ こう さん

標高差 登り：**787m** 下り：**787m**

登山レベル **初級** 体力：★★ 技術：★

羊山公園から見た武甲山。北面は無惨だが、南面にはいまも多くの自然が残る

DATA

電車・バス **行き**：西武秩父線横瀬駅→タクシー（約15分）→一の鳥居 **帰り**：往路を戻る

マイカー 関越自動車道花園ICから国道140号・299号を経由して一の鳥居の駐車場（無料）まで約35km、圏央道狭山日高ICから国道299号を経由して約42km。

ヒント 西武秩父駅行きの特急ラビューは、平日・休日ともすべての列車が横瀬駅に停車する。

登山適期 3月下旬～12月上旬

問合せ先
横瀬町観光協会 ☎0494-25-0450
秩父観光協会 ☎0494-21-2277
秩父ハイヤー ☎0494-24-8180
秩父丸通タクシー ☎0494-22-3633

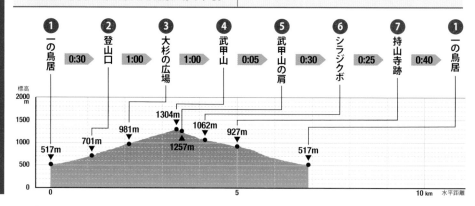

| ❶ 一の鳥居 | 0:30 | ❷ 登山口 | 1:00 | ❸ 大杉の広場 | 1:00 | ❹ 武甲山 | 0:05 | ❺ 武甲山の肩 | 0:30 | ❻ シラジクボ | 0:25 | ❼ 持山寺跡 | 0:40 | ❶ 一の鳥居 |

標高 2000m
517m / 701m / 981m / 1304m / 1257m / 1062m / 927m / 517m

欄外情報 シラジクボからさらに南へと小持山、大持山に登り、妻坂峠を経て一の鳥居に下るコースも人気。アップダウンが激しく下山まで3時間30分前後はかかる、なかなか歩きがいのあるコースだ。

採掘で削られても南面の森は健在
丁目石をたよりに頂上を目指す

プロフィール 秩父市街側の山容は採掘のために変わり果ててしまったが、一歩山に踏み入れば、巨杉の森や明るいカラマツ林はいまも変わらずに残る。武甲山名物、丁目石を目安に、じわじわ高度を上げるのがこの山の登り方だ。

ガイド 一丁目にあたる❶一の鳥居から生川を橋で渡り、茶屋や渓流釣り場を横目にコンクリートの道を登る。30分ほどで❷登山口（十五丁目）となり、本格的な登山道が始まる。登山口から15分ほどで不動滝の水場を通過し、杉林の登りに汗をかけば❸大杉の広場。ここは三十三丁目だ。すでに登りの半分は過ぎているが、広場からはややきつい登りとなる。

杉木立の斜面を登る。なかなか急だが、こんなときは狭めの歩幅で一定のリズムを刻もう。足元に石灰岩がごろごろしてくれば山頂は近い。トイレの横に出たら右へと上がる。すぐ目の前に五十二丁目にあたる武甲山御嶽神社が立ち、裏手にまわれば柵のある展望台に出る。ここが標高1304m、❹武甲山の最高点だ。1295m

山頂から見た石灰岩の採石場

の三角点は神社の鐘つき堂の近くにある。

山頂からはそのまま真南に❺武甲山の肩へと下る。肩は右に下る浦山口駅方面と正面に下るシラジクボ方面との分岐になっていて、ここは目の前の正面の急坂を下る。急斜面をスリップに注意して❻シラジクボまで下ったら、大持山への縦走路から離れて左の道へ。細い山道を下ると案内板の立つ分岐になり、この分岐から少し山中に入れば❼持山寺跡だ。松平長七郎の入定伝説が残る場所でもある。

寺跡から分岐に戻り、ハイキングコースの案内板に沿って急な下りをこなせば、橋を渡って往路にぶつかる。❶一の鳥居は間もなくだ。

武甲山

埼玉県
横瀬町

御花畑駅
横瀬駅
秩父鉄道
荒川

石龍山橋立堂
（橋立鍾乳洞）
裏参道の鳥居

大杉の広場

516

武甲山御嶽神社
武甲山
❹
1304

ダム
城山
△705.5

2021年2月現在、
大規模崩落により通行禁止。
解除は未定

林道出合

長者屋敷の頭
サクラ🌸
水

366

❺
武甲山の肩

❸大杉の広場

0:10 ↓0:05

0:45

1:00

0:25
0:30

小持山の展望

0:30
0:50

0:45

1:00

秩父市

シラジクボ ❻
1088

登山口 ❷

❶一の鳥居
登山道入口
P

0:25
0:35

581

裏武甲山の展望

小持山
1273

❼
持山寺跡

道標にしたがって
山道を忠実に下ること

武川岳
1052

N

1:50,000

500   1000m

1cm＝500m
等高線は20mごと

丁目石

武甲山から大持山、妻坂峠を
経て一の鳥居まで約3時間30分

1:10
0:40

大持山
1294

妻坂峠

飯能市

雨の後は
滑りやすい

一般コースなのに沢登り気分

棒ノ嶺（棒ノ折山）
ぼう　みね　　　ぼう　おれやま

埼玉県・東京都

標高 **969**m

総歩行時間 **4**時間**10**分

総歩行距離 **8.3**km

標高差　登り：**716**m　下り：**732**m

登山レベル　初級　体力：★★　技術：★★

白谷沢のゴルジュ帯を行く

DATA

電車・バス　**行き**：西武池袋線飯能駅→国際興業バス（約45分）→ノーラ名栗・さわらびの湯　**帰り**：河又名栗湖入口→国際興業バス（約45分）→西武池袋線飯能駅

マイカー　圏央道入間ICから国道16号・299号、県道70号・53号を経由して約25km。さわらびの湯第3駐車場を利用（無料）。また、白谷橋の前後にも2カ所、数台ずつの駐車スペースがある。

ヒント　平日の場合、ノーラ名栗・さわらびの湯バス停への朝の便はないので、河又名栗湖入口バス停を利用する。

登山適期　4〜11月

問合せ先

飯能市観光・エコツーリズム推進課　☎042-973-2124
奥むさし飯能観光協会　☎042-980-5051
国際興業バス飯能営業所　☎042-973-1161

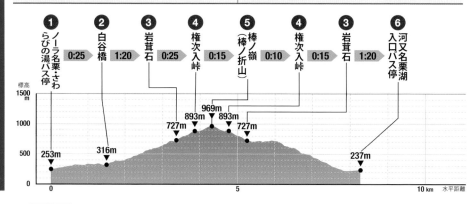

❶ノーラ名栗・さわらびの湯バス停　0:25　❷白谷橋　1:20　❸岩茸石　0:25　❹権次入峠　0:15　❺棒ノ嶺（棒ノ折山）　0:10　❹権次入峠　0:15　❸岩茸石　1:20　❻河又名栗湖入口バス停

標高 1500m

253m　　316m　　727m　893m　969m　893m　727m　　237m

0　　　　　　5　　　　　　10 km　水平距離

欄外情報　白谷沢には、大雨のあとや降雨中には入らないこと。冬期も凍結の恐れがあるので入山は控える。「さわらびの湯」は10〜18時。第1水曜休。☎042-979-1212。

夏に歩きたい爽快な沢コース
下り後半の木の根道は転倒注意

プロフィール このコースの面白さは何といっても白谷沢にある。深いゴルジュ（両側から岩壁が迫った峡谷）を歩くと、本格的な沢登りをしている気分になってしまう。頂上からの大きな景観も楽しみのひとつだ。

ガイド ❶ノーラ名栗・さわらびの湯バス停から、有間ダム（名栗湖）に向けて車道を登り、ダムの堤上を渡る。ほどなく❷白谷橋で、橋を渡って左の登山道に入る。杉林を登れば道はいつしか沢伝いとなり、藤懸の滝が現れる。やがて岩壁がのしかかってくるようなゴルジュ帯。一般登山道とは思えないほどの迫力だが、注意箇所には鎖場も設置されていて安心だ。涼感を満喫しつつ沢を登れば白孔雀の滝で、ここからひと登りで林道に出合う。林道を左に少し歩き、右手の道標から再び登山道に入る。

　林道からはわずかな登りで、十字路状の❸岩茸石。正面は名栗川橋バス停へ、左は滝ノ平尾根経由で河又名栗湖入口バス停へ、そして右は棒ノ嶺頂上へと続く道。右へと急な登りにか

棒ノ嶺から奥武蔵の山々を眺める

かる。名栗湖を見下ろす❹権次入峠までくれば頂上へはあと少し。15分とかからずに、❺棒ノ嶺（棒ノ折山）の広々とした頂上だ。

　奥武蔵の山々の眺めを楽しんだら❸岩茸石まで来た道を戻る。白谷沢からの道を左に分け、岩茸石の左横を通り抜ける。最初はゆるやかな尾根道も、3本の林道を横切った先で深いスギの森へと変わる。きれいな杉林だが傾斜は急で、木の根につまづかないよう細心の注意が必要だ。やがて木々の間から「さわらびの湯」が見え始め、民家の横を抜けて橋を渡れば車道に飛び出す。車道を右に行けば、ほどなく❻河又名栗湖入口バス停だ。

大展望の頂と花の山道を巡るロングコース

丸山
（まるやま）

大展望／花／森林浴

標高差　登り：**651**m　下り：**651**m

登山レベル　初級　体力：★★　技術：★

埼玉県

標高 **960**m

総歩行時間 **5**時間**25**分

総歩行距離 **10.7**km

丸山の展望台から遠く日光連山、赤城山を望む

DATA

電車・バス　**行き：** 西武秩父線芦ヶ久保駅　**帰り：** 往路を戻る

マイカー　圏央道圏央鶴ヶ島ICから国道407号、県道15号、国道299号を経由して、芦ヶ久保駅に隣接する「道の駅果樹公園あしがくぼ」まで約45km。道の駅には入らず、道の駅入口信号のすぐ先を左に曲がると右側に、登山者用駐車場がある。無料。道の駅までは歩いて2分ほど。

ヒント　特急ラビューが芦ヶ久保駅に停車するのはGWと夏休み期間のみで、平日・土日曜とも午前2本、午後2本。

登山適期　3～12月

問合せ先
横瀬町芦ヶ久保出張所　☎0494-24-0599
横瀬町観光協会　☎0494-25-0450
道の駅果樹公園あしがくぼ　☎0494-21-0299

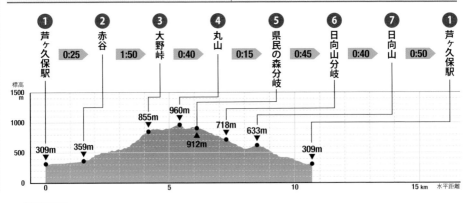

❶芦ヶ久保駅		❷赤谷		❸大野峠		❹丸山		❺県民の森分岐		❻日向山分岐		❼日向山		❶芦ヶ久保駅
	0:25		1:50		0:40		0:15		0:45		0:40		0:50	

標高
1500m

855m　960m
912m　718m　633m
309m　359m　309m

5　10　15 km　水平距離

欄外情報　芦ヶ久保駅に隣接する「道の駅果樹公園あしがくぼ」には、登山の汗を流せるシャワールームがある（有料）。物販9時～、レストラン11時～。年末年始休。☎0494-21-0299。

奥武蔵では標高の高い山の一つ
ペース配分はしっかりと

プロフィール 山腹の果樹公園村が観光客で賑わっていても、一歩山に入れば静かな山歩きが楽しめる。通過困難な場所はないが、標高差が600m以上あり、歩行時間も長いので、晩春から夏にかけての昼間時間が長い時期に歩きたい。初春や秋など日没の早い時期は、日向山だけに登るのもおすすめだ。

ガイド ❶芦ヶ久保駅から道の駅の駐車場を抜けて国道299号を横断し、右へと国道の歩道を歩く。しばらく歩くと❷赤谷の集落で、ここから登山道に入る。ゆるやかな道はやがてスギの美林の急登になり❸大野峠に飛び出す。

車道を渡って木段を登り、パラグライダー離陸場を過ぎると白石峠分岐。ここで道は左に曲がり、樹林内の登りをこなせば電波塔の先に❹丸山の山頂が見えてくる。展望台からの眺めを楽しんだら、芝生で昼食をとるのもいい。

丸山からはいったん下り、❺県民の森分岐へと登り返す。道はここでまた方向転換し、左へと下る。途中、森林学習展示館（トイレあり）へ

県民の森分岐へと続く登山道

の遊歩道を横断し、林道を切って広い尾根を下る。急坂が続くので、スリップには注意したい。道がゆるやかになると❻日向山分岐だ。

ここは右へと、日向山の「山の花道」を目指す。植林帯を下り、山の神を経て林道に出たら左に歩く。すぐに木の子茶屋が現れ、その右手にある駐車場の奥の一帯が「花の山道」だ。カタクリやイカリソウなど季節の花々が咲く「花の山道」から好展望の❼日向山はすぐ。

山頂からは道標にしたがい、林道のショートカット道を下る。農村公園やフルーツガーデンを経て車道を下れば、国道299号にぶつかる。道の駅と❶芦ヶ久保駅はもう目の前だ。

丸山頂上の展望台

1:25,000

0　　　250　　　500m
1cm=250m
等高線は10mごと

秩父盆地を見下ろす花の山上公園

蓑山（美の山）

標高差　登り：**429m**　下り：**409m**

登山レベル **入門** 体力：★　技術：★

山頂展望台からの眺め。右の山は両神山

DATA

電車・バス 行き：秩父鉄道親鼻駅　帰り：秩父鉄道和銅黒谷駅

マイカー 関越自動車道花園ICから国道140号を秩父方面へ約25km。親鼻駅と和銅黒谷駅には駐車場がないので、両駅間の皆野駅の駐車場（有料）を利用。山頂直下には無料駐車場がある。

ヒント 仙元山コースは静かな山道を約2時間で山頂へ。蓑山神社表参道は蓑山神社、みはらし園地を経由して山頂まで約1時間50分。

登山適期 3〜12月上旬

問合せ先
秩父市観光課　☎ 0494-25-5209
皆野町産業観光課　☎ 0494-62-1462
秩父丸通タクシー　☎ 0494-22-3633

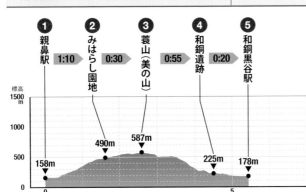

①親鼻駅		②みはらし園地		③蓑山（美の山）		④和銅遺跡		⑤和銅黒谷駅
	1:10		0:30		0:55		0:20	

標高 1500m

158m　490m　587m　225m　178m

0　　5　　10 km　水平距離

和銅遺跡の碑

欄外情報 慶雲5年、朝廷に和銅が献上されて年号が和銅になり、日本初の貨幣「和同開珎」が発行された。遺跡では100mもの露天掘り断層面が見られる。また聖神社の「和銅鉱物館」には和銅のほかアジア、アフリカの鉱物類を展示。

駅から駅への短距離ハイキング
山上公園で花と展望を楽しむ

プロフィール 山上の「美の山公園」は春から初夏にかけて桜、ツツジ、アジサイなどの花々で彩られ、展望台からは武甲山や両神山、秩父盆地が一望できる。山頂まで車で上がれるので開花期には大勢の行楽客で賑わう。

ガイド ❶親鼻駅のすぐ横の踏切を渡り、国道140号に出たら右へと歩く。ほどなく信号にぶつかるので、ここで国道を横断する。交番の横を通って直進すれば左側に萬福寺がある。川沿いの住宅地を歩き、家が途切れたところに立つ道標にしたがい、小橋を渡って登山道に入る。

山頂直下の「アジサイ園地」

雑木とスギのまじった道は一部に急登もあるが、30分前後で美の山を周遊する道路に飛び出す。斜め左の道標から再び山道に入り、歩きやすい道を行けば❷みはらし園地に到着する。蓑山神社経由の

山頂付近のヤマツツジ

登山道が右から合流し、山頂までは舗装路と遊歩道を歩くことになる。

桜やツツジ、アジサイなど、季節ごとに彩りを見せる道を歩くとほどなく❸蓑山（美の山）。大パノラマの展望台をはじめ、資料館や売店、トイレなどがあり、昼食にも最適な場所だ。

たっぷり休んだら、道標にしたがって和銅遺跡への道を下る。滑りやすい箇所もあるが、雑木林の道は季節を問わず心地いい。しばらく下ると下山集落の最上部に出る。この集落の下部にあるのが❹和銅遺跡で、和銅採掘露天掘跡と和同開珎の碑が立つ。ここから駅まではわずか。聖神社に立ち寄り、国道140号に出たら左折。黒谷駅前信号を右折すれば❺和銅黒谷駅だ。

蓑山

埼玉県 皆野町

秩父市

1:50,000
0 500 1000m
1cm＝500m
等高線は10mごと

曼珠沙華に吸蜜するアゲハチョウ

❶親鼻駅
❷みはらし園地
❸蓑山（美の山）
❹和銅遺跡
❺和銅黒谷駅

頂上までは舗装された道を歩く
美の山公園　アジサイ、サクラ

両神山、武甲山を望むロウバイの名所

宝登山
（ほどさん）

標高差 登り：**360m** 下り：**356m**

登山レベル **初級** 体力：★ 技術：★

埼玉県

標高 **497m**

総歩行時間 **3時間35分**

総歩行距離 **8.7km**

中級 初級 入門

大展望／花／紅葉／森林浴

頂上から見た雲海の残る秩父盆地と武甲山（左）

🔊 DATA

電車・バス **行き**：秩父鉄道野上駅 **帰り**：秩父鉄道長瀞駅

マイカー 関越自動車道花園ICから国道140号を経由して長瀞駅まで約18km。長瀞駅前の有料駐車場に停め、1駅戻ることになる。歩くと約2km、約30分。

ヒント マイカーの場合は、宝登山ロープウェイの山麓駅駐車場有料。（約150台収容）に停

めて、往復登山にしてもよい。ロウバイの花期は1～2月だが、この時期の登山道は凍結の恐れがあるので、ロープウェイで往復するのが無難だ。

登山適期 3～12月上旬（ロウバイは1～2月）

問合せ先
長瀞町産業観光課 ☎0494-66-3111
長瀞町観光協会 ☎0494-66-3311
宝登山ロープウェイ ☎0494-66-0258

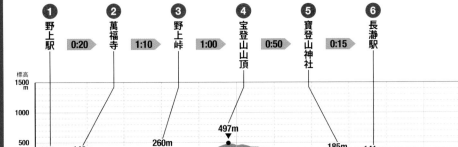

① 野上駅 — 0:20 — ② 萬福寺 — 1:10 — ③ 野上峠 — 1:00 — ④ 宝登山山頂 — 0:50 — ⑤ 寶登山神社 — 0:15 — ⑥ 長瀞駅

標高 1500m / 1000 / 500 / 0

137m　146m　260m　497m　185m　141m

0　　　5　　　10 km　水平距離

欄外情報 長瀞町は「日本さくら名所100選」の1つ。寶登山神社の参道や山麓に数百本、長瀞駅から荒川西岸を北側に行く北桜通りには約400本、長瀞周辺には3000本以上の桜が植えてある。3月下旬から4月下旬が見頃。

雑木林のなだらかな尾根道を歩き
約200段の木段を急登して山頂へ

宝登山頂上に咲くロウバイ

プロフィール 宝登山は日本武尊が山火事から救ってくれた山犬を祀り、「火止山」と命名した神聖な山。その後、火止山が転じて宝登山になったという。山麓から山頂駅までロープウェイで登れ、駅から5分ほどで山頂を踏めるが、本コースでは長瀞アルプスと呼ばれる尾根道を通り、全行程を歩いて頂上に向かう。

ガイド 秩父鉄道①野上駅から正面に延びる通りを進む。国道140号を越え、小さな田んぼを横目に歩き、②萬福寺の手前を左に曲がる。少し先に登山口があり、雑木林を登り始める。ロープを張った急坂を上がり尾根道に出たら、道標にしたがい宝登山方面へ。御嶽山・天狗山との分岐まで登りが続くが、ここが頑張りどころだ。

ゆるやかな登り下りを繰り返し、氷池の分岐を過ぎると③野上峠。明るく開けた道から再び樹林に入り、小鳥峠を過ぎると舗装した林道にぶつかる。右に曲がり、距離にして500mほど登ると「毒キノコに注意」の案内板が立つ宝登山登山口だ。

ここから山頂までは約200段のきつい登り。しかも深い樹林を行くので気が滅入るが、それだけに階段を登り切った広場から目にする眺望は感無量だ。眼下にロウバイが広がり、遠くに両神山や武甲山などが望める。広場には木のべ

ンチがあるので、昼食スポットにもいい。

④宝登山山頂に立ち、寶登山神社奥宮を参拝。ロウバイ園や梅百花園を抜けて、ロープウェイの山頂駅に出る。ロウバイの見頃は1月下旬から2月中旬。淡い黄色の花を枝いっぱいに咲かせ、甘い香りを周囲に漂わせる。

駅舎から宝登山小動物公園方面に向かい、レストハウス脇の階段から下山を始める。ほどなく砂利道に変わり、カーブを重ねて高度を落としていく。ロープウェイ山麓駅の手前を左に入り、⑤寶登山神社へ。権現造りの本殿は幕末から明治にかけて再建されたもので、平成21年の大改修により、当時の絢爛豪華さを取り戻した。とくに拝殿正面の龍や中国の孝行話など、随所に見られる彫刻がすばらしい。

参拝後は一直線に延びる参道を歩く。沿道の北側が松、南側は桜の並木になっているのがおもしろい。巨大な一の鳥居をくぐり、国道140号を渡ると、賑やかな商店街に入り、ほどなく左手に⑥長瀞駅が見えてくる。

武甲山と秩父盆地を望む北秩父の展望台

破風山
(はっぷさん)

標高差 登り:**459m** 下り:**374m**

登山レベル **初級** 体力:★ 技術:★★

埼玉県

標高 **627m**

総歩行時間 **2時間35分**

総歩行距離 **7.3km**

破風山の山頂から秩父盆地と武甲山を展望

DATA

電車・バス 行き:秩父鉄道皆野駅 **帰り:**札所前→皆野町営バス(約25分)→秩父鉄道皆野駅 ※皆野駅から高橋沢登山口までタクシーが入る。

マイカー 関越自動車道花園ICから国道140号を経由して皆野駅まで約22km。皆野駅に有料駐車場あり。

ヒント バスの待ち時間が長い場合は水潜寺から満願の湯まで歩き(約30分)、汗を流して帰り

たい。マイカーの場合、満願の湯南の高台にある登山者用駐車場を基点に、猿岩経由での往復登山か、水潜寺経由で戻る周回登山コースが人気。

登山適期 3〜12月上旬

問合せ先 皆野町産業観光課(町営バスも) ☎0494-62-1462
秩父観光タクシー皆野営業所 ☎0494-62-0146

❶ 皆野駅 0:30 ❷ 高橋沢登山口 1:00 ❸ ユズ園 0:25 ❹ 破風山 0:10 ❺ 札立峠 0:30 ❻ 札所前バス停

標高 1500m
1000
500
0

168m 175m 463m 627m 253m
534m

0 5 10km 水平距離

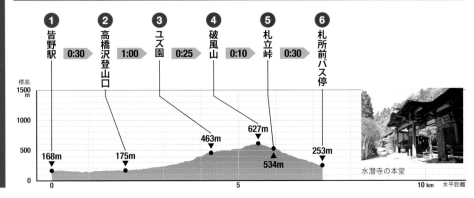

水潜寺の本堂

欄外情報 「満願の湯」は下山後の日帰り温泉として人気。高アルカリ性の湯と沢を見下ろす露天風呂が気持ちいい。10〜21時。年中無休。☎0494-62-3026。

野巻林道で山上に立ち
札立峠から水潜寺へ下る

プロフィール 皆野駅の西方にそびえる破風山は南面が開け、秩父盆地をはさんで武甲山から堂平山、大霧山などが見渡せる。山頂直下にはユズ園、北麓には秩父霊場34番札所の水潜寺や秩父温泉があり、ファミリーハイクにも人気。

ガイド ❶皆野駅(みなのえき)の改札を出たら、すぐ右へと続く路地を進む。踏切を渡り幹線道路を行くと、じきに皆野橋だ。さらに、郷平橋を渡ったら、川沿いの道を左に入る。道なりに登っていくと、一段上のかつてのバス通りに出るので、これを左へと進む。道は狭いが、けっこう交通量があるので注意して歩きたい。

しばらくで❷高橋沢登山口(たかはしざわとざんぐち)となる。民家の脇から右へコンクリートの細い林道を登っていく。やがて山道となり、まずは薄暗い杉林をゆるやかに登る。沢を渡るとロープが張られた階

かつての巡礼道の札立峠を行く

ファミリーハイカーで賑わう破風山山頂

段状の急登がある。濡れていると滑りやすいので注意したい。ひと登りでゆるやかになり、もう一度急登すると、道は左へとカーブしていく。車道に出たところが❸ユズ園(えん)だ。

ここから車道を折り返しながら登っていくと、じきに二股となる。「登山道」の道標にしたがい進むと破風山・札立峠の分岐となる。山頂へは道標にしたがい右へと登っていく。折り返すように曲がると破風山休憩舎とトイレがある。ここで猿岩・風戸(ふっと)からの道が合流。満願の湯に直接下る場合は、この道を下ることになる。休憩舎からは、樹林に囲まれた細い尾根道を行けば❹破風山(はっぷさん)の山頂だ。

下山は西側へ下っていく。途中、ユズ園からの道を合わせ、さらに下っていけば❺札立峠(ふだたてとうげ)だ。ここから道標にしたがい右へと下っていく。やがて沢筋を行くようになり水潜寺となる。日本百観音(秩父・坂東・西国)の結願寺(けちがん)だけに立派なお堂だ。参拝を済ませたら参道を下れば❻札所前(しょまえ)バス停(てい)がある。

札所前バス停❻　水潜寺　風戸入口　満願の湯　皆野町　柴岡　182　琴平下　長瀞　親鼻橋
野沢　沢辺 269　親鼻駅　栗谷瀬橋　土戸　道の駅みなの　上長瀞
杉木立の巡礼道を下る　新井　156　親鼻　荒川
大前　猿岩　沢を越えると急登が始まる　皆野町
大前山 653　札立峠　破風山休憩所　上台　萬福寺
❺　破風山❹　627　0:40 / 1:00　皆野橋と郷平橋を渡る　大渕　140　根岸　皆野　下原
0:15 / 0:10　高橋沢コース　156
巻き道　高橋沢登山口　前原　P　0:30　皆野町役場
❸　ユズ園　沢沿いの杉木立の林道　P　❶皆野駅
武甲山、秩父盆地を展望　0:15 / 0:25　桜ヶ谷　野巻　東平　改札を右に出て踏切を渡る
頼田沢　桜ヶ谷コース　トラックなどの交通量が多いので注意　上平　172　腰
藤芝　小柱　堀切　177
N
久長　310　太田　184　職端　肺土
1:50,000
500　1000m 元郷
1cm=500m
等高線は20mごと　奈良川橋　190　小池　山ノ越　和銅黒谷
埼玉県秩父市　140　秩父鉄道

破風山

普寛上人が開いた展望広がる秩父の霊山

秩父御岳山
ちちぶおんたけさん

埼玉県

標高 1080m

総歩行時間 **4時間45分**

総歩行距離 **9.3km**

標高差 登り:**764m** 下り:**686m**

登山レベル **中級** 体力:★★ 技術:★★

下山路の鉄塔下から見た秩父御岳山

DATA

電車・バス 行き:秩父鉄道三峰口駅 帰り:落合→西武観光バス(約15分)→秩父鉄道三峰口駅 ※土曜・休日には池袋から秩父鉄道直通の快速電車が運行される。

マイカー 関越自動車道・花園ICから国道140号を経由して三峰口駅まで約45km。駅の横に有料駐車場がある。

ヒント やせ尾根の下りを避けるなら逆周りで歩くほうがよい。下山後に道の駅に立ち寄らないなら、杉ノ峠から強石へ下ることもできる。さらに、強石から万年橋を渡り、荒川をはさみ国道対岸の道をたどり三峰口駅へ戻れる。

登山適期 4月下旬〜11月中旬

問合せ先
秩父市大滝総合支所 ☎0494-55-0101
西武観光バス秩父営業所 ☎0494-22-1635

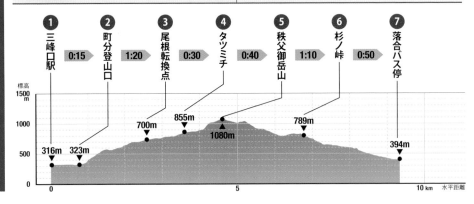

① 三峰口駅 ― 0:15 ― ② 町分登山口 ― 1:20 ― ③ 尾根転換点 ― 0:30 ― ④ タツミチ ― 0:40 ― ⑤ 秩父御岳山 ― 1:10 ― ⑥ 杉ノ峠 ― 0:50 ― ⑦ 落合バス停

標高
1500m

316m 323m 700m 855m 1080m 789m 394m

水平距離

欄外情報 落合バス停から数分のところに「道の駅大滝温泉」があり、日帰り入浴が楽しめる。10〜20時(冬期は〜19時)。木曜休。☎0494-55-0126。

変化ある尾根道をたどり
信仰の頂から奥秩父の山を一望

プロフィール 秩父御岳山は木曽御嶽山の大滝口を開いた普寛導師が開いた信仰の山。山頂直下にはやせ尾根や急傾斜があるが、両神山をはじめ奥秩父の山々を望む大展望がすばらしい。下山後の温泉も楽しみの一つ。

ガイド ❶三峰口駅を出て荒川を渡ったら国道を右へ進む。すぐ先で贄川宿方面へと左へ進むとトイレがある。道標にしたがい「かかしの里」脇から畑内を行くと❷町分登山口だ。

まずは山腹を折り返しながらの急登だ。尾根に出ると、途中、鉄塔下や二番高岩で展望が開け、武甲山や荒川が望める。続いて杉木立の尾根道を進むと、支尾根が合わさる❸尾根転換点だ。一度、山腹道を経て再び尾根道を行けば猪狩山への分岐がある❹タツミチだ。ここからは狭い尾根の急登だが、春先は尾根沿いを飾るミ

山桜咲くGW頃の秩父御岳山から両神山を展望

ツバツツジの花がきれいだ。山頂直下で大滝（強石）からの道を合わせれば❺秩父御岳山の山頂。普寛神社奥宮の裏側に回ると、正面に両神山、さらに雲取山や浅間山なども展望できる。

下山は直下の大滝（強石）の分岐から杉林を下っていく。じきに落葉樹が梢を伸ばすようになりやせ尾根となる。しばらくロープや鎖場が続くので注意。登ってくる登山者もいるので、すれ違いにも気をつけたい。傾斜が落ち着くと、林道を横断。しばらく行くと鉄塔下に出る。このあたりから振り返ると三角形をした秩父御岳山の山容が望める。さらに植林帯を下っていくと石仏と石祠がある❻杉ノ峠に到着。

ここで強石への道と分かれ落合方面へ。作業道を経て未舗装林道に下りたら、右へ進むとすぐに「落合下り口」がある。ここから山道に入る。途中、木橋を通過し舗装林道に下りたら右へ行けば普寛神社がある。❼落合バス停は国道を左へ行けばすぐ。

下山路のやせ尾根のロープ場

秩父御岳山

秩父御岳山

1:50,000
500　1000m
1cm=500m
等高線は20mごと

小鹿野町

埼玉県
秩父市

花とスリルと展望が同時に楽しめる

四阿屋山
（あずまやさん）

📖 標高差　登り：**469m**　下り：**469m**

📖 登山レベル　初級　体力：★　技術：★★

埼玉県

標高 **771m**

総歩行時間 **3時間15分**

総歩行距離 **5.5km**

四阿屋山の頂上から望む両神山（左）と二子山（右の尖った双耳峰）

📖 DATA

電車・バス　**行き：**西武秩父線西武秩父駅→小鹿野町営バス（約45分）→薬師堂　または秩父鉄道三峰口駅→小鹿野町営バス（約20分）→薬師堂　**帰り：**往路を戻る

マイカー　関越自動車道花園ICから国道140号、県道37号を経由して道の駅両神温泉薬師の湯まで約36km。駐車場は道の駅を利用。

ヒント　西武秩父駅から薬師堂へのバスは、登山向きとしては8時台の1本のみ。三峰口駅からのバスは、7時台と8時台の2本がある。

登山適期　3～12月上旬

問合せ先　小鹿野町おもてなし課　☎0494-79-1100（町営バスも）

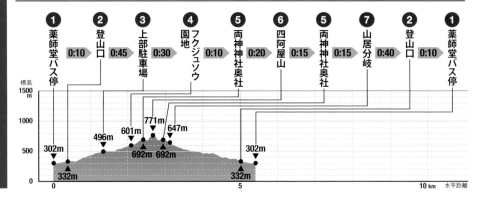

❶ 薬師堂バス停		❷ 登山口		❸ 上部駐車場		❹ フクジュソウ園地		❺ 両神神社奥社		❻ 四阿屋山		❺ 両神神社奥社		❼ 山居分岐		❷ 登山口		❶ 薬師堂バス停
	0:10		0:45		0:30		0:10		0:20		0:15		0:15		0:40		0:10	

標高1500m / 1000 / 500 / 0

302m　332m　496m　601m　771m　692m　692m　647m　332m　302m

0　　　5　　　10 km　水平距離

欄外情報　薬師堂（法養寺）は別名、目薬師。守護尊の薬師如来は秩父十三仏の一つだ。隣接する「道の駅両神温泉薬師の湯」は10～20時（時間制限なし）。火曜・年末年始休。☎0494-79-1533。

穏やかな山も頂上直下は様相が一変
鎖場の下りはくれぐれも慎重に

プロフィール アクセスには恵まれないが、フクジュソウやセツブンソウ、ツツジ類など、花の山歩きコースとして人気が高い。鎖場ではちょっとしたスリルも味わえる。

ガイド ❶薬師堂バス停から北に歩き、両神神社先の角を左折すると薬師堂コースの❷登山口だ。花ショウブ園を抜けて登山道に入る。分岐の多い道だが、休憩所を過ぎればほどなく❸上部駐車場で、トイレ、水場がある。

車道を渡り、斜め右の道標から登山道に入る。小さな社の先で左への分岐が何度か現れるが、気にせず雑木林の尾根を進む。やがて道はY字分岐になり、ここは左の展望広場経由の道に入る。休憩舎のある広場からは武甲山が大きい。休憩舎の上の❹フクジュソウ園地でY字分岐からのもう一方の道と合流し、急傾斜の木段を登

フクジュソウ園地に咲くフクジュソウ

る。右から鳥居山コースを合わせれば❺両神神社奥社。質素だが、荘厳な雰囲気だ。

奥社の左から頂上を目指す。直登コース通行禁止の看板を右に見送って下り気味に歩けばほどなく、四阿屋山名物の鎖場が登場する。とはいっても、慎重に行けば何ら問題はない。やがて左からツツジ新道（山慣れた人向き）が合流し、最後の鎖場を越えれば、❻四阿屋山の頂上だ。狭い頂だが、両神山や二子山といった特徴ある山々が間近に望める。

下りは鎖場を注意して下り、❺両神神社奥社から左に鳥居山コース（道標は←柏沢・薬師堂となっている）をとる。最初は急傾斜の滑りやすい下りが続くが、❼山居分岐を過ぎればあとはなだらかな尾根。柏沢分岐を右に行き、埼玉県と中国山西省との友好記念で建てられた展望台（観景亭）から整備された道を下れば、花ショウブ園の❷登山口に飛び出す。ここから❶薬師堂バス停まではわずかだ。

足場のしっかりした鎖場だが、濡れているときは十分注意したい

鳥居山コース分岐に立つ両神神社奥社

頂上直下に立つ道標

四阿屋山

埼玉県
小鹿野町

1:25,000
0　250　500m
1cm＝250m
等高線は10mごと

秩父盆地の最北部に鋸歯の山稜を横たえる日本百名山

両神山
りょうかみさん

標高差　登り：**1090**m　下り：**1090**m

登山レベル　**中級**　体力：★★★　技術：★★★

埼玉県

標高 **1723**m

総歩行時間 **6**時間**25**分

総歩行距離 **10.3**km

宝登山から見た鋸歯のような両神山

DATA

電車・バス　**行き**：西武秩父線西武秩父駅→小鹿野町営バス（約30分）→小鹿野町役場（乗り換え）小鹿野町営バス（約50分）→日向大谷口　**帰り**：往路を戻る

マイカー　関越自動車道花園ICから国道140号、県道37号・279号を経由して日向大谷まで約50km。バス停手前に2カ所の無料駐車場と、バスターミナルと両神山荘下に駐車場（有料）がある。

ヒント　余裕をもって登山をするには前夜泊がいいだろう。東斜面の下りは夏場でも午後は薄暗く感じるので、早朝に出発しよう。

登山適期　4月中旬〜11月

問合せ先

小鹿野町おもてなし課　☎0494-79-1100
（町営バスも）

秩父丸通タクシー　☎0494-22-3633

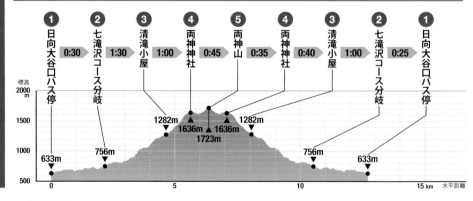

① 日向大谷口バス停　0:30　② 七滝沢コース分岐　1:30　③ 清滝小屋　1:00　④ 両神神社　0:45　⑤ 両神山　0:35　④ 両神神社　0:40　③ 清滝小屋　1:00　② 七滝沢コース分岐　0:25　① 日向大谷口バス停

標高 2000m / 1500 / 1000 / 500

633m　756m　1282m　1636m　1636m　1282m　1723m　756m　633m

0　5　10　15 km　水平距離

欄外情報　「民宿両神山荘」は登山口の日向大谷口バス停前にあり、古くから登山基地として利用されてきた。季節の山菜料理や手打ちそば、手打ちうどん、イワタケ料理などを味わえる。通年営業。☎0494-79-0593。

岩稜の鎖場を越え
爽快な展望の岩峰に立つ

`プロフィール` 「龍神を祀る山」から「竜神山」となり、さらに「両神山」に転じたとされ、山頂に立つ両神神社にはイザナギ・イザナミの両神が祀られた。日本武尊伝説も残り、江戸時代には修験道の行場となり、今も往時を偲ばせる石塔などが随所に見られる。山頂部がアカヤシオで彩られる5月の中旬には、狭い山頂は大勢の登山者で混み合う。

`ガイド` ❶日向大谷口（ひなたおおやぐち）バス停から向かいの石段を上がり、両神山荘の下から畑地を横切っていく。山道に入ってすぐに鳥居をくぐり、両神神社里宮で登山の安全祈願を済ませたら、杉林の中を緩やかに進んでいく。

すぐに広葉樹の道になり、いきなり鎖場が現れる。ここは山側に沿って越えていき、平坦な道を進むと、ロープが張られた左側が切れ落ちた細い道に出る。さらにゆるやかに下ると会所と呼ばれる❷七滝沢（ななたきさわ）コース分岐（ぶんき）となる。左へ下るとテーブルとベンチが置かれた休憩所があるので、本格的な登りの前に休憩していくといいだろう。

沢を渡って中勾配の細い山道を登っていく。サワグルミやカエデがまじる道を進んでいき、途中、右側が切れ落ちた箇所は慎重に越えていこう。特に下りの時はスリップしないように注意したい。

沢を二度渡っていき、ジグザグをきって登ると八海山となる。岩の下に石像が立ち、当時の修験の道を偲ばせる。

コース上部に咲くアカヤシオ

修験の道らしく石像が点在する

整備された無人の清滝小屋

徐々に沢から離れ、さらに歩を進めていくと、わずかな水量の冷水が岩から湧き出る弘法之清水がある。冷たい水で喉を潤し、ひと登りすると無人の避難小屋として整備されている❸清滝小屋（きよたき）ごやだ。水が豊富でテーブルも多く設置されているので大休止にうってつけの休憩所になっている。周辺には秩父の山らしくアズマシャクナゲも見られる。

修験道の山の歴史を感じる行場跡や石塔を眺

📖Column
両神温泉薬師の湯

「両神温泉薬師の湯」は道の駅内にある大展望浴場が人気の日帰り入浴施設。少し白濁した単純硫黄泉の湯はさっぱりとしていて筋肉痛・疲労回復などに効能があり、足つぼマッサージ（有料）もあるので疲れをほぐせる。大広間の無料休憩所のほか地元の物産や農産物の直売所もある。またそば打ちやこんにゃくづくり体験などもある。10〜20時（入場は〜19時30分）。火曜休（祝日の場合は翌日）。☎0494-79-1533。

め、ニリンソウが咲く急斜面をジグザグに登っていく。稜線に出たところで七滝沢コースの道が合流し、鈴ヶ坂と呼ばれる尾根上の道をいく。すぐに鎖場が現れ、バランスを整えてロープと鎖で体勢を保持しながら着実に越えていく。さらに鎖場を越え、祠が祀られている横岩の下を通っていくと④両神神社（りょうかみじんじゃ）の前に出る。秩父の三峰神社同様にオオカミの狛犬に守られた境内の隣には御嶽神社も立つ。

ゆるやかな道をアップダウンしていくと、ようやくアカヤシオが咲く道となり、さらに急坂を越えていく。やがて山頂部の稜線が樹間から眺められ、崩壊地に架けられた橋を渡る。狭い登山道

最後の鎖場を越えて山頂を目指す。鎖と足場はしっかりとしている

をジグザグに登っていき、岩場を越えるとテーブルが置かれた休憩所もあるので、最後の鎖場越えの前に休憩していこう。アカヤシオのトンネルを進むと、正面頭上には頂上直下の岩壁が登山者を拒むかのように迫り、しっかりと固定された鎖を頼りに越えていくと、ようやく⑤両神山（りょうかみさん）の山頂に達する。

浅間山、北アルプス、八ヶ岳、さらに富士山へと大展望を堪能したら、下りは往路を忠実にたどる。鎖場の下降は場所によって補助ロープが短いところがあるので、長さを確認しながらゆっくりと下ろう。

休憩場所が少ない両神山頂。足元に注意しよう

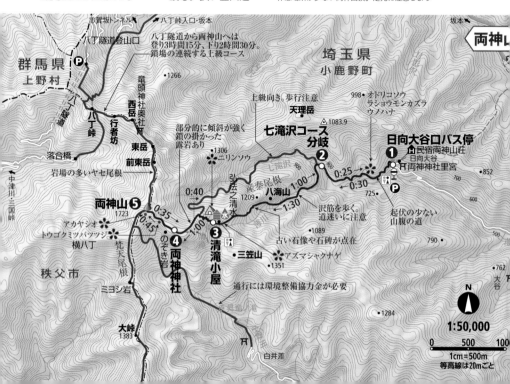

上州・西上州・上信越・尾瀬

自然林に包まれた稜線を縦走気分で歩く

榛名山
はるなさん

標高差 登り：**294m** 下り：**319m**

登山レベル **初級** 体力：★★ 技術：★★

群馬県

標高 **1411m**（相馬山）

総歩行時間 **4時間30分**

総歩行距離 **8.9km**

氷室山から見た榛名富士（右）と榛名湖

DATA

電車・バス **行き**：JR高崎線高崎駅→群馬バス（約1時間25分）→天神峠　**帰り**：榛名湖→群馬バス（約1時間25分）→JR高崎線高崎駅

マイカー 関越自動車道渋川伊香保ICから国道17号、県道33号を経由して観光案内所の駐車場まで約22km。案内所のすぐ上部にも市営駐車場がある。いずれも無料。

ヒント 山歩きに利用できる榛名湖行きのバ

スは、平日、土曜・休日とも1時間に1本程度。JR上越線渋川駅から関越交通バスで入る場合は、伊香保温泉で群馬バスに乗り換える必要がある。

登山適期 4～11月

問合せ先

高崎市榛名支所（榛名観光協会）☎027-374-5111
群馬バス総合バスセンター ☎027-371-8588
関越交通渋川営業所 ☎0279-24-5115

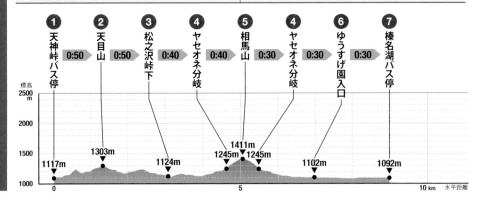

❶ 天神峠バス停	0:50	❷ 天目山	0:50	❸ 松之沢峠下	0:40	❹ ヤセオネ分岐	0:40	❺ 相馬山	0:30	❹ ヤセオネ分岐	0:30	❻ ゆうすげ園入口	0:30	❼ 榛名湖バス停

標高
2500m

2000

1500

1000

1117m　1303m　1124m　1245m 1245m 1411m　1102m　1092m

0　　　　　5　　　　　10 km　水平距離

欄外情報 相馬山の登り下りは疲れた足にはやや負担となるので、不安な場合は逆コースを歩くのがおすすめ。コースタイム的にも体力的にも紹介したコースと差はない。

登り下りの繰り返しが多いコース
ペース配分に気をつけて歩こう

プロフィール 底面直径約20kmという、大型複成火山でもある榛名山の外輪山を歩く。景観の広がる場所は少ないが、その分、コースのほぼ全体が落葉広葉樹の自然林となっていて、美しい樹林の山歩きが楽しめる。

ガイド ❶天神峠バス停から道路の反対側に延びる広い道を行く。ゆるやかに登っていくと、左には榛名湖畔への道が、右には近年パワースポットとして人気の高まっている榛名神社への道が分岐する小さな平坦地となる。この先はすぐに氷室山への登りとなるので、歩く準備はここでしっかりとやっておきたい。

道標にしたがいヤセオネ峠方面へと歩く。美しい自然林のなかの道はすぐに木段となり、ややきつい登りが氷室山頂上まで続く。いきなりの急登となるので、人によってはこの先に不安を感じるかもしれないが、短いながら前半のキーポイントともいえる登りなので、あせらずにじっくりと登ろう。

樹林に囲まれた氷室山からはいったん急下降し、続いて正面に見える天目山を目指す。先ほどの氷室山、そして後半の相馬山とともに、本コースでは疲れる登りだ。

小広い❷天目山の頂は展望にこそ恵まれないものの、落葉樹に囲まれ気分がいい。この天目山からは急な木段を下る。やがて道は広々とゆるやかな尾根道になり、明るく開けた七曲峠に到着。ここからは榛名湖畔へ短時間で下れる登山道も通じている。

相馬山を正面に望みながら松之沢峠付近を歩く

峠で車道を渡ったら再び、正面の登山道へ。開放的な尾根道を登り、続いて相馬山を望みながらゆるやかに下れば小さな草原のつつじ峠。雰囲気がよく、大休止するにはもってこいの場所だ。このつつじ峠で道は左に折れ、初夏ならツツジのトンネルとなる道を数分歩けば、車道の横断する❸松之沢峠下に到着する。

車に注意しながら再び車道を渡る。平坦な道はすぐに登りとなり、登りきった先の右手には、榛名湖や榛名富士、天目山、榛名最高峰の掃部ヶ岳などの眺めが大きく広がる。正面に相馬

天目山から新緑の広葉樹林を下る

✎ Column

榛名湖温泉ゆうすげ

榛名公園ビジターセンターから車で数分の湖畔に立つ天然温泉施設。榛名湖で唯一の温泉で、内湯と露天風呂のある日帰り入浴のほかに、宿泊施設やレストランも備わっている。宿泊施設は本館以外にコンドミニアム風の湖畔荘、コテージが用意され、いずれもリーズナブルな料金設定となっている。ビジターセンターから湖畔の道を歩いていくのも楽しい（約20分）。

10時30分〜21時。無休。
☎027-374-9211。

榛名山

初級

祠や石碑が立ち並ぶ相馬山の頂上

富士川源流の道から榛名富士を見上げる

山を望みながら、磨墨岩の左下を通過すれば磨墨峠。なお、磨墨岩の頂はコース随一の展望スポットだが、登下降には注意が必要で、狭い頂の四方は絶壁になっている。山慣れしていない人は避けたほうが無難だ。

磨墨峠からはゆるやかな登りが続き、長い石段の登りを終えれば、真っ赤な鳥居の立つ❹ヤセオネ分岐に到着する。左に下れば、県道沿いのヤセオネ峠まで30分弱だ。

ここから相馬山の登りにかかる。すぐに鎖場、長い鉄バシゴが現れ、その後も頂上直下まで息の抜けない急登が続く。慎重に歩けば危険はないが、雨などで地面や鉄バシゴ、鎖が濡れている時の登下降は十分に注意したい。

道がゆるやかになり、小さな鳥居をくぐれば

❺相馬山の頂上だ。社や石碑、石像が立ち並ぶ頂上からは、南面の景観が楽しめる。

下りは、磨墨峠まで往路を戻り、峠からは右にゆうすげ園へ。わずかな下りでゆうすげ園の一角に立ったら、季節ごとに花が咲き乱れる園地をのんびり❻ゆうすげ園入口まで散策しよう。7月なら黄色いゆうすげの花が可憐な姿を見せてくれる（ゆうすげが咲くのは夕方～朝）。ここから❶榛名湖バス停までは、富士川源流の道を通って30分ほどだ。

群馬県

標高 **1828**m（黒檜山）

総歩行時間 **4**時間**25**分

総歩行距離 **6.9**km

初夏ならシロヤシオに包まれる展望の山歩き

あかぎさん
赤城山（黒檜山）
くろびさん

標高差　登り：**483**m　下り：**465**m

登山レベル　**初級**　体力：★★　技術：★

地蔵岳から見た大沼、黒檜山、駒ヶ岳（右）

DATA

電車・バス　行き：JR両毛線前橋駅→関越交通バス（直行便約1時間）→赤城山大洞　帰り：赤城山ビジターセンター→関越交通バス（直行約1時間）→JR両毛線前橋駅

マイカー　関越自動車道前橋ICから国道17号、県道4号、赤城道路（無料）を経由して大洞まで約35km。駐車場は、おのこ駐車場が便利。無料。

ヒント　赤城山大洞までのバス便は、毎日運行する便と、土曜・休日のみ運行する直行便があるが、直行便以外は富士見温泉で乗り換えが必要。便数が少ないので、下調べはしっかりと。

登山適期　5〜11月

問合せ先
前橋市富士見支所　☎027-288-2211
赤城公園ビジターセンター　☎027-287-8402
関越交通前橋営業所　☎027-210-5566

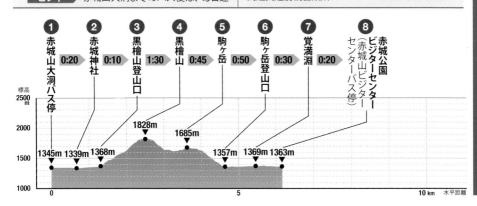

❶ 赤城山大洞バス停	❷ 赤城神社	❸ 黒檜山登山口	❹ 黒檜山	❺ 駒ヶ岳	❻ 駒ヶ岳登山口	❼ 覚満淵	❽ 赤城公園ビジターセンター（赤城山ビジターセンターバス停）
	0:20	0:10	1:30	0:45	0:50	0:30	0:20
1345m	1339m	1368m	1828m / 1685m		1357m	1369m 1363m	

標高
2500m
2000
1500
1000

0　　　　　　　　　　5　　　　　　　　　　10 km　水平距離

標高が高いため気象変化は激しい
初級コースとはいえ準備は万全に

プロフィール 上毛三山の一つ。標高が2000mに近い山だが、標高差は500mに満たず、それほどの苦労をせず頂上に立つことができる。ただ歩行距離が短い分、急な登り下りが多い。黒檜山の登りはペース配分に気をつけたい。

ガイド 登山口の**❶赤城山大洞バス停**からは、大沼に沿った車道歩きが20分ほど続く。歩き始めてしばらくすると左手に赤城神社が見えてくる。せっかくなので、大同元年（806）に遷宮されたといわれる**❷赤城神社**を参拝していこう。大沼の向こうには赤城連山の鈴ヶ岳が大きく見えている。神社からはいったん車道に戻って左へと登山口を目指す。

車道をさらに10分ほど歩くと、車道が分岐する手前右側に**❸黒檜山登山口**がある。ここから登山がスタートするが、ブナやミズナラの森のなかの急登には汗を絞られる。15分ほど歩いて

ゴヨウツツジとも呼ばれるシロヤシオ

黒檜山の登りはガレ場などもあり、汗を絞られる

尾根上に出ると大沼や地蔵岳の景色が開け、6月ならばこのあたりからシロヤシオの群落の中を歩くことになるだろう。

大沼方面の眺めが再び開けるあたりからは岩が目立つ道となり、岩を手がかりに登る場所も現れる。シロヤシオにミツバツツジ、そして樹間から大沼、小沼を眺めつつ、ひたすら上を目指す。やがて黒檜山と駒ヶ岳を結ぶ稜線に出るころになれば傾斜もゆるみ、分岐を左に行けば広々とした**❹黒檜山**の頂上だ。まばらな樹林に囲まれているが、男体山や皇海山など日光方面の眺めが広がっている。

ゆっくり休んだら分岐まで往路を戻り、南正面にどっしりとかまえる駒ヶ岳へと向かう。すぐに鳥居の立つ御黒檜大神で、ここも展望のすぐれた場所だ。この先で花見ヶ原森林公園方面への道を左に分けると、急な下りが始まる。木段を交えた急下降なので、景色に見とれて転ばないようにしたい。

下りきったところが大ダルミと呼ばれる鞍部で、今度は駒ヶ岳に向けて登り返す。後方には黒檜山が大きい。やや急な木段の登りになると

黒檜山の山腹に咲くミツバツツジ

欄外情報 微妙な違いなのだが、コース終点にある県立赤城公園ビジターセンター前のバス停名は赤城山ビジターセンターとなっている。バス会社独自の呼び名らしいが、同じ施設を指しているので混乱しないように。

頂上は間近で、登りきったところから少し左に入れば❺駒ヶ岳の頂上に到着する。展望は開けないがひと休みしよう。

駒ヶ岳からはさらに南下する。しばしば木段の急下降はあるが、総じてゆるやかで気持ちいい尾根歩きが続く。

道はやがて尾根を離れ、最後の下りが始まる。鉄製の階段も現れるが、足元が濡れている時はスリップに十分注意したい。黒檜山からの木段の下りもそうだが、鉄や丸太は濡れていると氷のように滑る。油断して転倒するのは、たいていこんなところだ。

「熊出没注意」の看板を横目にぐんぐん高度を下げる。傾斜がゆるやかになれば、ほどなく❻駒ヶ岳登山口で、右に行けばわずかな時間でスタート地点の赤城山大洞バス停に戻れる。左はミニ尾瀬とも呼ばれる❼覚満淵へと通じる道で、時間が許せばぜひ寄っていきたい。木道が整備され、30〜40分もあれば十分に一周できる。覚満淵からコース終点にあたる❽赤城公園ビジターセンターまではすぐ。バス停はビジターセンターの前にある。

📖Column

富士見温泉見晴らしの湯

赤城山の南麓を東西に走る国道353号沿いにある、道の駅ふじみ内の公営日帰り温泉。内湯、露天風呂のほかジャクジーやサウナなども用意され、天気のいい日には露天風呂から関東平野や富士山を望むことができる。新メニュー開発に力を入れるレストランや、隣接する農産物直販所「風ラインふじみ」での買い物も楽しい。

10〜21時。木曜休（祝日の場合は営業）。☎027-230-5555。

黒檜山から急な木段を下る。遠くに見えるのは小沼

ブナまたブナの森で緑に染まる山歩き

鹿俣山・玉原高原
かのまたやま　たんばらこうげん

標高 **1637**m（鹿俣山）

総歩行時間 **4**時間**45**分

総歩行距離 **10.0**km

標高差 **登り：389**m **下り：389**m

登山レベル 初級 体力：★★ 技術：★

緑まぶしい初夏のブナ林を鹿俣山に向けて登る

DATA

電車・バス **行き：**JR上越線沼田駅→関越交通バス（約1時間10分）→たんばらラベンダーパーク **帰り：**往路を戻る　※沼田駅からの路線バスの運行は土曜・休日のみで、午前中は1便。

マイカー 関越自動車道沼田ICから県道266号を経由してたんばらラベンダーパークの駐車場（無料）まで約20km。

ヒント ラベンダーの花期のみ、沼田駅から

ラベンダーパークまでシャトルバスが運行される。また、JR上越新幹線を利用する場合は、上毛高原駅から沼田駅まで路線バスが運行されている。

登山適期 4〜11月

問合せ先

沼田市観光交流課	☎ 0278-23-2111
関越交通沼田営業所	☎ 0278-23-1111
関越交通タクシー沼田営業所	☎ 0278-24-5151

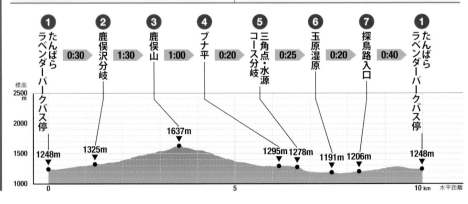

① たんばらラベンダーパークバス停

0:30

② 鹿俣沢分岐

1:30

③ 鹿俣山

1:00

④ ブナ平

0:20

⑤ 三角点・水源コース分岐

0:25

⑥ 玉原湿原

0:20

⑦ 探鳥路入口

0:40

① たんばらラベンダーパークバス停

標高2500m

2000

1500 | 1248m | 1325m | 1637m | | 1295m 1278m | 1191m 1206m | 1248m

1000

0　　　　　5　　　　　10 km　水平距離

欄外情報 鹿俣山の登りに時間がかかり、バスに乗り遅れる可能性があるときは、ブナ平から探鳥路を下れば大幅に時間短縮ができる。この場合、玉原センターハウスからバスに乗る。

ひたすらブナの森を歩き
湿原から登山口へと戻る

プロフィール 山全体がブナの森に覆われているといっても過言ではないほどで、これほどブナの密度の濃い山は関東では珍しい。山麓には花々の咲く湿原が広がり、夏にはラベンダー畑が多くの観光客を集めている。

ガイド ❶たんばらラベンダーパークバス停から南に少し歩き、鹿俣山への道標にしたがって左手の舗装された道を登る。しばらく歩けば道標の立つ❷鹿俣沢分岐。森林キャンプ場への道を左に分け、そのまま直進する。ブナ林に囲まれた登山道はいったんスキー場のゲレンデに出、再び山中に入る。尾根筋をなおも登るとシャクナゲの群生地があり、初夏にはピンクの花たちが目を楽しませてくれる。ここからひと登りで頂上直下の分岐。右に少し歩けば❸鹿俣山の頂上だ。樹木に囲まれ、展望の開けない狭い頂だが、東には武尊山が姿を見せている。

　下りは分岐まで戻り、ブナ平への道をとる。ゆるやかな尾根から谷川連峰が望めるゲレンデ内を歩き、再びブナ林を下れば❹ブナ平。その

鹿俣山への登路から見た谷川連峰

名のとおりブナだらけの平坦地で、❺三角点・水源コース分岐までがこのコースの白眉といえそうだ。ブナがお地蔵さんのように見えるブナ地蔵を過ぎ、三角点・水源コース分岐で左に折れる。沢筋を下ればほどなく❻玉原湿原で、時間があればぜひ一周したい。湿原の南側から玉原センターハウス（バス停・トイレあり）へと続く車道に出たら左へ。飲用可能な〝ぶなのわきみず〟の先に❼探鳥路入口があるので、ここから森林キャンプ場方面へと進み、ブナの森をゆるやかに登る。夏山リフトのトンネルをくぐった先を右に行けば、❶たんばらラベンダーパークバス停に戻れる。

鹿俣山・玉原高原

湿原とブナの森を抜けて立つ大展望の頂

尼ヶ禿山
（あまがはげやま）

標高差 登り：**248m** 下り：**248m**

登山レベル **初級** 体力：★ 技術：★

群馬県
標高 **1466m**
総歩行時間 **3時間25分**
総歩行距離 **8.0km**

尼ヶ禿山山頂から上州の山々を一望する

DATA

電車・バス **行き：**JR上越線沼田駅→関越交通バス（約1時間10分）→たんばらセンターハウス **帰り：**往路を戻る ※路線バスの運行は土曜・休日のみで、午前中は1便だけ。

マイカー 関越自動車道沼田ICから県道266号を経由して約19km。玉原センターハウス前に約30台の無料駐車場あり。

ヒント バスが少ないので沼田駅からレンタカーを利用するのもよい。下山後に農産物直売所や道の駅、日帰り温泉などに立ち寄れ、山旅の楽しみが増える。時間と体力に余裕があればブナ平から鹿俣山へと登るのも一案（P228参照）。

登山適期 5月下旬〜11月上旬

問合せ先
沼田市観光協会 ☎ 0278-25-8555
関越交通沼田営業所 ☎ 0278-23-1111

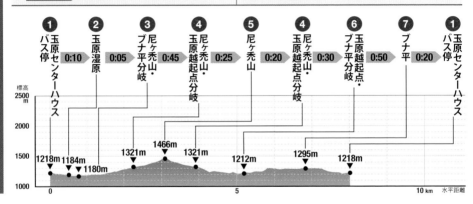

① 玉原センターハウス バス停 →0:10→ ② 玉原湿原 →0:05→ ③ 尼ヶ禿山・ブナ平分岐 →0:45→ ④ 尼ヶ禿山・玉原越起点分岐 →0:25→ ⑤ 尼ヶ禿山 →0:20→ ④ 尼ヶ禿山・玉原越起点分岐 →0:30→ ⑥ 玉原越起点・ブナ平分岐 →0:50→ ⑦ ブナ平 →0:20→ ① 玉原センターハウス バス停

標高 2500m / 2000 / 1500 / 1000

1218m 1184m 1180m 1321m 1466m 1321m 1212m 1295m 1218m

0 | 5 | 10km 水平距離

欄外情報 マイカーなら下山後に迦葉山弥勒寺を参拝するのもおすすめ。中峯堂には「日本一の天狗面」（顔の丈：6.5m、鼻の高さ：2.8m）や「交通安全身代わり大天狗」が安置されている。

玉原高原の魅力をすべて味わう
ファミリーから楽しめるブナの山

プロフィール 玉原高原は標高1200〜1500mに広がるブナの森。山間にはミニ尾瀬とも呼ばれる湿原があり、春から夏は多くの花が咲く。その西側にそびえるのが尼ヶ禿山で、ブナ林を抜けた山頂からは見事な展望が広がる。

ガイド ❶玉原センターハウスバス停から車止めを抜け車道を進む。途中、ブナ平へと上がる探鳥路を右に分け進むと「ぶなのわきみず」がある。さらに舗装路を進むと玉原自然環境センターで湿原入口となる。ここから右へ下り、木道を行けば❷玉原湿原に到着。ミニ尾瀬とも言われ、春のミズバショウをはじめ、初夏から夏にかけさまざまな高山植物が花を咲かせる。

湿原はぐるりと一周できるが、ここでは時計回りに進む。湿原奥に❸尼ヶ禿山・ブナ平分岐があるので、道標にしたがい東京大学玉原国際セミナーハウス方面へと向かう。ブナに囲まれた気持ちいい道をゆるやかに登っていくと一度

草紅葉が広がる玉原湿原の朝

林道に出る。道標にしたがい、さらに林内をひと登りで東京大学玉原国際セミナーハウスの裏手に出る。ここからブナの中木が枝を広げるなかを登って行く。途中、❹尼ヶ禿山・玉原越起点分岐を経てひと登りで第5鉄塔に到着。

ひと息入れたら、鉄塔下を抜けてさらにブナ林を登っていく。山頂直下で玉原ダム・迦葉山からの道を左から合わせて登ると、じきに樹林を抜ける。一気に展望が広がる稜線は左手が切り立っているのでよそ見などに注意して登りたい。数分で❺尼ヶ禿山の山頂だ。眼前には赤城山から小持山、榛名山、浅間山。天気が良ければ、遠く八ヶ岳や南アルプス、富士山も遠望できる。振り返ると、上州武尊山と眼下には玉原湖がきらめく。さらに北の樹間には朝日岳など谷川岳方面も望める。

展望を満喫したら、下山は往路を❹尼ヶ禿山・玉原越起点分岐まで戻る。ここで玉原越起点へと下って行く。途中、ネズコなどの針葉樹

バンザイ姿が可愛いオオカメノキの冬芽

東京大学玉原国際セミナーハウスの裏を行く

📷**Column**

たんばらラベンダーパーク

鹿俣山の山腹に広がる「たんばらスキーパーク」の斜面が夏の間、5万株のラベンダーに彩られる。色とりどりの花が虹のように並ぶ「彩の丘」などは人気のフォトスポット。

営業期間は7月上旬〜8月（開花状況による）。入園料は開花状況によって変更となる。☎0278-23-9311。

尼ヶ秃山山頂直下を行く

ブナ平の分岐道標

黄葉の見頃を迎えた玉原高原のブナ平

がまじる箇所を抜け、小さな沢を渡れば、じきに林道に出る。通行止めのトンネルを左に見、右へと林道を進めばじきに玉原越起点への道が左へと延びる。広い林道をわずかに登れば**❻玉原越起点・ブナ平分岐**だ。

ここから右へとやや荒れた道を下る。すぐにゆるやかになり、玉原湿原への道を分ける。ブナに囲まれた尾根道をわずかに登れば三角点（長沢）の標柱がひっそりと立っている。少し先

で下れば、玉原湿原への道が分岐する三角点・水源コース分岐だ。

ここからは、まさに四方をぐるリブナの森が広がる。ブナの根株がまさにお地蔵さんのようなブナ地蔵を過ぎると**❼ブナ平**に到着。ひと息入れたら、鹿俣山への道と分かれ右へ進もう。しばらく平坦な道をたどってから、最後に小さく下れば車道に下り立つ。左へ進めば**❶玉原セ ンターハウスバス停**だ。

尼ヶ秃山

ブナ地蔵

.1251

みなかみ町

トンネルを左に見て右へと林道を進む

.1259

.1289 玉原越

玉原越起点・ ブナ平分岐 ❻

0:30
0:40

玉原湿原分岐

玉原越起点へ の広い道を登る

0:25
0:20

第5鉄塔

❹ 尼ヶ秃山・ 玉原越起点 分岐

上州の山々を 望する

0:45
0:35

.1253

0:50

三角点 （長沢）

.1303

メ ー ト ル 端 火

登山口

東京大学玉原 国際セミナーハウス

0:05

玉原湿原 ❷

❸ 尼ヶ秃山・ブナ平分岐

玉原自然環境センター

ぶなのわきみず

0:10

玉原センターハウスバス停 ❶

三角点・水源コース分岐

.1173

ブナ地蔵

ブナ平 ❼

探鳥路

1291

0:20
0:30

玉原自然環境センター

玉原センターハウス

P

尼ヶ秃山 ❺

1466 △

N

1:25,000

0   250   500m

1cm=250m

玉原湖

玉原ダム

迦葉山

群馬県 沼田市

沼田IC

.1222

.1323

→鹿俣山

.1305

玉原

→鹿俣山

群馬県・新潟県

標高 1977m（オキの耳）

総歩行時間 4時間50分

総歩行距離 6.4km

アルペンムードの岩稜から絶壁を眺める

谷川岳
（たにがわだけ）

標高差 登り：**487m** 下り：**662m**

登山レベル **中級** 体力：★★ 技術：★★★

天神尾根から見たトマの耳（左）とオキの耳

🔍 DATA

電車・バス **行き：**JR上越線水上駅→関越交通バス
（約20分）→谷川岳ロープウェイ駅〈またはJR上越
新幹線上毛高原駅→関越交通バス（約45分）→谷
川岳ロープウェイ駅〉→谷川岳ロープウェイ（10分）
→天神平駅→天神峠ペアリフト（7分）→天神峠駅
帰り：天神平駅から往路を戻る
マイカー 関越自動車道水上ICから国道291号
を経由して約14km。ロープウェイ駅の谷川岳ベース

プラザに有料駐車場がある。
ヒント バスとロープウェイのセット券あり。
登山適期 6月中旬〜10月下旬
問合せ先
みなかみ町観光商工課　☎0278-25-5017
関越交通沼田営業所　　☎0278-23-1111
谷川岳ロープウェイ　　☎0278-72-3575
関越交通タクシー沼田営業所 ☎0278-24-5151

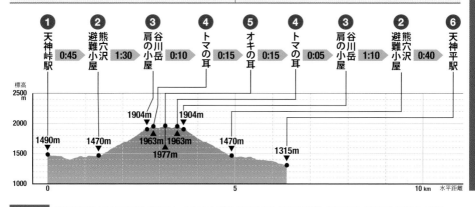

❶ 天神峠駅		❷ 熊穴沢避難小屋		❸ 谷川岳肩の小屋		❹ トマの耳		❺ オキの耳		❹ トマの耳		❸ 谷川岳肩の小屋		❷ 熊穴沢避難小屋		❻ 天神平駅
	0:45		1:30		0:10		0:15		0:15		0:05		1:10		0:40	

1904m　1904m
1490m　1470m　1963m 1963m　1470m　1315m
1977m

標高 2500m　2000　1500　1000

0　　5　　10 km　水平距離

いくつもの鎖場を越えていくコース
混雑するので余裕のある計画を立てよう

プロフィール ロッククライミングの名所、一ノ倉沢やマチガ沢の源頭にそびえ、かつては岩登りでの遭難者が絶えなかった谷川岳。しかし天神尾根にはしっかりとした鎖がつけられ、比較的楽に登山の醍醐味が味わえる。

ガイド 天神平駅でゴンドラを降り、右手のリフトに乗り換え、目指す双耳峰を眺めながらペアリフトに揺られていく。標高1500mの**❶天神峠駅**（とうげえき）で降りたら右手正面に見える山頂を目指して歩き始める。

小さな岩場を越え、天神尾根をしばらく平坦に進み、小さくアップダウンを繰り返していくと右手の展望が開け、武尊山、尾瀬の至仏山などの百名山が眺められる。いったん笹の道を一気に下ったところで天神平駅からの道が右から合流し、さらに木道を進むといよいよ最初の鎖場が現れる。

右側の斜面が切れ落ちているが、平坦な横道に付けられた鎖はしっかりとしているので問題はない。

鎖場を過ぎると美しいブナ林の中になり、ゆるやかな道を進んでいけば**❷熊穴沢避難小屋**（くまあなさわ ひなんごや）の裏に出る。週末は休憩をとる登山者で混雑するが、この先は肩の小屋まで小休止する場所が少ないので、連続する鎖場の登行にそなえて休憩をとっておくといいだろう。

すぐ先の長い鎖場を越え、さらに岩道を急登していく。ここは鎖がないので、バランスを崩さないように登っていこう。再び鎖場に取り付いていくと右側の小さなスペースから

熊穴沢避難小屋から長い岩場を越えていく

天神峠駅を降りると谷川岳の全容が姿を見せる

熊穴沢避難小屋へ続くブナの道を行く

展望が開ける。ここで再度呼吸を整え、長い鎖場を越えていく。やがて周辺が開け、ようやく樹林帯から抜け出す。

好展望の尾根道を登っていくと「天狗の腰掛け岩」の下に出る。岩上の展望所は先客が多く、なかなか休憩できる場所がない。

このあたりからハクサンボウフウなどの高山植物も見られるようになり、「天狗の溜まり場」という岩の下に出る。ここも同様に展望休憩に絶好のポイントになっている。

一面の笹に覆われた道を登っていき、「天神ザンゲ岩」の下に咲くクルマユリなどを見ながら歩を進めると、長い木段にさしかかり、ジグザグに登りつめていくと、小休止にうってつけの広場がある**❸谷川岳肩の小屋**（たにがわだけかたのこや）裏手の広場にたどり着く。

広場から小屋を左に見て進むとすぐに西黒尾根に合流し、歩きやすい岩稜をいくと、ほどなくして**❹トマの耳**（みみ）に達する。山頂からオキの耳へ突き上げる岩稜が見下ろせ、いよいよ花の山道へさしかかる。

タカネコンギク、イブキジャコウソウなどさまざまな花に彩られた岩稜が続き、崖に踏み込まないように注意して歩を進めていくと、よう

やく最高点の**❺オキの耳（みみ）**に達する。

　絶壁の眺めを楽しんだら天神平へと下っていこう。鎖場は下降のほうがバランスを保つのが難しいので、落ち着いて一歩ずつ足を運び、できる限り鎖をまたいで下降するようにしよう。

　❸谷川岳肩の小屋（たにがわだけかたのこや）手前の分岐はうっかりすると左の西黒尾根へ踏み込んでしまうので、特に濃霧の時は注意したい。

　❷熊穴沢避難小屋（くまあなさわひなんごや）の先の分岐までは往路を忠

谷川岳の稜線から見た越後駒ヶ岳（中央左）と中ノ岳

実にたどっていき、分岐から左手の天神平駅方面へ進む。あとはノリウツギやエゾアジサイが花をつける穏やかな道を下って**❻天神平駅（てんじんだいらえき）**に向かうが、最終ロープウェイに遅れないように。

谷川岳と至仏山に咲くホソバヒナウスユキソウ

往路をたどりトマの耳へ登り返していく

谷川岳

新潟県　湯沢町

群馬県　みなかみ町

1:50,000
0　500　1000m
1cm＝500m
等高線は20mごと

花の山頂駅からブナの美林と湧水の谷へ下る

湯沢高原・大峰山
<small>（ゆざわこうげん・おおみねやま）</small>

📷 標高差　登り：**273**m　下り：**512**m

📷 登山レベル　[初級]　体力：★★　技術：★

大峰山へのパノラマコースから越後湯沢の市街地を見下ろす

📷 DATA

電車・バス　**行き：**JR上越新幹線越後湯沢駅→徒歩（約10分）→山麓駅→湯沢高原ロープウェイ（7分）→山頂駅　**帰り：**八木沢口→南越後観光バス（約15分）→JR上越新幹線越後湯沢駅

マイカー　関越自動車道湯沢ICから国道17号、県道351号・462号を経由して山麓駅まで約2km。無料駐車場あり（約1000台）。また八木沢口バス停と登山口にも駐車スペースがある。

ヒント　山麓駅へは越後湯沢駅西口から右へ約600m。

登山適期　5月〜11月上旬

問合せ先
湯沢町観光協会　☎ 025-785-5505
南越後観光バス湯沢車庫　☎ 025-784-3321
アサヒタクシー　☎ 025-784-3410

① 山頂駅 — 0:50 — **②** 大峰山展望台 — 0:45 — **③** 栄太郎峠 — 0:40 — **④** ブナ姫 — 1:00 — **⑤** 鹿飛橋分岐 — 1:00 — **⑥** 大峰の原水 — 0:45 — **⑦** 八木沢口バス停

標高 1500m

873m　1146m　994m　793m　553m　600m　634m

0　5　10　15 km　水平距離

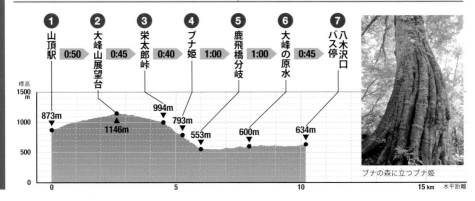

ブナの森に立つブナ姫

欄外情報　国道17号沿いの道の駅みつまた内には町営日帰り温泉「街道の湯」がある。10〜21時（入館は〜20時30分）。火曜休（祝日の場合は翌日）。☎ 025-788-9229。施設前に越後湯沢駅行きの道の駅みつまた前バス停がある。

**好展望の舗装道路を登り
全山ブナが生い茂る山腹を下る**

プロフィール 山頂駅周辺の「アルプの里」には1000種を超える高山植物が咲き競い、大峰山周辺には越後の山並みの大パノラマが展開する。栄太郎峠からは一変して全山ブナ林の美林が続き、清津峡ではブナの原生林から湧き出るミネラル豊富な原水が味わえる。

ガイド ❶山頂駅を出たらシャトルバスの乗り場から左手に見える展望レストラン方面へ舗装道路を登っていく。バスはレストランまで無料で往復するので利用してもいい。

リフトの横をゆるやかに登っていくと、越後湯沢の市街地が見渡せ、さらに進んで車道を右へ折れていく。ひと登りすると展望台前となり、右手に❷大峰山展望台が立つ。

大峰山への道は廃道になっているので、展望台を背に車道を進んでいく。左手に苗場山方面を望み、さらに車道をいくと右手から一楠場コースの山道が合流する。その先の栄太郎峠入口の標識から左手の山道に入っていくとすぐに❸栄太郎峠の標柱が立つ。

アルプの里を後にして大峰山を目指す

「麗人の森」の見事な美林の中を下り、さらに急坂をまじえた原生林の中を下っていくと❹ブナ姫と名づけられている巨木が現れる。

ブナ林をさらに下っていき、下りきったところが❺鹿飛橋分岐となる。平坦な道を直進すると「フィトンチッド広場」となり、清津峡の澄んだ流れを眺めつつ進んでいくと、苔から豊富な清水が湧き出る❻大峰の原水がある。

おいしい湧水で喉を潤し、ゆるやかに進むと周囲は杉林に変わり、やがて八木沢の登山口に出る。グラウンドを左に見て進み、車道に出たら集落の突き当りを左折し（右に行けば街道の湯まで約10分）、国道17号に出れば❼八木沢口バス停がある。

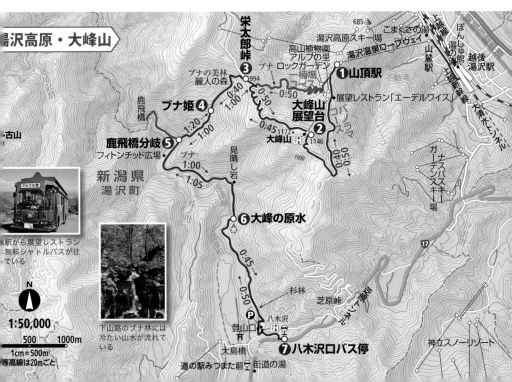

湯沢高原・大峰山

新潟県
湯沢町

駅から展望レストランへ無料シャトルバスが往っている

下山路のブナ林には冷たい山水が流れている

N

1:50,000

500 1000m

1cm＝500m

等高線は20mごと

栄太郎峠 ❸
ブナの美林
麗人の森
鹿飛橋
ブナ姫 ❹
鹿飛橋分岐 ❺
フィトンチッド広場
ブナ
見晴し岩

685
湯沢高原スキー場　こまくさの湯
高山植物園
アルプの里
ブナ ロックガーデン
楠場
コース
❶山頂駅
展望レストラン「エーデルワイス」
大峰山展望台
❷
大峰山
1146
1172
1000

❻大峰の原水

杉林
芝原峠

P
登山口
八木沢

❼八木沢口バス停

上越線 湯沢駅
ぼんしゅ館
山麓駅
越後湯沢駅
上越新幹線
大清水トンネル

ナスパスキー場
ガーデンスキー場

17

神立スノーリゾート

大島橋
道の駅みつまた前
街道の湯

三ッ岩岳

春になると"ひとつばな"のピンクに山が染まる

三ッ岩岳

<small>みついわだけ</small>

📷 標高差　登り：**388m**　下り：**388m**

📷 登山レベル　初級　体力：★　技術：★★

<table>
<tr><td colspan="2" align="center">群馬県</td></tr>
<tr><td>標高</td><td>**1032m**</td></tr>
<tr><td>総歩行時間</td><td>**2時間45分**</td></tr>
<tr><td>総歩行距離</td><td>**2.3km**</td></tr>
</table>

アカヤシオ咲くロープ場を登る

📷 DATA

電車・バス　**行き**：上信電鉄下仁田駅→タクシー（約30分）→登山口　**帰り**：往路を戻る　※登山口方面への村営バス便はないので、下仁田駅からタクシーでアクセスする。駅から登山口まで約14km。

マイカー　上信越自動車道下仁田ICから国道254号、県道45号・93号などを経由して登山口の駐車場（無料）まで約19km。

ヒント　駐車場が満車の際は大仁田ダムか烏

帽子岳登山口の駐車場を利用。登山口まで徒歩約10分。

登山適期　3月下旬〜11月

問合せ先

南牧村情報観光課　☎0274-87-2011
雨沢ハイヤー（南牧村）　☎0274-87-2323
南牧タクシー（南牧村）　☎0274-87-2108
上信ハイヤー（下仁田駅）　☎0274-82-2429

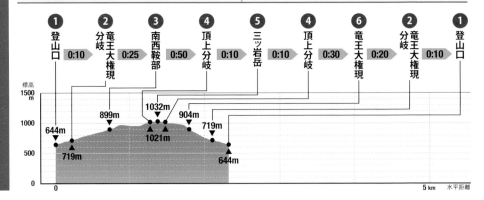

① 登山口 → 0:10 → ② 竜王大権現分岐 → 0:25 → ③ 南西鞍部 → 0:50 → ④ 頂上分岐 → 0:10 → ⑤ 三ッ岩岳 → 0:10 → ④ 頂上分岐 → 0:30 → ⑥ 竜王大権現 → 0:20 → ② 竜王大権現分岐 → 0:10 → ① 登山口

標高：1500m / 1000 / 500 / 0
644m　719m　899m　1032m　1021m　904m　719m　644m
0　5km　水平距離

欄外情報　八ヶ岳東麓の長野県南牧村（みなみまきむら）と同名の群馬県南牧村（なんもくむら）はすばらしい石垣が随所に見られる山里。花咲く春は桃源郷のような美しさを見せる。登山後の集落散策もぜひ。

行程は短いが急峻な場所が多い
ザックを軽くして身軽に歩こう

`プロフィール` タイトルに記した"ひとつばな"は南牧村でのアカヤシオの呼び方。村花でもある。三ッ岩岳は春、山全体がアカヤシオに彩られることで知られ、この時期に登山者が集中しがちだが、新緑や紅葉期の美しさも格別だ。アカヤシオの花期は例年、4月中旬頃。

`ガイド` ❶登山口には「竜王の里宮」の小さな社が立つ。ここからいきなりの急登で登山は始まる。堰堤を越えると傾斜はいく分ゆるみ、やがて❷竜王大権現分岐が現れる。右の竜王大権現からの道は下山に利用する道なので、ここは真っ直ぐ。しばらく沢沿いの道を歩き、古い林道にぶつかったら左に行く。林道が左右に分かれる分岐では右を選び、林道終点で再び登山道に入れば❸南西鞍部はすぐだ。

南西鞍部から5〜6分、林間の急登をこなす

西上州の山々の眺めが広がる頂上

と尾根の道へと変わる。花期ならこのあたりからアカヤシオが出現する。花好きは写真撮影に忙しく、なかなか歩が進まないことだろう。

小さなピークを越えて左側に回り込むと、ほどなくロープ場だ。登りなら問題ないが、逆コースをとってここを下る際には、ストックをザックに収納するなどの安全対策を講じてほしい。ロープ場からはひと登りで❹頂上分岐。このあたりはアカヤシオの森になっている。

分岐からは左（北西方向）に進み、いったん下って登り返せば❺三ッ岩岳の頂上だ。頂上は狭いが、西上州の山々のパノラマが楽しめる。❹頂上分岐まで戻り、アカヤシオのトンネルを竜王大権現へと続く道に進む。岩場の道を慎重に下り、尾根の突端から左へと回り込んで急下降をこなせば、絶壁下の❻竜王大権現に至る。この先も急下降が続くのでスリップしないよう慎重に歩こう。❷竜王大権現分岐まで下れば、❶登山口へはわずかな時間で到着する。

登る途中から見た荒船山最高峰の行塚山

西上州随一の展望を誇る農耕信仰の山

稲含山
（いなふくみやま）

標高差 登り：**306**m 下り：**306**m

登山レベル **初級** 体力：★ 技術：★★

群 馬 県

標高 **1370**m

総歩行時間 **1**時間**45**分

総歩行距離 **2.7**km

稲含山からの眺め。右の平らな山は荒船山で、左遠方、雲の下の山は八ヶ岳連峰

DATA

電車・バス **行き**：上信電鉄下仁田駅→タクシー（約30分）→茂垣峠（鳥居峠） **帰り**：往路を戻る

マイカー 上信越自動車道下仁田ICから国道254号、高倉林道を経由して茂垣峠（鳥居峠）の駐車場まで約17km。林道の上部は未舗装部分がほとんどなので、地上高の低い車の運転には注意が必要。駐車場は30〜40台分ある。無料。

ヒント 下仁田駅から峠までのバス便はなく、

駅から歩くと3時間前後かかる。基本的にマイカー向きの山で、電車を利用して日帰りしたい場合は、往復ともタクシーを利用するしかない。

登山適期 4〜11月

問合せ先
下仁田町商工観光課 ☎0274-64-8805
成和タクシー ☎0274-82-2078
上信ハイヤー下仁田営業所 ☎0274-82-2429

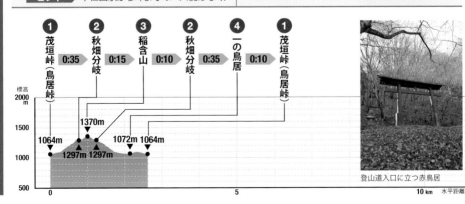

① 茂垣峠（鳥居峠） 0:35 ② 秋畑分岐 0:15 ③ 稲含山 0:10 ② 秋畑分岐 0:35 ④ 一の鳥居 0:10 ① 茂垣峠（鳥居峠）

標高
2000m

1500

1370m
1064m
1297m 1297m
1072m 1064m

1000

500

0　　　　　　　　　　　5　　　　　　　　　　　10 km　水平距離

登山道入口に立つ赤鳥居

欄外情報 登山口への途中に立つ渓流沿いの一軒宿「下仁田温泉清流荘」は猪・鹿・雉の料理で知られ、日帰り入浴もできる。11時〜14時30分。不定休。☎0274-82-3077。

登り下りとも急坂が連続し
短いながら油断できないコース

プロフィール 古くから農耕の神の山として信仰され、頂上付近には下仁田町側、甘楽町側それぞれに稲含神社が立つ。頂上からの大パノラマが人気の山だが、急斜面が多く、過去には遭難も発生している。行動は慎重に。

ガイド ❶茂垣峠（鳥居峠）の駐車場から道標にしたがい、未舗装の林道を登る。林道の終点には大きな赤鳥居が立ち、鳥居の左脇から登山道に入る。すぐに始まるコンクリート段の急坂をこなせば、ベンチの置かれた平坦地。浅間山や西上州の山々が間近に望めることだろう。

道は再び急傾斜となり、鎖場が現れる。慎重に通過し、この先でいったん下ると、丸太製の柵のあるやせた鞍部に出る。ここから少し登り返した斜面の狭い一角が❷秋畑分岐だ。

秋畑稲含神社への道を左に分け、右へと頂上

頂上から雪をかぶった浅間山を望む

を目指す。転落防止のフェンスが取り付けられた道を登ると石像の置かれた鎖場が現れ、ここを通過すればひと登りで稲含神社だ。神社からは左へと岩稜をたどるが、さほど時間をかけず❸稲含山の頂上へ登り着く。北アルプス、八ヶ岳、奥秩父、浅間山、谷川岳、日光などなど、見飽きることのないパノラマが広がる。

下山は❷秋畑分岐まで往路を戻り、旧秋畑稲含神社を目指す。木段の間が深くえぐれた急下りは転倒に注意が必要だ。分岐から10分前後で旧秋畑稲含神社。ご神体は現在、甘楽町側登山口にある神の池公園近くの新社に移っている。

なおも急下降を続けると二の鳥居が現れ、そのすぐ下で神の水と呼ばれる小沢を渡る。道はこのあたりからなだらかになり、ほどなく❹一の鳥居。正面は神の池公園への道で、ここは左へと登り返す。鉄塔を過ぎると往路の林道終点に出る。あとは❶茂垣峠（鳥居峠）まで来た道を戻ればいい。

最初に現れる鎖場

頂上直下に立つ稲含神社

下仁田市街

2021年2月現在、土砂崩れ箇所があり通行止

那須集落・富岡IC

秋畑稲含神社

神の池

神の池公園

稲含山

P ❶茂垣峠（鳥居峠）

林道を行く

稲含高倉林道

林道終点の先に大きな赤鳥居がある

❹一の鳥居

秋畑分岐に立つ道標

群馬県

下仁田町

0:25 → ← 0:35

鎖場

急な下り

神の水 水

富岡ICからアクセスした場合はこの道をたどる。神の池公園～一の鳥居間は約10分

0:35 → ← 0:55

二の鳥居

甘楽町

5月に例大祭が行われる稲含神社

鎖場

1303

N

秋畑分岐 ❷

1370

0:10 → ← 0:15

旧秋畑稲含神社

急な下りが続く

1:12,500

❸稲含山

山頂は360度の大パノラマが広がる

900

0   250   500m

1cm=125m
等高線は10mごと

最短コースを登って長大な頂稜部へ

荒船山

あらふねやま

標高差 登り：**389m** 下り：**389m**

登山レベル 初級 体力：★ 技術：★★

中級 初級 入門

大展望／花／立ち寄り湯

国道254号から見上げた艫岩の絶壁

🔍 DATA

電車・バス **行き**：JR北陸新幹線佐久平駅→タクシー（約50分）→荒船不動尊登山口 **帰り**：往路を戻る ※上信電鉄下仁田駅からタクシー利用の場合は約1時間。

マイカー 上信越自動車道下仁田ICから国道254号を経由して登山口の駐車場まで約30km。佐久ICからは県道138号、国道254号などを経由して約20km。登山口の無料駐車場を利用する。

ヒント 紹介したコースに利用できるバス便はないので、マイカーやレンタカーを利用する。なお、佐久平駅前にはタクシーが常駐している。

登山適期 4～12月上旬

問合せ先

佐久市観光課	☎0267-62-3285
下仁田町商工観光課	☎0274-64-8805
成和タクシー（下仁田町）	☎0274-82-2078

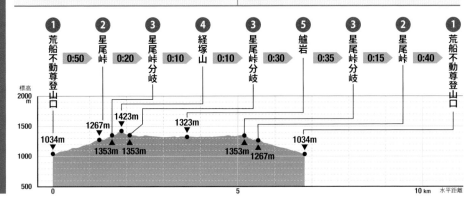

標高
2000 m

1500

1000

500

| ① 荒船不動尊登山口 | 0:50 | ② 星尾峠 | 0:20 | ③ 星尾峠分岐 | 0:10 | ④ 経塚山 | 0:10 | ③ 星尾峠分岐 | 0:30 | ⑤ 艫岩 | 0:35 | ③ 星尾峠分岐 | 0:15 | ② 星尾峠 | 0:40 | ① 荒船不動尊登山口 |

1034m　1267m　1423m　1323m　1353m　1353m　1267m　1034m

0　　　5　　　10 km　水平距離

欄外情報 長野県側の荒船不動尊から星尾峠を経て、艫岩を往復するコースも楽しい。帰りに汗を流すには、群馬県側の「荒船の湯」がおすすめ。9時～22時（土曜・休日は8月30分～）。無休。☎0274-67-5577。

頂稜部の平坦路が楽しい
新緑・紅葉時に歩きたいコース

プロフィール 日本のテーブルマウンテンとも称され、数ある山のなかでも特異なスタイルを持つ。約2kmにおよぶ頂稜部の広葉樹林は新緑のころ、別天地の様相を見せるが、艫岩付近からの転落事故が複数回発生しており、地元自治体も注意を呼びかけている。

ガイド ❶荒船不動尊登山口から荒船不動尊へと坂を登り、社の左側を回り込んで小さな沢沿いの登山道に入る。この道は山頂への最短路だが、豪雨や台風の影響で登山道は未だ荒れ気味。ロープの付けられた箇所もあるので、慎重に通過しよう。カラマツや広葉樹の美しい道を登っていけばやがて❷星尾峠だ。

美しい響きを持った峠からは左へと荒船山山頂方面に歩く。こちらもところどころに小崩壊箇所があるので注意して通過したい。ほどなく分岐が現れ、ここは左に入って急な木段の道を登る。ひと汗かくと❸星尾峠分岐で、右に行けば山頂、左に行けば艫岩だ。まずは右へと山頂に向けて急坂を登ろう。かなりの急斜面だが、

頂稜部のブナとカエデの森

そうかからずに荒船山最高峰、❹経塚山の頂に立つことができる。木立に囲まれて眺めはないが、コース唯一のピークでゆっくりしたい。

山頂からはスリップに注意して❸星尾峠分岐まで下り、約2kmにわたる平坦な頂稜部を艫岩へと向かう。登り下りのほとんどない、春は新緑、秋は紅葉に包まれる別天地のような道だ。初夏にはツツジやズミが彩りを添える。のんびり歩いて相沢への道を右に分ければ、古びた休憩舎の立つ❺艫岩に到着する。目の前に浅間山が望める好展望地だが、転落事故が何度も発生しているので、崖際には絶対に近寄らないこと。眺めを堪能したら往路を戻ろう。

荒船山
802●

群馬県
下仁田町

長野県
佐久市

高さ約200m。眼下は絶壁につき転落注意

5月に咲くヤマツツジ

❺艫岩
休憩舎

相沢分岐

内山峠～艫岩間、約1時間40分。初級コース

かつての修験道行場跡
鋏岩

❶荒船不動尊登山口

荒船不動尊

荒れている箇所があるので歩行に注意

歩行注意

●829

下仁田

254

内山峠

内山トンネル

旧道

1,020

木々に囲まれた経塚山の頂上

1073 **1:25,000**

250   500m

1cm=250m
等高線は10mごと

0:40

0:50

0:30

荒船山水源
「皇子最古修武之地」碑

小さな沢を渡る

新緑、紅葉の美しい道

1356

❸星尾峠分岐
急坂

星尾峠
❷

0:35

0:10

行塚山、京塚山とも表記される

❹経塚山
1423 樹林に囲まれ展望はない
相沢越・星尾

0:15 0:20

兜岩山・田口峠

一杯水

三ツ瀬・相沢登山口・荒船の湯

N
鋏ヶ沢

浅間山を間近に望む手軽な展望コース

浅間隠山
（あさまかくしやま）

群馬県

標高 **1757m**
総歩行時間 **2時間40分**
総歩行距離 **4.0km**

📷 標高差 登り：**421**m 下り：**421**m
📷 登山レベル **初級** 体力：★ 技術：★

浅間山を眺めながら頂上直下を登る

📷 DATA

電車・バス **行き：**JR北陸新幹線軽井沢駅→草軽交通バス（約40分）→北軽井沢→タクシー（約20分）→二度上峠東側登山口 **帰り：**往路を戻る

マイカー 関越自動車道高崎ICから県道27号、国道406号、県道54号を経由して登山口の駐車場（無料）まで約50km。駐車可能台数が20台前後と少ないので、土曜・休日は早めの到着を。

ヒント 軽井沢駅から北軽井沢に行くバスは少なく、1時間に1本程度。北軽井沢から登山口までの距離もあり、マイカー利用が便利な山。

登山適期 4月下旬～11月上旬

問合せ先
高崎市倉渕支所　☎027-378-3111
北軽井沢観光協会　☎0279-84-2047
草軽交通　☎0267-42-2441
草津観光タクシー　☎0279-88-2450

① 二度上峠東側登山口 —0:30→ ② 北軽井沢分岐 —0:40→ ③ 南峰 —0:20→ ④ 浅間隠山 —0:15→ ③ 南峰 —0:30→ ② 北軽井沢分岐 —0:25→ ① 二度上峠東側登山口

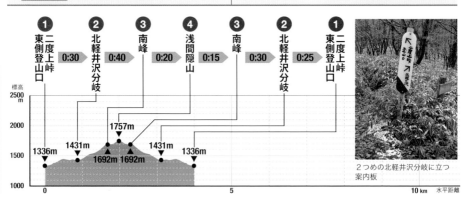

標高
2500m

2000
1757m

1500
1336m　1431m　1692m 1692m　1431m　1336m

1000
0　　　　　　　　5　　　　　　　10km　水平距離

2つめの北軽井沢分岐に立つ案内板

欄外情報 マイカー登山に限られるが、高崎市倉渕地区には、倉渕温泉（☎027-378-2311）、くらぶち相間川温泉（☎027-378-3834）など立ち寄り入浴できる温泉がある。

歩きやすい道が続くコースだが
南峰の登り下りはスリップ注意

プロフィール 群馬県側から浅間山に目を向けたとき、その姿を隠すかのようにそびえることから"隠"の文字が付けられたという山。手軽に登れるうえ、頂上からの展望のすばらしさも手伝って、最近、人気が高まっている。

ガイド 駐車場から100mほど高崎側に戻った場所にある**❶二度上峠東側登山口**(にどあげとうげひがしがわとうざんぐち)から登山道に入る。歩き始めてしばらくはゆるやかな登りが続くが、次第に傾斜を増し、やがて尾根へと上がる。道は左方向に続き、右手の樹間には浅間隠山がなだらかな姿を見せている。

いったん平らになると、北軽井沢方面との最初の分岐。ここは右に行く。クマザサの茂るゆるやかな道を歩けば、大きな案内板の立つ2カ所目の**❷北軽井沢分岐**だ。左に鋭角に続く北軽井沢への道を分け、まっすぐ進む。しばらくの

頂上から榛名山方面を眺める

南峰に続くクマザサの道

間、山腹を九十九折(つづらおり)に登る。やがて、背の高いササが道の両側を覆うようになり、ここから南峰に向けてのややきつめの登りが始まる。このコースで唯一、疲れを感じるところだが、ひと汗かく頃には、わらび平森林公園キャンプ場への道が分岐する**❸南峰**(なんぼう)に到着する。

南峰は展望が開けないので、そのまま左方向へと頂上を目指そう。道はいったんゆるく下り、頂上へ向けて登り返す。まばらに樹木が立つササ原の道は快適。周囲から高い樹木がなくなり、左に浅間山、右に榛名山がどっしりした姿を見せ始めれば、ほどなく**❹浅間隠山**の頂上に飛び出す。晴れていれば浅間山は言うに及ばず、八ヶ岳、北アルプス、上州・西上州の山々、そして富士山も頭をのぞかせる。

下りは往路を戻るが、南峰下でのスリップに気をつけるとともに、勢いにまかせて**❷北軽井沢分岐**(きたかるいざわぶんき)を右に行かないよう注意したい。

浅間隠山

群馬県 長野原町
東吾妻町
高崎市

❹浅間隠山 1757
ドウダンツツジ
浅間山や上州の山々の展望
0.15
0.20
南峰❸ わらび平森林公園キャンプ場分岐
0.40 0.30 雑木林の中のジグザク道。スリップ注意
1538
北軽井沢分岐❷ 下山時、右に行かないように
0.25
岩淵山 1528
0.30 分岐は右に行く
カラマツ林
尾根上に出る。樹間越しに浅間隠山を望む
❶二度上峠東側登山口
二度上峠

•1342
•1375
•1264
•1119

浅間隠山から見た西上州の山々

登山道入口に立つ道標

N
1:25,000
250 500m
1cm=250m
等高線は10mごと

倉渕温泉・くらぶち相間川温泉

◢◣ 標高差 登り:**437m** 下り:**437m**

◢◣ 登山レベル　**初級**　体力:★　技術:★

群馬県・長野県

標高 **2404m**

総歩行時間 **2時間40分**

総歩行距離 **5.2km**

トーミの頭から見る浅間山。下のほうに広がる平坦地が湯ノ平

◢◣ DATA

電車・バス ▶ 行き:JR北陸新幹線佐久平駅→JRバス(約1時間)→高峰高原ホテル前 またはJR小海線・しなの鉄道小諸駅→JRバス(約40分)→高峰高原ホテル前 帰り:往路を戻る

マイカー ▶ 上信越自動車道小諸ICからチェリーパークラインを経由して約18km。高峰高原ビジターセンター前に約40台の無料駐車場あり。

ヒント ▶ 体力や時間に余裕があるのなら蛇骨岳へ足を延ばしてもいい。黒斑山から往復約1時間。浅間山(前掛山)へは、それなりの体力、技術が必要。

ヒント ▶ 5月下旬〜10月

問合せ先

小諸市商工観光課　☎0267-22-1700
こもろ観光局　☎0267-22-1234
JRバス関東小諸支店　☎0267-22-0588

❶ 車坂峠 → **❷** 避難壕 0:15 → **❸** トーミの頭 0:15 → **❹** 黒斑山 0:10 → **❸** トーミの頭 1:00 → **❶** 車坂峠

1:00

標高
3000m

2278m　2404m

2500

1967m　　　　　　　　　　　　　1967m

2322m　2322m

2000

1500

0　　　　　　　　　　　　　　5　　　　　　　　　　10 km　水平距離

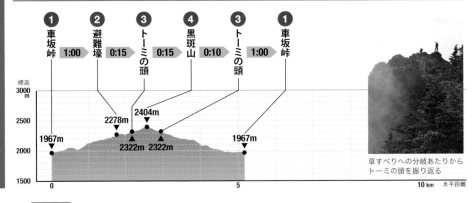

草すべりへの分岐あたりからトーミの頭を振り返る

欄外情報 車坂峠にある高峰高原ホテル内の温泉「こまくさの湯」は絶景風呂として人気で、日帰り入浴もOK。夏期と冬期で入浴料が変わる。11〜18時。☎0267-25-3000。

高山植物が彩る庭園を抜け、
眼前に浅間山を望む展望台に立つ

水ノ塔山（右）、篭ノ登山（中央）をバックに表コースを登る

プロフィール 浅間山の第一外輪山の最高峰・黒斑山は、日本百名山のひとつ浅間山の絶好の展望台。荒涼とした火山礫の斜面があるかと思えば、色とりどりの高山植物が美しい草原や黒木の原生林なども見られ、変化に富んだ登山が楽しめる。登山適期は5月下旬〜10月。

ガイド ❶車坂峠（くるまざかとうげ）から表コースに入り、赤茶けた砂礫の登山道をゆるやかに登っていく。岩まじりの赤茶けた火山礫の道で、周囲にはさまざまな高山植物が見られる。

いったん下って草原状のところを過ぎると、本格的な登りになる。シラビソやカラマツなどの樹林帯のなかの道だが、何度か南西方面の展望が開け、水ノ塔山（みずのとやま）や篭ノ登山（かごのとやま）、高峯山などが一望できる。正面にトーミの頭が見えたら、すぐに❷避難壕（ひなんごう）に出る。ここは槍ヶ鞘と呼ばれる場所で、その先の小ピークが赤ゾレの頭だ。

高山植物が道端を彩るトーミの頭への登り

赤ゾレの頭から鞍部に下ったところで、車坂峠へと下るコースが左手から合流する。大小の岩がゴロゴロする外輪山の縁をひと登りすれば、小高い岩山の❸トーミの頭（かしら）に着く。眼下の湯ノ平をはさんだ正面に、どっしりと浅間山がそびえ立っている。

トーミの頭の先で湯ノ平口に下る道を右に分け、黒斑山への登りにとりかかる。コメツガやシラビソなどの、亜高山帯針葉樹林のなかの道を登っていくと、途中で道が二手に別れるが、すぐ先で合流する。

やがて傾斜がゆるくなったと思うと、ひょっこり❹黒斑山（くろふやま）の山頂に飛び出す。頂には標識が立ち、浅間山の絶好の展望台となっている。

下山は途中まで往路を戻り、中コースを下る。しばらく溝状の道を下り、車坂峠方面の展望が開ける短いガレ場を過ぎると、傾斜もゆるくなってくる。左手の沢に沿いながら山腹の道を巻くように進めば、ほどなくして❶車坂峠（くるまざかとうげ）のビジターセンター前に出る。

〈黒斑山〉

1:50,000

0　500　1000m

1cm=500m
等高線は20mごと

展望の頂と花の湿原を一度に楽しむ

三方ヶ峰・東篭ノ登山

（さんぼうがみね・ひがしかごのとやま）

長野県・群馬県

標高 **2228m**（東篭ノ登山）

総歩行時間 **2時間35分**

総歩行距離 **5.5km**

- 標高差　登り：**168m**　下り：**168m**
- 登山レベル　**初級**　体力：★　技術：★

6月上旬の池の平湿原。緑はまだ薄く、花も少なめ

DATA

電車・バス　**行き**：JR北陸新幹線佐久平駅→JRバス関東（約1時間）→高峰温泉　**帰り**：往路を戻る
※バスは季節運行で本数も少ない。

マイカー　上信越自動車道小諸ICから県道79号・94号、湯の丸高峰林道を経由して池の平駐車場まで約20km。駐車場は5月1日～11月3日の間は有料。湯の丸高峰林道の通行可能時間は7～17時。ゲートの閉鎖には注意したい。

ヒント　高峰温泉から池の平駐車場まで歩くと約1時間。往復2時間プラスとなるので、公共交通利用の場合は、三方ヶ峰か東篭ノ登山のどちらかを割愛することを検討したほうがいい。

登山適期　5月下旬～11月上旬

問合せ先
信州とうみ観光協会　☎0268-62-7701
JRバス関東小諸支店　☎0267-22-0588

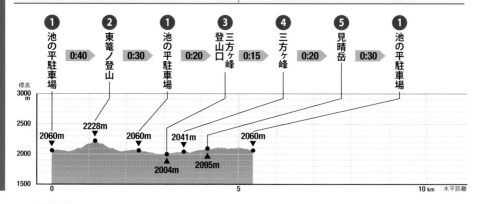

① 池の平駐車場 — 0:40 — ② 東篭ノ登山 — 0:30 — ① 池の平駐車場 — 0:20 — ③ 三方ヶ峰登山口 — 0:15 — ④ 三方ヶ峰 — 0:20 — ⑤ 見晴岳 — 0:30 — ① 池の平駐車場

標高 m

3000m
2500
2000
1500

2060m　2228m　2060m　2041m　2060m
　　　　　　　　　2004m　2095m

0　　　　　　　　5　　　　　　　10 km　水平距離

欄外情報　三方ヶ峰の東に位置する高峰高原には、ランプの湯で知られる高峰温泉（☎0267-25-2000）と、展望風呂が人気の高峰高原ホテル（☎0267-25-3000）があり、いずれも立ち寄り入浴が可。

展望の東篭ノ登山を往復したのち
湿原の木道から丘のような山々へ

コマクサ（左）とイワカガミ

プロフィール 両山とも2000mを超える亜高山帯にあり、東篭ノ登山は好展望の山、三方ヶ峰はコマクサやイワカガミ、レンゲツツジが咲く花の山。その間には池の平湿原がある。この3つをめぐる少し欲張りなコースを紹介しよう。

ガイド ❶池の平駐車場からまずは東篭ノ登山を往復するが、小さな子どもや山に不慣れな人が一緒の場合は東篭ノ登山を割愛してもいい。三方ヶ峰だけで十分に楽しめる。

駐車場から道路を渡ると登山口で、ここから登山道に入る。カラマツの森を歩き、登山道にだんだん岩が目立つようになるともう山頂は近い。ちょっとだけアルペン気分を味わいつつ登れば❷東篭ノ登山の頂だ。空気が澄んでいれば北アルプスも見渡せる眺めを堪能したら往路を戻る。

❶池の平駐車場に戻ったら、湿原の案内板にしたがって樹林をゆるやかに下っていく。目の前が開けると池の平湿原の北端だ。ここからは木道を歩くが、まっすぐ行っても、左へと湿原の東側をぐるっとまわってもかまわない。初夏

から秋にかけてアヤメなど多くの花が見られることだろう。

池の平湿原の南端が❸三方ヶ峰登山口だ。ここから15分ほど登れば❹三方ヶ峰の山頂で、一帯はコマクサの群生地になっている。花期は7月下旬前後で、点々と咲くピンクがかわいい。

山頂からゆるく下って登り返し、雲上の丘への分岐を過ぎたすぐ先が❺見晴岳。大きなアンテナが立っていて味気ないが、展望はすばらしい。

雲上の丘へは分岐まで戻って左へ。広くゆるやかな尾根を行くと、展望の開ける場所に雲上の丘、雷の丘、村界の丘などの名称が付けられている。それぞれの展望を楽しみ、最後に樹林帯を下れば❶池の平駐車場に戻ることができる。

三方ヶ峰・東篭ノ登山

↑鹿沢温泉・国道144号

群馬県　嬬恋村

地蔵峠

湯の丸スキー場

湯の丸高峰林道の通行時間は7〜17時

西篭ノ登山 2212
西篭ノ登山へは往復1時間

水ノ塔山 2202
赤ゾレ

高峰温泉を起点に水ノ塔山を経由するロングコースとしてもよい。高峰温泉から東篭ノ登山へは約1時間40分

東篭ノ登山 ❷ 2228
0:40 / 0:30

ヤナギラン
村界の丘
雷の丘

湯の丸高峰林道

高峰温泉バス停〜池の平駐車場間は約1時間の車道歩き

うぐいす展望台

雲上の丘

兎平 ❶ 2061
池の平駐車場

見晴岳 ❺ 2095
0:30 / 0:40
0:25 / 0:20

鏡池

❸三方ヶ峰登山口
忠治隠岩広場

アヤメ東歩道

高峰温泉「ランプの宿」として知られる一軒宿

高峰マウンテンホテル

高峰温泉　アサマ2000パークスキー場

高峰高原ビジターセンター

高峰高原ホテル前

車坂峠

N
1:37,000
500　1000m
1cm=370m

コマクサ群落地

三方ヶ峰 ❹ 2041
0:15 / 0:10
0:20

長野県
東御市

小諸市

高峯山 2106

チェリーパークライン

小諸IC

ノコギリ歯の山稜が連なる塩田平のシンボル

独鈷山
とっこさん

📷 標高差 登り：**689m** 下り：**689m**

📷 登山レベル **中級** 体力：★★ 技術：★★★

長野県
標高 **1266m**
総歩行時間 **3時間45分**
総歩行距離 **5.1km**

北麓の塩田平から見る山容は独鈷の形に似ている

📷 DATA

電車・バス **行き**：上田電鉄別所線塩田町駅→タクシー（約15分・要予約）→西前山コース登山口 **帰り**：中禅寺→信州の鎌倉シャトルバス（約15分）→上田電鉄別所線別所温泉駅または下之郷駅

マイカー 上信越自動車道上田菅平ICから国道44号などを経由して虚空蔵堂へ約18km。5台。無料。

ヒント 登山口近くの中禅寺へは朝のバス便がないので北陸新幹線上田駅から上田バス塩田線

別所温泉行きで王子バス停（約35分）。日・祝日運休）下車。中禅寺方面へ直進して西前山コース登山口まで徒歩約25分。

登山適期 4月下旬〜11月上旬

問合せ先

信州上田観光協会	☎0268-71-6074
上田バス	☎0268-34-6602
塩田観光タクシー	☎0268-38-3151

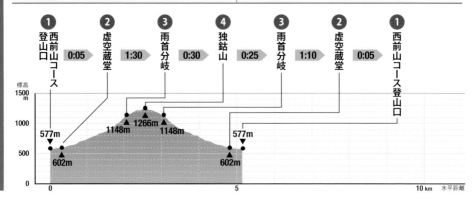

① 西前山コース登山口 **0:05** ② 虚空蔵堂 **1:30** ③ 雨首分岐 **0:30** ④ 独鈷山 **0:25** ③ 雨首分岐 **1:10** ② 虚空蔵堂 **0:05** ① 西前山コース登山口

標高1500m

577m 602m 1148m 1266m 1148m 577m 602m

0 5 10km 水平距離

欄外情報 別所温泉には外湯「大湯」（第1・3水曜休）、「石湯」（第2・4火曜休）、「大師湯」（第1・3木曜休）がある。別所温泉付近に「あいそめの湯」（第2・4月曜休）もある。問い合わせは別所温泉観光協会（☎0268-38-3510）へ。

急登と岩場を越えて穏やかな頂へ
落葉の多い時期の下降は慎重に

プロフィール ノコギリ歯の山稜が連なることから信州の妙義山と呼ばれる塩田平の秀峰。山の形が仏敵を倒す武器の独鈷に似ていることから山名が付けられたとされ、鎌倉時代には北条氏により山城が築かれた。四方に険しい登山路があるが本コースは中級者向けになっている。しかし岩場や急峻な斜面もあるので、特に落葉の多い季節の登下降は慎重に。

ガイド **❶西前山コース登山口**から車道を進んで左折し、沢山湖への分岐からわずかに進むと**❷虚空蔵堂**に着く。フェンスを抜けると始めから少々きつい登りになり、10分ごとに立つプレートを目指していく。修験の碑が立つ岩を過ぎると山城の前門址とされる地点があり、さらに進んで崩壊地を巻くと鋭い岩稜の「雨首」への分岐があるが、踏み跡はない。えぐれた涸沢を過ぎると縄が巻かれた石の祠が立つ、頂上へ70分の地点になる。

カラマツ林をさらに進むと急登が始まり、リボンをたよりに急斜面をひたすらジグザグに

中央にマツの木が立つ山頂から菅平と浅間山を眺める

登っていく。切れ落ちた斜面もあるので下降時は注意しよう。さらに歩を進めると頂上まで40分の地点になり、ようやく**❸雨首分岐**の尾根に達する。尾根上を進み、ロープの岩場に取りつく。足場がしっかりした岩場を越えると浅間山が望める岩上に出る。すぐ先で最後の岩場を越え、宮沢と沢山湖からの道を合わせる広場からわずかに登ると**❹独鈷山**に到達する。

こぢんまりとした山頂にはイノシシの祠があり、信州百名山のプレートが掛けられている。日本百低山でもある頂で、間近に迫る美ヶ原や北アルプスを眺めたら往路を忠実にたどって下降していく。**❶西前山コース登山口**に着いて十字路を右へ進めばすぐに中禅寺バス停がある。

菅平高原の最奥にそびえる日本百名山

四阿山
あずまやさん

標高差 登り：**759m** 下り：**759m**

登山レベル **中級** 体力：★★ 技術：★★

嬬恋清水付近からは樹間にゆったりとした山容が見られる

🔍 DATA

電車・バス 行き：しなの鉄道上田駅→タクシー（約45分）→四阿山登山口 帰り：往路を戻る

マイカー 上信越自動車道上田菅平ICから国道144号などを経由して登山口駐車場まで約20km。約20台分。無料。

ヒント 鳥居峠のゲートには一般車両通行禁止のプレートがあるが、登山口駐車場へは通行可能。鳥居峠のゲートにも3台ほどの駐車スペースあ

り。12〜5月初旬の間は閉鎖（積雪状況によって変動する）。嬬恋村役場のホームページで確認できる。

登山適期 4月下旬〜11月中旬

問合せ先

嬬恋村観光商工課	☎0279-82-1293
上田市真田産業観光課	☎0268-72-4330
吾妻森林管理署	☎0279-75-3344
浅間観光タクシー上田営業所	☎0268-26-2211

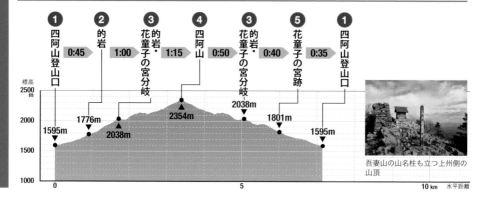

① 四阿山登山口 — 0:45 — **②** 的岩 — 1:00 — **③** 的岩・花童子の宮分岐 — 1:15 — **④** 四阿山 — 0:50 — **③** 的岩・花童子の宮分岐 — 0:40 — **⑤** 花童子の宮跡 — 0:35 — **①** 四阿山登山口

標高 2500m／2000／1500／1000

1595m　1776m　2038m　2354m　2038m　1801m　1595m

水平距離　0　5　10km

吾妻山の山名柱も立つ上州側の山頂

欄外情報 展望の露天風呂がある東御市の「湯楽里館」（10〜22時）では地ビール「OH!LA!HO BEER」が味わえ、試飲ができるワイン＆ビアミュージアム（11〜21時）などもある。水曜休。☎0268-63-4126。

奇岩を眺めてコメツガの道を歩き
好展望の頂から信仰の道を下る

プロフィール 菅平高原の広大な牧草地を見下ろしてあずま屋の屋根のような姿でそびえる日本百名山。北アルプス連山が望める人気の山頂には信州と上州の頂があり、上州側には嬬恋村で呼ばれている吾妻山の標柱が立つ。古くから開かれた鳥居峠から国指定天然記念物の「四阿山の的岩」を経て修験道の古道をたどっていく。

ガイド ❶四阿山登山口から朝日を浴びる的岩を眺めて県界尾根を登るコース。案内板の立つ正面の道をゆるやかに進む。徐々に勾配が増し、ササに覆われた一本道を一気に高度を稼いでいく。単調な道をひたすら進んでいくと岩の壁が正面に迫り、奇岩❷的岩の下に着く。全長200mにも及ぶ岩脈は四阿山の火山活動の名残りを示す貴重な景観を見せている。

的岩の先で浅間山が見え始め、コメツガの原生林から苔むした岩が散在する道を行く。さらに急登を交えていき、火山岩の道に出るとあずま屋が立つ❸的岩・花童子の宮跡分岐に着く。

ゆるやかに下っていくと左手に北アルプスも望め、展望が開けたササ原を進んでいく。火山礫の道を登り、石の祠を過ぎると樹林帯となり、原生林の中の木段を急下降していく。樹林帯を進んで登り返すと樹間から山頂が見え、しばらくすると嬬恋清水の標識がある。急斜面をわずかに下ると関東最高所の清水が湧いている。

木段を交えた土の道を行き、頂上まで300mの標柱から木段を進むと菅平牧場からの道に合流する。さらに木段を登ると露岩の道になり、信州側の祠を過ぎれば❹四阿山の山頂だ。

花童子の宮跡付近の木道

360度の展望を楽しんだら往路を下り、❸的岩・花童子の宮跡分岐から左へ進む。信仰の道らしい苔むした祠がたたずむ道を下ると、整備された木道の傍らに❺花童子の宮跡がある。さらに祠やあずま屋が立つ道を下れば❶四阿山登山口に戻り着く。

全長200mの長大な火山岩「四阿山の的岩」

燧ヶ岳と並ぶ尾瀬のランドマークをピストン登山

至仏山
しぶつさん

📖 標高差 登り:**637m** 下り:**637m**

📖 登山レベル **中級** 体力:★★ 技術:★★

群馬県

標高 **2228m**

総歩行時間 **4**時間**40**分

総歩行距離 **9.5**km

日本百名山／大展望／花／紅葉／立ち寄り湯

尾瀬ヶ原から見上げた至仏山

🔍 DATA

電車・バス **行き**:JR上越線沼田駅→関越交通バス（約1時間30分）→戸倉→シャトルバスまたは乗合タクシー（約25分）→鳩待峠 **帰り**:往路を戻る ※JR上越新幹線上毛高原駅から戸倉までは、関越交通バスで約1時間50分。

マイカー 関越自動車道沼田ICから国道120号、401号を経由して戸倉まで約39㎞、鳩待峠まで約50㎞。5～10月の特定日はマイカー規制を実施。

ヒント 残雪期の5月上旬～6月30日の間は、植生保護のため至仏山の全登山道が閉鎖される。また、7月1日の山開き以降は、山ノ鼻から至仏山までの東面登山道は登り専用となる。

登山適期 7～10月

問合せ先
片品村観光協会 ☎ 0278-58-3222
関越交通沼田営業所 ☎ 0278-23-1111

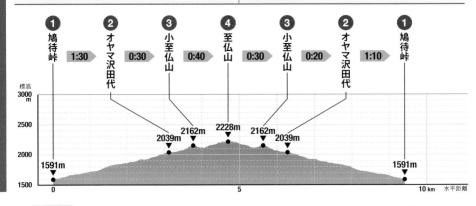

① 鳩待峠		② オヤマ沢田代		③ 小至仏山		④ 至仏山		③ 小至仏山		② オヤマ沢田代		① 鳩待峠
	1:30		0:30		0:40		0:30		0:20		1:10	

標高 3000m

2500m

2228m

2162m 2162m

2039m 2039m

2000m

1591m 1591m

1500m

0 5 10 km 水平距離

欄外情報 立ち寄り湯は、片品村鎌田の「寄居山温泉ほっこりの湯」10～21時（平日は～20時）。第1・3水曜休。☎0278-58-4568。片品村花咲の「花咲の湯」10～21時（冬期は～20時）。第2・4水曜休。☎0278-20-7111。

お花畑を抜けて尾瀬ヶ原を俯瞰する頂へ
小至仏山～山頂はスリップに注意

プロフィール 尾瀬ヶ原をはさんで燧ヶ岳と対峙しているのが至仏山。男性的な燧ヶ岳と比較し、その山容から女性的と形容され、7～8月はコース周辺が多彩な高山植物に彩られる。小至仏山から至仏山にかけては蛇紋岩の岩稜となっていて、雨の日は滑りやすく注意が必要だ。

ガイド ❶鳩待峠の駐車場西側から登山道に入っていく。周囲はブナやミズナラ、ダケカンバなどの森で、クマザサが林床を覆っている。そのなかをゆるやかに登っていくうちに、木道や木の階段が現れる。

1867mピークの南側山腹を巻き、尾根を越えて尾根の北側を進んでいくと、樹林帯が途切れて湿原状の開けた場所に出る。ここからは尾瀬ヶ原や燧ヶ岳を望むことができ、休憩するのに最適な大きな岩もある。下山時にはひと休みして登山の余韻に浸るといいだろう。

木の階段を急登し、再びクマザサの茂る樹林帯のなかを進む。オヤマ沢源頭の水場を過ぎて、ひと登りすれば、小さな湿原が広がる❷オヤマ沢田代だ。湿原には池塘がいくつかあり、夏のシーズンには高山植物で彩られる。行く手には小至仏山の岩峰が頭をのぞかせており、後方には日光連山も遠望できる。

登山の基点となる鳩待峠

湿原を抜けて樹林帯に入り、笠ヶ岳・湯の小屋温泉方面の分岐を

小至仏山に向かう。至仏山はもう一つ先

左に分ける。尾根の北側を進むようになると、再び尾瀬ヶ原や燧ヶ岳の展望が開けてくる。ここから先はコース中屈指のお花畑が広がっており、夏ともなればチングルマやハクサンフウロ、シナノキンバイ、ウサギギク、ハクサンイチゲなどが目を楽しませてくれる。途中には休憩用のベンチも置かれているので、小休止していくといい。

間もなく斜面の傾斜がきつくなってきて、木の階段をひたすら急登していくようになる。ハイマツまじりの蛇紋岩の岩場が現れてくれば、小至仏山のピークも近い。蛇紋岩は雨などで濡れていると非常に滑りやすいので、スリップに注意しながら慎重に進み、❸小至仏山の山頂に立つ。蛇紋岩で固められたような山頂には石標が立ち、周囲の山々が一望できる。

小至仏山から至仏山へは、いったん鞍部に下って登り返していく。この間の稜線も蛇紋岩の岩場が続いているので気が抜けない。岩場を

展望が開ける大岩。遠くに日光白根山が見える

106
至仏山

📖 Column
尾瀬ヶ原一泊プランのすすめ

せっかく尾瀬に来たからには、至仏山だけではなく尾瀬ヶ原散策を楽しみたい。鳩待峠から約1時間も下れば、そこはもう尾瀬ヶ原の一角の山ノ鼻。ここにある3軒の山小屋(至仏山荘☎0278-58-7311、山の鼻小屋☎0278-58-7411、国民宿舎尾瀬ロッジ☎0278-58-4158)のいずれかに1泊して、初日は尾瀬ヶ原を巡り、翌日、山ノ鼻から至仏山に登って鳩待峠に下るプランがおすすめだ。いずれの山小屋も要予約。

アップダウンしながら進み、最後に急登を登り切れば❹至仏山の山頂に到着する。

立派な石柱と三角点のある小広い山頂からの展望は360度。尾瀬ヶ原や燧ヶ岳をはじめ、会津駒ヶ岳や平ヶ岳、日光連山、上越の山々、上州武尊山などの山岳パノラマが満喫できる。条件がよければ遠く北アルプスや富士山などが見えることもある。

下山は往路を戻るが、蛇紋岩の岩場でのスリップにはくれぐれも注意したい。

下山時は滑りやすい岩場に注意

至仏山山頂

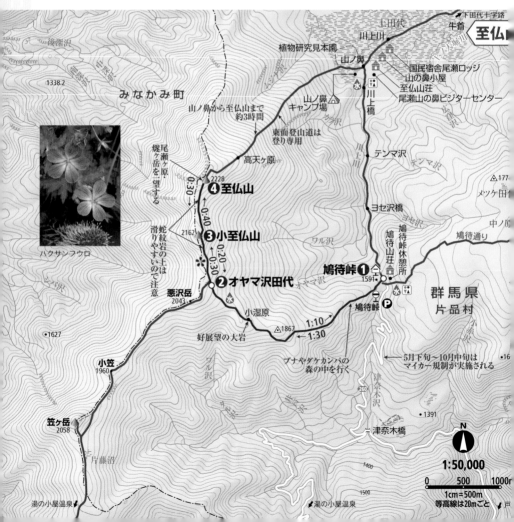

日光・那須・南東北

関東平野を一望しながら社寺を結ぶミニ縦走コース

太平山・晃石山
おおひらさん　てるいしさん

🔍 標高差　登り：**384m**　下り：**384m**

🔍 登山レベル　[初級]　体力：★★　技術：★

謙信平から関東平野を一望する

🔍 DATA

電車・バス　**行き：**JR両毛線大平下駅　※東武日光線新大平下駅から歩く場合、大平下駅まで約15分。大平下駅から謙信平までタクシー利用の場合、約15分。**帰り：**往路を戻る

マイカー　東北自動車道佐野藤岡ICから国道50号、県道11号などを経由して謙信平まで約15km。謙信平に3カ所、駐車場がある。大中寺から謙信平へは舗装路の登り返しがあるが徒歩で約40分。

ヒント　逆コースで歩くのも一般的。下山時に謙信平を通過するため、茶屋名物の玉子焼きや焼き鳥、だんごを味わいながらゆっくりできる。

登山適期　3〜12月（盛夏を除く）

問合せ先
栃木市大平総合支所大平産業振興課　☎ 0282-43-9213
栃木市観光協会　☎ 0282-25-2356
大平タクシー　☎ 0282-43-2543

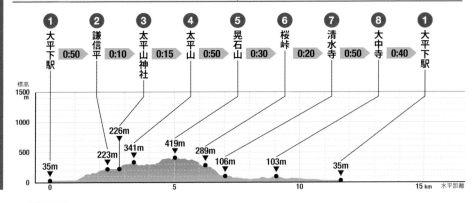

| ①大平下駅 | 0:50 | ②謙信平 | 0:10 | ③太平山神社 | 0:15 | ④太平山 | 0:50 | ⑤晃石山 | 0:30 | ⑥桜峠 | 0:20 | ⑦清水寺 | 0:50 | ⑧大中寺 | 0:40 | ①大平下駅 |

標高
1500m
1000
500
0

35m　223m　226m　341m　419m　289m　106m　103m　35m

0　　　　　5　　　　　10　　　　　15 km　水平距離

欄外情報　謙信平から見た「陸の松原」とは、地表を覆った霧の上に丘陵や山が頭を出した様子。ちょうど海に浮かぶ島のよう。太平山や謙信平園地、大中寺などのアジサイの見頃は6月下旬〜7月上旬。

山麓や山中の社寺を訪ねながら
2つのピークを結ぶ尾根歩き

プロフィール 栃木市の中西部に連なる小高い山稜の最高峰が晃石山。その北東のピークが太平山で、中腹には古くから信仰を集める太平山神社がある。参道では、初夏、色とりどりのアジサイが咲き誇り見事だ。

ガイド ❶大平下駅から左へ線路沿いを進む。踏切を渡り道なりに行くと信号のある交差点で、直進し左へカーブすると客人神社がある。神社左側の車道を進むと太平山登山口だ。石段を経て尾根道を登る。途中、車道を横断して登り、再度車道に出たら、左へ進めば「陸の松島」と称する風景を望める❷謙信平だ。

みやげ店が並ぶ車道を道なりに行くと随神門がある。門をくぐり石段を登れば❸太平山神社だ。境内を右へ進むと奥宮入口がある。ここから山道を登れば、奥宮を経て、富士浅間神社が

植林が伐採され展望が良くなった桜峠

ある❹太平山の山頂。樹林に囲まれ展望はない。

太平山からは西へ尾根道を一気に下る。途中、林道を横断して進めば大中寺からの道が合流するぐみの木峠だ。ここから登り返す。途中、左に筑波山を見て、岩まじりの尾根道を進むと、やがて巻き道がある。晃石山へは尾根道を行くのが早いが、巻き道で晃石神社を参拝してから❺晃石山に立とう。北側と南側が開け日光方面の展望も広がる。

下山は尾根道を下る。青入山を越え、手すりつきの急坂を下れば、大きな山桜とあずま屋がある❻桜峠だ。ここで尾根道から離れ、左へと下っていくと❼清水寺だ。大中寺へは車道のすぐ先から大平下駅への道標にしたがい右の小道へ入る。何度か分岐があるが道標がある。車道に出たら、左へ進めば❽大中寺だ。大平下駅へは大中寺とは逆方向に車道を下っていく。広域農道を渡り、中山の山裾に続く道を行けば、踏切を渡り❶大平下駅だ。

謙信平園地を彩るアジサイ

太平山・晃石山

1:50,000

N

500 1000m
1cm=500m
等高線は20mごと

地元で人気の日光連山展望コース

唐沢山
（からさわやま）

👁️ 標高差　登り：**125m**　下り：**250m**

👁️ 登山レベル　**初級**　体力：★　技術：★

標高 **324m**（諏訪岳）

総歩行時間 **2時間25分**

総歩行距離 **6.7km**

諏訪岳に登る途中から見た田沼の街と日光連山（右）

📖 DATA

電車・バス　**行き**：東武佐野線田沼駅→タクシー（約10分）→唐澤山神社　**帰り**：東武佐野線多田駅

マイカー　北関東自動車道佐野田沼ICから県道16号・115号を経由して唐澤山神社の駐車場（無料）まで約4.5km。

ヒント　唐澤山神社へは田沼駅から歩いて行くこともできるが、神社近くになると車道は急傾斜のカーブが続き、また歩道もないので、タクシーを利用するのが無難。

登山適期　3〜12月（盛夏を除く）

問合せ先

佐野市観光立市推進課　☎0283-27-3011
佐野市観光協会　☎0283-21-5111
佐野合同タクシー　☎0283-22-5333

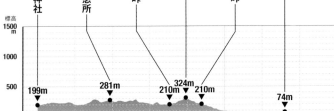

① 唐澤山神社　**0:35**　② 見晴休憩所　**0:35**　③ 京路戸峠　**0:20**　④ 諏訪岳　**0:15**　③ 京路戸峠　**0:40**　⑤ 多田駅

標高
1500m

1000

500

199m　281m　210m　324m　210m　74m

0　　　　　　　　　5　　　　　　　　10 km　水平距離

唐澤山神社の二の丸跡

欄外情報　唐澤山神社から南下するハイキングコースもよく歩かれている。道標も完備していて、2時間前後で東武佐野線の堀米駅まで下ることができる。

全体的になだらかな道だが
諏訪岳の急斜面はスリップ注意

プロフィール 唐沢城は天慶3年（940）、大ムカデ退治で知られる藤原秀郷によって築城された山城。この城跡に立つ唐澤山神社から〝松風の道〟と呼ばれる山道を諏訪岳へと歩く。低山ながら、日光連山や足尾山塊の眺めがすばらしい。

ガイド かつて城門があった〝ます形〟の石垣から**❶唐澤山神社**に入り、神橋を渡って本丸跡の唐澤山神社本殿へと坂を登る。本殿の左下にある二の丸跡前を右に下って道なりに行くと、京路戸峠方面を示す道標が立ち、次のY字分岐は左に入る。ゆるやかに下ると変則十字路。正面の林道（未舗装）を行くとすぐ右に道標が立ち、山中に導かれるが、ほどなく先ほどの林道と合流する。この先も何度か、林道と登山道とがこうしてクロスすることになる。林道は最終的に西側へと尾根を離れるが、「京路戸峠」の道標にしたがって歩けば迷うことはない。

道はやがて、見晴らしのきかない**❷見晴休憩所**にいたる。唐澤山神社〜京路戸峠間のちょう

唐沢山から諏訪岳（左）へと続く稜線

ど半分のあたりだ。この先も、何度かピークを越えるが、途中2カ所ほど大きく展望が開け、日光連山や足尾山塊の眺めが楽しめる。間もなく、ベンチとテーブルの置かれた**❸京路戸峠**だ。峠からは村檜神社の道標にしたがい、諏訪岳を目指す。途中の分岐で村檜神社への道を右に分け、左に登る。展望の開けるあたりの前後はたいへん急な坂なので、スリップに注意しよう。登り着いた**❹諏訪岳**は樹林に囲まれた静かで好ましい頂だ。

❸京路戸峠まで戻って多田駅へと下る。工場団地の車道に出たらまっすぐ歩き、広い道路を横断して橋を渡る。左へと道なりに歩けば**❺多田駅**だ。

京路戸峠へとヤマツツジ咲く道を下る

テーブルとベンチの置かれた京路戸峠

唐沢山

1:50,000
0　　500　　1000m
1cm＝500m
等高線は20mごと

109

地元の人に愛され続ける"我が町の山"

吾妻山
（あづまやま）

- 標高差　登り：**369m**　下り：**369m**
- 登山レベル　初級　体力：★　技術：★★

群馬県
標高 **481m**
総歩行時間 **2時間40分**
総歩行距離 **6.2km**

吾妻山の頂上から桐生市街を見下ろす。緑の山が海に浮かぶ島のよう

DATA

電車・バス　**行き**：JR両毛線桐生駅　**帰り**：往路を戻る　※上毛電気鉄道西桐生駅からでも行程は同じ。

マイカー　北関東自動車道太田桐生ICから国道50号、県道66号を経由して吾妻公園の駐車場（無料）まで約15km。隣接する水道山公園にも無料駐車場がある。

ヒント　東武鉄道浅草駅から特急「りょうもう」で新桐生駅に行く方法もある。浅草駅からの所要時間は1時間40分前後。ただし、新桐生駅とJR桐生駅間は2km以上あり、駅間の移動にバスやタクシーの利用が必要になる。マイカーの場合、北関東自動車道太田薮塚ICで下りても、吾妻山公園までの所要時間に大きな差はない。

登山適期　3月〜12月（盛夏を除く）

問合せ先　桐生市観光交流課　☎0277-46-1111

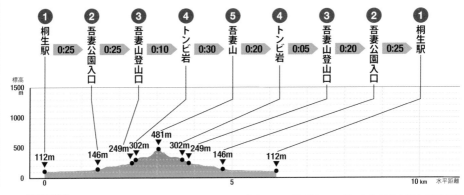

① 桐生駅		② 吾妻公園入口		③ 吾妻山登山口		④ トンビ岩		⑤ 吾妻山		④ トンビ岩		③ 吾妻山登山口		② 吾妻公園入口		① 桐生駅
	0:25		0:25		0:10		0:30		0:20		0:05		0:20		0:25	

標高
1500m

1000

500

0

112m　146m　249m 302m　481m　302m 249m　146m　112m

0　　　　　　　　　　5　　　　　　　　　　10 km　水平距離

欄外情報　桐生市役所のホームページでは、桐生ハイキングガイドマップをダウンロードできる。吾妻山だけでは物足りない場合、鳴神山方面への縦走のヒントになる。

ちょっとした岩場歩きが楽しい
半日ハイキングコース

プロフィール 平日でも地元の登山者が多く、初心者も安心して歩ける山。ロープの張られた岩場の急坂など注意を要する箇所もあるが、迂回路も整備され、頂上からの展望や美しい広葉樹林など短いコースながら魅力たっぷりだ。

ガイド ❶桐生駅の北口を出て、上毛電鉄西桐生駅方面へと車道を歩く。道なりに進み、桐生第一高校前の変則交差点を左折。川沿いに続く車道を5〜6分歩くと光明寺前の交差点となるので、ここも左折。ゆるやかに登れば、駐車場とトイレのある❷吾妻公園入口だ。

季節ごとの花に彩られる園内を抜け、山の斜面に付けられた遊歩道を登る。このあたりの遊歩道は錯綜していてわかりづらいが、左方向に登っていけば広い尾根に出る。尾根を右に歩いて陸橋を渡り、雑木林に囲まれたなだらかな坂を上がると❸吾妻山登山口。ここで登山道は右折し、すぐに第一男坂が始まる。足場はしっかりしていて、要所にはロープも張られているが、岩場が苦手な人は左の女坂を登ろう。いずれにしろ、わずかな時間で急坂は終わり、桐生市街

初夏の吾妻公園に咲くツツジ

が一望できる❹トンビ岩に飛び出す。

トンビ岩を過ぎると道はいったんゆるやかになるものの、ほどなく第二男坂が現れる。第一男坂よりやや急なので、落石には十分注意してほしい。なお、こちらの女坂は右側にある。

第二男坂を登りきると道は右折し、雑木林の斜面をひと登りで❺吾妻山の頂上だ。天気がよければ桐生市街の向こうに富士山も望める頂には、誰かが植えたものだろうか、スズランやオダマキが咲く。

下りは往路を戻るが、頂上のすぐ下の分岐では、下り始めの勢いで川内町方面に真っ直ぐ下らないよう注意したい。第二男坂・女坂へは左折する形になる。

第一男坂の岩場を登る

変化ある名低山から関東平野を一望

大小山
だいしょうやま

📷 標高差 **登り：285m 下り：285m**

📷 登山レベル **初級** 体力：★ 技術：★★

標高 **314m**（妙義山）

総歩行時間 **2時間50分**

総歩行距離 **6.8km**

中級 初級 入門 大展望／紅葉／日だまりハイク

妙義山中腹から見た大小山

📷 DATA

電車・バス **行き：**JR両毛線富田駅 **帰り：**往路を戻る ※両毛線の列車は、朝晩は1時間に2本あるが、昼間は1時間に1本と少ないので、事前に時刻表を確認しておきたい。

マイカー 東北自動車道佐野ICから国道50号、県道233号を経由して富田駅まで約11km。富田駅に5台分の有料駐車場、阿夫利神社手前に登山者駐車場（約50台）がある。

ヒント 妙義山から越床峠を経て大坊山へと結ぶ縦走コースがあり、地元のハイカーに歩かれている。

登山適期 通年（盛夏を除く）

問合せ先

足利市観光振興課 ☎0284-20-2165
足利市観光協会 ☎0284-43-3000

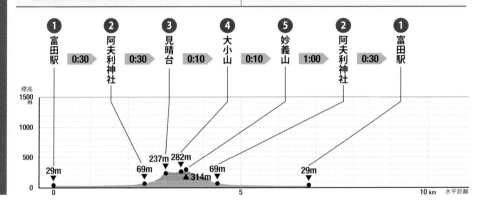

| ❶富田駅 | 0:30 | ❷阿夫利神社 | 0:30 | ❸見晴台 | 0:10 | ❹大小山 | 0:10 | ❺妙義山 | 1:00 | ❷阿夫利神社 | 0:30 | ❶富田駅 |

標高 1500m / 1000 / 500 / 0

29m　　69m　237m　282m　　69m　　　29m　　314m

0　　　　　　　　　　5　　　　　　　　10 km　水平距離

欄外情報 富田駅から徒歩10分ほどのところに栗田美術館がある。伊萬里、鍋島を所蔵する世界最大級の陶磁美術館で、四季折々の山野草が楽しめる3万坪のガーデンも見事。☎0284-91-1026。

ロープ場の連続する急な登下降
濡れているときは十分な注意を

プロフィール 山頂の岩壁に「大小」の文字が掲げられた山容が目を引く大小山は、低山ながら岩場やハシゴ段、ロープ場など変化に富んだコースで人気が高い。最高点の妙義山は360度の展望の絶景スポット。

ガイド ❶富田駅を出たら線路沿いの小道を行く。すぐ先の踏切を渡り住宅街を抜けて行こう。要所に立つ大小山ハイキングコースの案内が登山口へと導いてくれる。途中、三柱神社の前を通り、田園地帯に入ると、左前方に大小山が見えてくる。駅から30分ほどで大小山駐車場に到着だ。さらに車道を進めば❷阿夫利神社となる。

参拝を済ませたら、左に沢音を聞きながら登っていこう。10分ほどで男坂と女坂の分岐となる。ここでは石段が続く男坂を進む。大小山仙間神社を過ぎると露岩の急な登りとなる。樹間に展望が開けてくると女坂と合流。さらにひと登りで、大小の文字下にある❸見晴台に到着。あずま屋の前からは関東平野が一望できる。

ひと息入れたら左手から急な鉄階段を登る。

360度の展望が広がる妙義山山頂

尾根に出たら右へ進み、最後に急登すれば❹大小山だ。こちらはまばらに木があり、展望は樹間からとなるが、北にはこれから登る妙義山が見える。妙義山へは一度急斜面を下り、鞍部から登り返す。大小山から10分ほどで❺妙義山の山頂だ。北に日光連山、その左に赤城山、そして、上州の山々、浅間山、秩父連峰、奥多摩、晴れていれば富士山も見える。

展望を楽しんだら下山。まずは露岩の岩尾根を進む。さらに、ロープ場の急斜面の下りが続く。途中、樹間から大小山を望み、大岩を経て鎖場を下る。尾根を外れて右へと山腹を下り、最後に急な溝状の道を抜ければ、じきに❷阿夫利神社となる。❶富田駅へは往路を戻る。

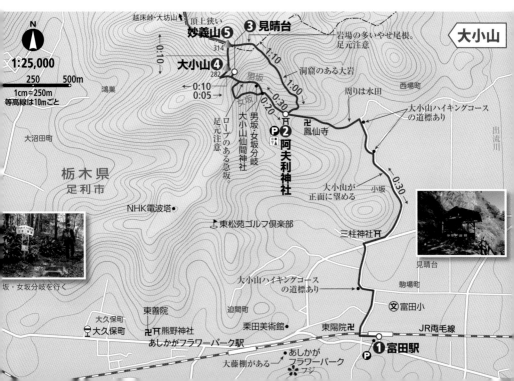

ニッコウキスゲ咲く高原と日光連山東端の頂

霧降高原・丸山

きりふりこうげん　まるやま

栃木県

標高 1689m

総歩行時間 2時間15分

総歩行距離 3.4km

初級／入門／大展望／花／立ち寄り湯

標高差　登り：**346m**　下り：**346m**

登山レベル　**初級**　体力：★　技術：★★

キスゲ平から小丸山を見上げる

🔍 DATA

電車・バス 行き：東武日光線東武日光駅→東武バス（約30分）→霧降高原　帰り：往路を戻る　※東武日光線乗り入れの「JR特急スペーシア日光号」は、新宿や池袋から乗り換えなしで行ける。

マイカー 日光宇都宮道路日光ICから国道119号、霧降高原道路を経由して約15km。霧降高原に無料駐車場あり。

ヒント 時間と体力に余裕があれば、丸山へ

と登る前に赤薙山を往復するのもいい。霧降高原内の階段道を避けたい場合やニッコウキスゲの季節は、途中まで散策路を歩くことも可能。

登山適期 5月中旬〜11月

問合せ先

日光市日光観光課	☎ 0288-53-3795
日光市観光協会日光支部	☎ 0288-54-2496
東武バス日光・日光営業所	☎ 0288-54-1138

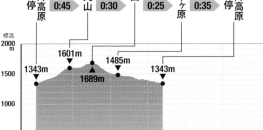

| ① バス停 霧降高原 | 0:45 | ② 小丸山 | 0:30 | ③ 丸山 | 0:25 | ④ 八平ヶ原 | 0:35 | ① バス停 霧降高原 |

標高 2000m

1601m　1485m

1343m　　1689m　　1343m

1500

1000

500

0　　　　　　　　　　5　　　　　　　　10 km　水平距離

天空回廊

欄外情報 霧降高原レストハウスで開花情報などが得られる。9〜17時（季節時間あり）。☎0288-53-5337。「大江戸温泉物語・日光霧降」では日帰り入浴ができる。日光駅までの無料シャトルバスあり。☎0570-011263。

新しくなった霧降高原の散策路を登り
大展望広がる丸山へと周回登山

プロフィール 霧降高原はニッコウキスゲをはじめ、多くの花が夏を彩る高原。旧スキー場跡の斜面には階段道「天空回廊」や散策路、展望台が整備され、キスゲ平園地となっている。丸山は日光連山の東端にそびえる小山。霧降高原からぐるりと巡るハイキングコースを歩こう。

ガイド ❶霧降高原バス停から霧降高原道路を渡ると、すぐ右側に丸山登山口の道がある。こちらは下山に利用する。まずは霧降高原レストハウスの先からキスゲ平園地内に整備された1445段の階段道、または散策路を登っていく。途中には展望台もある。ゲートを抜けると❷小丸山だ。ここは赤薙山へと続く尾根上の小ピークで西に赤薙山、北にこれから向かう丸山、南には日光市街や鳴虫山が広がっている。

ひと息入れたら出発しよう。小丸山の奥で赤

ササ原が広がる八平ヶ原と丸山

薙山への尾根道と分かれ、右へとゆるやかに下る。木道を通過すると、じきに小丸山と丸山の鞍部となる。ここから階段状に整備された道を急登すると、傾斜がゆるみ小広場に出る。振り返ると、赤薙山が展望でき、春先はアカヤシオなどのツツジが山上に彩りを添えている。庭園のような趣だ。ここから再び短く急登すれば、❸丸山の山頂だ。山頂からは先ほど登ってきた小丸山と赤薙山が見える。

下山は北東側へと樹林のなかに整備された木段道を下っていく。一気に下り、ゆるやかになるとササ原が広がる❹八平ヶ原だ。道標にしたがい進路を南へと向け進むと、じきに樹林帯に入り山腹をゆるやかに下っていく。途中、沢筋を渡り尾根道に上がれば、小丸山からの道に突き当たるので、左へ下っていく。ところどころ溝状に掘れた山道は、雨の後などは滑りやすいので注意したい。徐々に傾斜がゆるみ、右へカーブすれば往路に出る。左に行けば❶霧降高原バス停に戻れる。

小丸山から見た赤薙山

霧降高原・丸山

栃木県
日光市

六方沢橋

平けたササ原が気持ちいい

❹八平ヶ原

急な下り

0:25

0:40

酒沢を渡り
尾根側へ上がる

アカヤシオ
シロヤシオ
ヒメシャジン
ムシカリ

山腹をゆるやかに下る

丸山❸

0:30   0:20   1689

0:40

0:35

霧降高原
バス停
❶

高原ハウスと階段道

1800

焼石金剛

1700

1600

1500

霧降川

赤薙山
2010

1:25,000

N

250   500m

1cm＝250m
等高線は10mごと

小丸山～赤薙山間は
往復約2時間30分

天空回廊

小丸山❷

1601

ニッコウキスゲ
ヒメシャジン
タムラソウ
カラマツソウ

日光市内や赤薙山、
鳴虫山の展望

0:30

0:45

P

大山

キスゲ平園地
霧降高原
レストハウス

長い階段道が続く。
園地内をジグザグに登る
散策路も整備されている

↓日光市街

半月山
はんげつやま

👁 標高差 登り:**390m** 下り:**473m**

👁 登山レベル **初級** 体力:★★ 技術:★★

栃木県

標高 **1753m**

総歩行時間 **4時間40分**

総歩行距離 **10.6km**

半月山展望台から中禅寺湖と男体山を望む

🏞 DATA

電車・バス **行き**:東武日光線東武日光駅→東武バス（約35分）→明智平→明智平ロープウェイ（3分）→展望台駅 **帰り**:中禅寺温泉バスターミナル→東武バス（約45分）→東武日光線日光駅

マイカー 日光宇都宮道路清滝ICから国道120号、いろは坂を経由して明智平まで約12km。無料駐車場あり。 ※車の場合、中禅寺温泉から明智平へ戻るバスがないので注意。中禅寺湖畔の駐車場

に停め、茶ノ木平へ登れば周回できる。

ヒント 半月山のみなら期間運行の中禅寺温泉〜半月山のバス（約20分）が利用できる。

登山適期 5〜11月

問合せ先

日光市日光観光課　☎0288-53-3795
東武バス日光・日光営業所　☎0288-54-1138
日光交通（明智平ロープウェイ）☎0288-55-0331

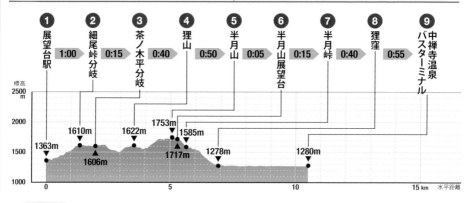

① 展望台駅	② 細尾峠分岐	③ 茶ノ木平分岐	④ 狸山	⑤ 半月山	⑥ 半月山展望台	⑦ 半月峠	⑧ 狸窪	⑨ 中禅寺温泉バスターミナル
	1:00	0:15	0:40	0:50	0:05	0:15	0:40	0:55

標高 2500m

1753m

1622m 1585m
1610m 1717m
1363m 1606m 1278m 1280m

2000

1500

1000

0　　　　　　　　5　　　　　　　　10　　　　　　15 km 水平距離

欄外情報 東武日光駅へは東武日光線乗り入れの「JR特急スペーシア日光号」を利用すれば、新宿や池袋から乗り換えなしで行ける。下山路のイタリアとイギリスの大使館別荘記念公園にはカフェがある。

明智平から茶ノ木平へ登り
半月山から中禅寺湖畔へ下る

プロフィール 中禅寺湖と男体山を望む半月山展望台は、カメラマン御用達の奥日光屈指の絶景ポイント。明智平展望台は中禅寺湖、男体山、さらに華厳ノ滝もセットで望める。そんな2つの展望台を巡るコースを歩きたい。

ガイド 明智平ロープウェイの**❶展望台駅**の展望を楽しんだら、左手から尾根道を登っていく。このあたりは春先、アカヤシオが見事だ。途中、鉄塔が立つササ原の尾根から男体山や女峰山を望める。この先で東電巡視路の道を分け尾根道を登る。展望台、**❷細尾峠分岐**を過ぎれば、かつての自然観察教育園一角の**❸茶ノ木平分岐**だ。半月山は左だが、時間があれば茶ノ木平を往復したい。旧中禅寺温泉ロープウェイの山頂駅が撤去された山上からは、どこよりも男体山を間近に仰ぎ見ることができる。

茶ノ木平を往復したら、半月山の道標にしたがい進む。しばらく尾根道をたどってから、一度、中禅寺湖スカイラインへと下り横断。階段状の道を急登すれば**❹狸山**だ。山頂は樹林に囲

明智平から茶ノ木平へと続く尾根より見た女峰山

まれ展望はない。狸山を下り、中禅寺湖スカイラインの第一駐車場を経て登り返せば**❺半月山**だ。ここも展望はないので休まず進もう。じきに第二駐車場からの道を合わせ、待望の**❻半月山展望台**だ。八丁出島が突き出した中禅寺湖と男体山は、まさに絵はがきのような景色。

ゆっくり展望を楽しんだら、ササ原の尾根道を**❼半月峠**へ下る。ここから右へと山腹を巻くように下ってから、ジグザグに急下降していけば**❽狸窪**だ。あとは一般車通行止めの車道を右へ進む。途中、イタリア大使館別荘記念公園から湖畔の駐車場、立木観音（中禅寺）を経て国道120号に出たら、右へ進めば**❾中禅寺温泉バスターミナル**だ。

半月山

豊かな森に囲まれた小山とズミやワタスゲ咲く湿原

高山・戦場ヶ原
（たかやま・せんじょうがはら）

🔍 標高差　登り：**369m**　下り：**278m**

🔍 登山レベル　**初級**　体力：★★　技術：★

栃木県

標高 **1668m**（高山）

総歩行時間 **4時間10分**

総歩行距離 **11.2km**

ワタスゲとレンゲツツジ咲く戦場ヶ原から太郎山を望む

🔍 DATA

電車・バス　**往復：**東武日光線東武日光駅→東武バス（約1時間）→竜頭の滝　**帰り：**赤沼→東武バス（約1時間5分）→東武日光駅　※東武日光駅へは「JR特急スペーシア日光号」を利用すれば、新宿や池袋から乗り換えなしで行ける。

マイカー　日光宇都宮道路清滝ICから国道120号、いろは坂を経由して竜頭ノ滝まで約19km。竜頭ノ滝と滝上、赤沼に駐車場がある。

ヒント　時間に余裕があれば、泉門池から湯川沿いを北上し、湯滝、湯ノ湖とたどり、日光湯元まで歩くのもいい。日光湯元では温泉にも入れる。泉門池から日光湯元まで約1時間。

登山適期　5〜11月

問合せ先
日光市日光観光課　☎ 0288-53-3795
東武バス日光・日光営業所　☎ 0288-54-1138

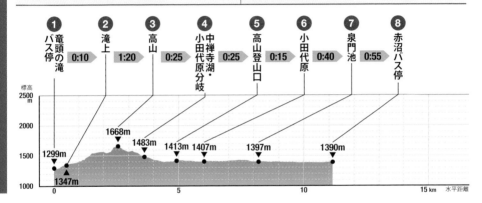

| ❶ バス停 竜頭の滝 | 0:10 | ❷ 滝上 | 1:20 | ❸ 高山 | 0:25 | ❹ 小田代原分岐 | 0:25 | ❺ 中禅寺湖・高山登山口 | 0:15 | ❻ 小田代原 | 0:40 | ❼ 泉門池 | 0:55 | ❽ 赤沼バス停 |

標高 2500m / 2000 / 1500 / 1000

1299m　1347m　1668m　1483m　1413m　1407m　1397m　1390m

0　5　10　15km　水平距離

欄外情報　中禅寺湖の千手ヶ浜はクリンソウの群生地。6月上旬〜中旬の花の時期は、中禅寺湖・小田代原分岐から足を延ばすのもオススメ。分岐から約45分。千手ヶ浜〜小田代原〜赤沼間を低公害バスが運行している。

竜頭ノ滝から緑あふれる高山に登り
小田代原と戦場ヶ原の湿原を巡る

プロフィール 中禅寺湖と戦場ヶ原を分かつようにそびえる高山は、ミズナラやブナなどの広葉樹やコメツガ、カラマツなどの針葉樹に包まれた緑豊かな山だ。戦場ヶ原は奥日光随一の湿原で、初夏から秋にかけて多くの花が咲く。

ガイド ❶竜頭の滝バス停で降り、竜頭ノ滝を見学したら滝沿いを上る。❷滝上で車道を横断すると滝上側の高山登山口がある。まずはカラマツ林を抜け登っていく。尾根上に出たら右へ進む。春から初夏、尾根沿いでは、トウゴクミツバツツジやシロヤシオ、シャクナゲが花を咲かせる。ときおり、樹間に中禅寺湖や男体山が望め、最後に急登すると❸高山の山頂だ。ダケカンバやカラマツなどに囲まれ展望はない。

下山は反対側へと一気に下っていく。初夏はツツジのトンネルを抜けていく感じがすばらしい。やがて傾斜がゆるみ❹中禅寺湖・小田代原分岐となる。少し先から右へ下っていけば、最後に白樺林を抜け、戦場ヶ原側の❺高山登山口に出る。車道を左へ進めば❻小田代原だ。

小田代原の奥に立っているシラカバ「貴婦人」

小田代原へは鹿よけのゲートを抜け、木道を時計回りに進む。木道からは湿原奥に「貴婦人」と呼ばれる1本のシラカバと男体山から太郎山が望める。途中、弓張峠・西ノ湖への道を左に分け進むと、再びゲートを抜け、ミズナラの森へと入っていく。湯川沿いに出たら左へわずかに進めば❼泉門池だ。テーブルやベンチがある休憩ポイントで、池の先に男体山が望める。

戦場ヶ原へは分岐まで戻り、まっすぐ湯川沿いに進む。途中、青木橋で湯川を対岸へ渡ると、戦場ヶ原の湿原へと入っていく。木道沿いでは、初夏、ワタスゲやズミ（コリンゴ、コナシ）、レンゲツツジがきれい。T字路に出たら、左に行けば❽赤沼バス停だ。

高山・戦場ヶ原

栃木県
日光市
△2110

湯ノ湖
小滝
湯滝入口
湯元温泉・沼田
光徳沼
山王峠

小田代橋
男体山を展望
光徳入口

泉門池❼
ゲート ミズナラ
カラマツ ズミ
貴婦人（1本のシラカバ）
白樺林と高山
弓張峠
青木橋
ホザキシモツケ
アヤメ
ノハナショウブ
ハクサンフウロ
0:40
糠塚 △1406
戦場ヶ原
三本松
120
ホザキシモツケ
0:55
ワタスゲ
ズミ
赤沼

ゲートを抜けて小田代原へ
小田代原❻
低公害バスが運行。車は国道120号から西は進入禁止

シラカバ
0:15 ❺高山登山口
ミズナラ
湿原に咲くズミ

赤沼自然情報センター
1391 ❽赤沼バス停

二条に落ちる竜頭ノ滝

日光市
石楠花橋
しゃくなげ橋
0:25 0:30
0:45 ダケカンバ
1668
0:50
高山登山口

中禅寺湖・小田代原分岐❹
0:25 ❸高山 1:20
シャクナゲ
1590
尾根上へ

滝上
❷滝上
❶竜頭の滝バス停
↓ 0:10
竜頭滝

N
1:50,000
500 1000m
1cm=500m
等高線は20mごと

西ノ湖入口
1464
千手ヶ浜 中禅寺湖
赤岩 1420
菖蒲ヶ浜
さかなと森の観察園
1488 △

日光・宇都宮

中禅寺湖北岸にそびえる二荒山神社の御神体

男体山
なんたいさん

📷 標高差 登り：**1215m** 下り：**1215m**

📷 登山レベル **中級** 体力：★★★ 技術：★★

栃木県

標高 **2486m**

総歩行時間 **6時間45分**

総歩行距離 **7.9km**

男体山山頂の太郎山神社の脇から中禅寺湖を見下ろす

📷 DATA

電車・バス **行き**：東武日光線東武日光駅→東武バス（約50分）→二荒山神社中宮祠　**帰り**：往路を戻る　※東武日光駅へは東武日光線乗り入れの「JR特急スペーシア日光号」を利用すれば、新宿や池袋から乗り換えなしで行ける。

マイカー 日光宇都宮道路清滝ICから国道120号、いろは坂を経由して二荒山神社中宮祠まで約15km。二荒山神社中宮祠に登山者用無料駐車場あ

り。満車時は県営湖畔駐車場（有料）を利用。

ヒント 標高差が約1200mあり、体力やペースにもよるが、往復には6～7時間かかる。遅くとも9時前に登り始めるようにしたい。

登山適期 5月下旬～10月中旬

問合せ先

日光市日光観光課　☎0288-53-3795

東武バス日光・日光営業所　☎0288-54-1138

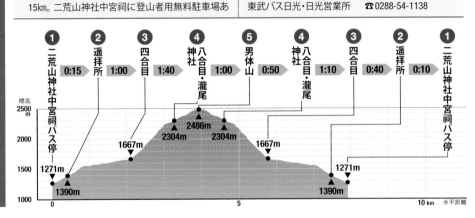

① 二荒山神社中宮祠バス停

0:15

② 遙拝所

1:00

③ 四合目

1:40

④ 八合目・瀧尾神社

1:00

⑤ 男体山

0:50

④ 八合目・瀧尾神社

1:10

③ 四合目

0:40

② 遙拝所

0:10

① 二荒山神社中宮祠バス停

標高
2500m

2486m
2304m　　2304m

2000
1667m　　　　　　　　1667m

1500
1271m　　　　　　　　　　　　1271m

1390m　　　　　　　　1390m

1000
0　　　　　　　　　5　　　　　　　　10 km　水平距離

欄外情報 男体山には北側の裏男体林道・志津乗越からも登山道が通じている。標高差が約700mと体力的には楽だが、マイカーは入れない。タクシー会社との交渉になるが、多くは入ってくれるようだ。

眼下の中禅寺湖と周囲の山々を
振り返りながら表参道を登る

プロフィール 円錐型の端正な山容をもつ男体山は、奥日光きっての名峰にして霊山。古くは二荒山と呼ばれ、現在も二荒山神社の御神体として信仰登山が行われる。男体山に登ることは「登拝」と呼ばれ、入山の際には中宮祠で登拝受付を済ませてから登る。山頂へは標高差1200m以上の厳しい登りが続くが、その分山頂に立った充実感と大展望が疲れを吹き飛ばしてくれる。

ガイド ❶二荒山神社中宮祠バス停で下車したら二荒山神社中宮祠の境内へと進む。登拝受付所で記帳を済ませ、登拝料を奉納したら表参道へ向かおう。まずは本殿脇の登拝門をくぐり石段を登る。さらに木段の道を行くと❷遙拝所だ。山頂まで登らない人のための参拝所だが、ここからは樹林に隠され男体山は望めない。

遙拝所を過ぎると、すぐに一合目の石碑があり、ここから鳥居を抜け山道へと入る。ブナやミズナラ、ウラジロモミなどの豊かな森が広がる山腹を急登していくと、やがて作業林道に飛

中禅寺湖畔から見た美しい山容の男体山

び出し三合目となる。舗装された道を折り返しながら登っていくと❸四合目だ。ここから急な山道となるので、ひと息入れていこう。

鳥居をくぐり石段を登ると、すぐに山道となる。しばらくは樹林帯の折り返しの登りだが、小さな避難小屋がある五合目まで上がると、眼下に、中禅寺湖が広がってくる。五合目を過ぎると、やがて観音薙と呼ばれるガレ場の急登となる。ところどころ段差のある岩をまたぎながら登っていく。

六合目で一度、ガレ場を離れ、コメツガなどの樹林帯を登り、再びガレ場に戻ると七合目で避難小屋がある。さらに急登していくと、鳥居が現れ❹八合目・瀧尾神社に到着。傍らに祠と社務所兼避難小屋がある。

八合目からは再び樹林帯へ入る。傾斜がゆるみ、土砂の流出を防ぐ土留めされた道を行く。再び傾斜がきつくなり九合目を経て樹林帯を抜

男体山の山道が始まる一合目

ガレ場が続く観音薙を行く

📷 Column

男体山登拝

男体山は山全体が二荒山神社の御神体。入山には、中宮祠の男体山登拝受付が必要。記帳を済ませ、登拝料を奉納すると、男体山登拝の御守りと登拝案内図がいただける。登拝期間は5月5日（開山祭）～10月25日（閉山祭）まで。開門は午前6時。7月31日～8月7日の登拝大祭の期間中は開門が0時で、頂上からご来光を仰ぐことが可能だ。☎0288-55-0017。

男体山の山頂より太郎山を展望

山頂でひときわ輝く御神剣

山頂の影向石と二荒山神社奥宮の社殿

けると、赤茶けた砂礫の登りとなる。最後の急登だが、左手には戦場ヶ原をはさみ日光白根山、振り返れば中禅寺湖がはるか下に広がっている。最後に鳥居を抜ければ、奥宮と社務所、二荒山大神の御神像が立つ⑤男体山だ。展望盤があり、晴れた日には遠く富士山や北アルプス、上州、尾瀬の山々など360度が見渡せる。

　男体山の最高点は社務所の右側を抜けた先だ

が、まずは西へ少し下り太郎山神社を参拝しよう。社がある切り立った岩上からは北側にそびえる太郎山や女峰山が展望できる。参拝を済ませたら最高点へ向かおう。露岩の上に屹立する御神剣が印象的だ。

　下山は往路を戻ることになるが、下りも長い。途中、観音薙のガレ場などでは足元に十分注意しながら下るようにしたい。

群馬県・栃木県

標高 2578m

総歩行時間 **4**時間**40**分

総歩行距離 **7.4**km

アルペン的風貌満点。関東以北の最高峰に登る

日光白根山
（にっこうしらねさん）

🏔 標高差　登り：**585**m　下り：**585**m

🏔 登山レベル　中級　体力：★★　技術：★★

ロープウェイ山頂駅付近から望む日光白根山

🏔 DATA

電車・バス　**行き**：JR上越線沼田駅→関越交通バス（約1時間10分）→鎌田（乗り換え）→関越交通バス（約25分）→日光白根山ロープウェイ駅→徒歩（約3分）→ロープウェイ山麓駅→日光白根山ロープウェイ（15分）→ロープウェイ山頂駅　**帰り**：往路を戻る

マイカー　関越自動車道沼田ICから国道120号を経由して約42km。丸沼高原スキー場の駐車場（無料）を利用する。

ヒント　電車とバスを利用して行く場合、アクセスに時間がかかるので前泊がおすすめ。

登山適期　6月中旬〜10月

問合せ先

片品村観光協会　☎0278-58-3222

関越交通沼田営業所　☎0278-23-1111

丸沼高原総合案内
（日光白根山ロープウェイ）　☎0278-58-2211

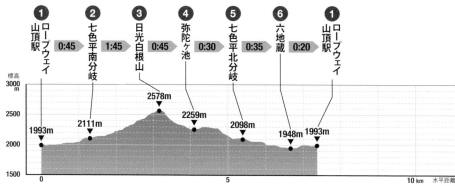

① ロープウェイ山頂駅		② 七色平南分岐		③ 日光白根山		④ 弥陀ヶ池		⑤ 七色平北分岐		⑥ 六地蔵		① ロープウェイ山頂駅
	0:45		1:45		0:45		0:30		0:35		0:20	

標高 3000m

2578m
2259m
2111m
2098m
1993m　1948m 1993m

0　　　　　　5　　　　　　10 km　水平距離

日光白根山 中級

頂上周辺は険しい岩場の連続
けっして気を抜かないように

プロフィール 関東以北での最高峰として知られる。頂上周辺は森林限界を超え、岩稜で形成されたその姿は登山者を引きつけてやまない。一方、標高が2500m以上あるために高度障害をおこす人も少なくない。ロープウェイで手軽に登れるだけに、水を多めに用意するなど、登山前の体調管理を心がけたい山だ。

ガイド ❶ロープウェイ山頂駅（さんちょうえき）はすでに標高2000m。足湯などもある整備された園地では、登山者と観光客とが入り交じっている。正面には独特の姿をした日光白根山が大きく望める。

シカ除けのゲートを抜けて広い山道を歩く。まずは二荒山神社の赤い鳥居をくぐり、安全祈願してから山歩きをスタートさせよう。シラビソやオオシラビソなど針葉樹の森をゆるやかに進む。帰路に立ち寄る六地蔵への分岐、さらには血ノ池地獄分岐などを過ぎると大日如来が祭

頂上から見た男体山（右）と中禅寺湖。左下は五色沼

森林限界を超えた草原帯を登る

られ、その少し先が❷七色平南分岐（なないろだいらみなみぶんき）だ。左に行けばワタスゲやハクサンフウロの咲く湿原、七色平と避難小屋があるが、ここは先を急ごう。

道の両側には徐々にダケカンバなどの広葉樹が増え、明るい森へと変わっていく。途中、通行禁止となっている君待岩（きみまちいわ）への道を過ぎると、道はぐっと傾斜を強める。このあたりに来ると、樹間から燧ヶ岳や武尊山を垣間見ることができる。樹林帯の急坂を登り、砂礫の道を歩くようになると、周囲は灌木もまばらな草原帯となり、森林限界を超えたことがわかる。ここでグループのリーダーは、メンバーの体調を確認しよう。高度に弱い人は2500mを超えると、簡単に高度障害をおこしてしまうからだ。

じわりと高度を上げ、内輪尾根を登れば小さな社のある南峰に到着する。前方に見える頂上へはいったん急下降し、岩だらけの道を登り返す。人が多いときは落石には注意したい。たどりついた❸日光白根山（にっこうしらねさん）の頂上からは、男体山や中禅寺湖など日光方面をはじめ、富士山やアルプスまで、まさしく360度の大パノラマ。

下山は来た道とは違う方向、弥陀ヶ池に向け

頂上直下の岩場を登る

欄外情報 日光白根山の頂上から弥陀ヶ池に向かう際、頂上直下の岩場は往路の岩場より急な下降となる。下り始めて、もし危険を感じるようなら頂上まで戻り、来た道を帰るようにしてほしい。

へ北へと下る。ただし登路よりも急な岩場の下りとなるので、落石を起こしたりスリップしたりしないよう、くれぐれも慎重にいきたい。

　いつしか傾斜がゆるくなるとシャクナゲの群生地。さらに下ってダケカンバの森を抜ければ座禅山との鞍部に出るので、ここは右に下って**④弥陀ヶ池**を往復してこよう。池に映る日光白根山が印象的だ。鞍部に戻ったら、右へと座禅山を目指す。ほどなく座禅山の火口壁が迫力をもって迫ってくることだろう。

　火口壁の途中から左へと下る。**⑤七色平北分岐**までは急な下りが続くが、分岐を過ぎてしまえば六地蔵へとゆるやかな下りが続く。途中、

弥陀ヶ池と日光白根山

血ノ池地獄分岐を過ぎるが、もし時間に余裕があれば立ち寄っていくといい。

　道なりにまっすぐ進むと、頑丈な祠に六体のお地蔵様が納められた**⑥六地蔵**だ。それぞれのお顔を覗いてお参りし、戻るとしよう。すぐ先でスキー場の展望台に出るので、ここから左方向へとひと登りすれば**①ロープウェイ山頂駅**に戻ることができる。

✏️ Column

天空の足湯

　ロープウェイ山頂駅に隣接して「天空の足湯」がある。ほぼ2000mの高所でつかる足湯は格別だ（無料。5月下旬〜10月下旬。点検による休湯もあるので、事前に確認を）。また、流星群が現れる夜などに、「天空の星空鑑賞」が開催されることもあり、そのときはロープウェイも夜間営業される。登山前にはホームページもチェックしておこう。

115

日光白根山

三岳の噴火によってできた神秘の山上湖を巡る

切込湖・刈込湖
<small>きりこみこ</small> <small>かりこみこ</small>

標高差 登り：**256m** 下り：**313m**

登山レベル **入門** 体力：★ 技術：★

栃木県

標高 **1741m**（山王見晴し）

総歩行時間 **3**時間**15**分

総歩行距離 **8.3km**

深い緑に包まれた刈込湖

DATA

電車・バス 行き：東武日光線東武日光駅→東武バス（約1時間20分）→湯元温泉 帰り：光徳温泉・日光アストリアホテル→東武バス（約1時間10分）→東武日光線東武日光駅

マイカー 日光宇都宮道路清滝ICから国道120号、いろは坂を経由して約26km。日光湯元に無料駐車場あり。車の回収はバスで戻るか、光徳から湯滝、湯ノ湖を歩いて戻るのもいい。

ヒント 光徳温泉でも日帰り入浴はできるが、日光湯元の温泉に入るなら逆回りで巡るといい。光徳温泉から光徳入口まで歩くとバス便が増えるので、待ち時間が長いなら歩くのもいい。

登山適期 5〜11月

問合せ先
日光市日光観光課 ☎0288-53-3795
東武バス日光・日光営業所 ☎0288-54-1138

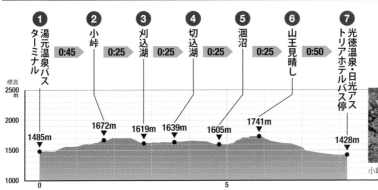

① 湯元温泉バスターミナル 0:45 **②** 小峠 0:25 **③** 刈込湖 0:25 **④** 切込湖 0:25 **⑤** 涸沼 0:25 **⑥** 山王見晴し 0:50 **⑦** 光徳温泉・日光アストリアホテルバス停

標高
2500m
2000
1500
1000

1485m
1672m 1619m 1639m
1605m
1741m
1428m

0 5 10 km 水平距離

小峠の道標

欄外情報 日光湯元ビジターセンターでは自然情報などを提供中。9時〜16時30分（冬期は9時30分〜）。冬期休館期間あり。☎0288-62-2321。「休暇村日光湯元」では日帰り入浴ができる。営業時間などは問い合わせ。☎0288-62-2421。

日光湯元温泉から小峠を経て山上湖、涸沼をめぐり光徳温泉へと下る

プロフィール 三岳の北麓の原生林に包まれた切込湖・刈込湖。その名は、日光開山の祖、勝道上人が、このあたりに住みついていた大蛇を切り殺し、湖に沈めたとの伝説にあるともいわれる。そんな神秘の湖を結ぶ湯元光徳線歩道をたどる森林浴ハイクが気持ちいい。

樹林に囲まれた刈込湖へと続く道

ガイド **❶湯元温泉バスターミナル**から、すぐ裏手にある温泉寺へと歩を進めよう。参拝を済ませ、東側にある日光湯元の源泉へと木道を進む。源泉を抜け小道をひと登りすると、金精道路に飛び出す。ここから山道へと入る。

ゆるやかに標高を上げていくと、ネズコ、コメツガなどの針葉樹が見られるようになり**❷小峠**に到着する。ベンチでひと息入れたら出発だ。少し先で右へカーブし、木段道を経てわずかに登ると、再び広い山道となる。周囲はコメツガやシラビソの針葉樹の香りに包まれ清々しい。じきに木段道の下りとなり、緑に囲まれた**❸刈込湖**に到着する。

ひと休みしたら湖畔沿いを進めば、水路で繋がった**❹切込湖**だ。こちらは樹間越しに眺めるのみ。さらにゆるやかな山道を進むと、やがて視界が開けてきて、ササ原が広がる**❺涸沼**に到着。ベンチでひと休みしたら、涸沼を回り込み、一気に山王林道へ登っていく。車道の山王峠から先の木道を進めば、**❻山王見晴し**で、於呂倶羅山や男体山が見える。そのすぐ先が山王峠で、あとは下るのみ。

まずは階段状の道を下る。カラマツ林からミズナラ林と変わり、ゆるやかになると車道に下り立つ。右へと進めばすぐ光徳牧場の売店がある。さらに車道を行けば、日帰り入浴ができる日光アストリアホテル前に**❼光徳温泉・日光アストリアホテルバス停**がある。

切込湖・刈込湖

温泉ヶ岳 2333

❸刈込湖 湖畔に下りられる

木の階段の急坂

❹切込湖

カラマツ

小峠❷ 1672

0:25 0:30 0:25 0:25 0:20

山王帽子山 2077

涸沼❺

ベンチあり

0:25

車道の山王峠

ベンチあり

コメツガ、ネズコなどの針葉樹

0:45 0:35

1883

0:15

太郎山

三岳 1945

山王見晴し❻

山王峠 1741

コースの最高地点 眺めがよいベンチあり

温泉寺

❶湯元温泉バスターミナル

カラマツやミズナラの林を下る

1:20 0:50

日光湯元スキー場

日光湯元ビジターセンター 湖畔前

兎島

1703

涸沼から見た山王帽子山

1468

光徳クロスカントリースキー場

栃木県
日光市

湯ノ湖

牧場越しに太郎山を展望できる

光徳牧場売店

光徳牧場

❼光徳温泉・日光アストリアホテルバス停

外山鞍部

休暇村日光湯元

湯滝入口

120

光徳温泉・日光アストリアホテルバス停から光徳入口バス停まで徒歩約30分

日光アストリアホテル

光徳沼

N

1:50,000

500 1000m

1cm＝500m
等高線は20mごと

2110

小田代橋

小滝

光徳入口 中禅寺温泉

戦場ヶ原 逆川

志津乗越

1445

釈迦如来像が鎮座する大展望広がる高原山の最高峰

高原山（釈迦ヶ岳）
（たかはらやま）（しゃかがたけ）

標高差　登り：**518m** 下り：**518m**

登山レベル　初級　体力：★★　技術：★★

栃木県

標高 **1795m**（釈迦ヶ岳）

総歩行時間 **5**時間**10**分

総歩行距離 **9.9**km

見晴コースより釈迦ヶ岳（左）と最高点（右）を望む

DATA

電車・バス　**行き**：JR東北本線矢板駅→タクシー（約40分）→大間々台　**帰り**：往路を戻る

マイカー　東北自動車道矢板ICから県道30号・56号を経由して大間々台まで約26km。大間々台に無料駐車場（約40台）がある。レンゲツツジの時期は早い時間から満車になる。大間々台が満車の場合は、小間々台、山の駅たかはらに駐車場あり。

ヒント　バス便がないため、マイカー利用が

おすすめ。釈迦ヶ岳へは旧メイプルヒルスキー場より鶏頂山経由（約3時間）や、釈迦ヶ岳林道より西平岳経由（約3時間）でも登ることができる。

登山適期　5〜11月

問合せ先
矢板市商工観光課　☎0287-43-6211
矢板市観光協会　☎0287-43-0272
矢板ツーリング（タクシー）☎0287-43-1234

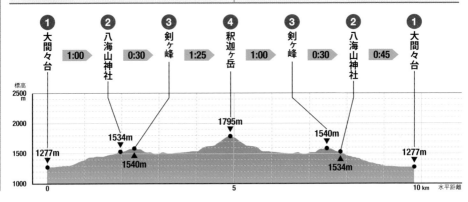

① 大間々台 —1:00→ ② 八海山神社 —0:30→ ③ 剣ヶ峰 —1:25→ ④ 釈迦ヶ岳 —1:00→ ③ 剣ヶ峰 —0:30→ ② 八海山神社 —0:45→ ① 大間々台

標高2500m / 2000 / 1500 / 1000

1277m　1534m　1540m　1795m　1540m　1534m　1277m

0　　5　　10km　水平距離

欄外情報　学校平にある「山の駅たかはら」ではレストランのほか、地場産品、ソフトクリームなどの販売、さまざまなアウトドアイベントを実施。9〜16時（季節時間あり）。水曜休（冬期は金・土・日曜、祝日のみ営業）。☎0287-43-1515。

ツツジの名勝の八方ヶ原から
八海山神社と剣ヶ峰を経て山頂に立つ

プロフィール 矢板市内の西に大きく峰を連ねて見えるのが高原山だ。最高峰の釈迦ヶ岳を筆頭に、鶏頂山（けいちょうさん）、明神岳、剣ヶ峰、中岳、西平岳などからなり、山上へは西麓のスキー場、釈迦ヶ岳林道、そして、八方ヶ原（はっぽうはら）などからのルートが整備されている。ここでは、ツツジの名勝、八方ヶ原から登るコースを紹介しよう。

ガイド 八方ヶ原の❶**大間々台**（おおまますだい）の駐車場奥からスタートとなる。まずは、八海山神社へと向かうが、見晴コースと林間コースがある。登りは朝の光が順光で眺望が気持ちいい見晴コースを登ろう。道標にしたがい未舗装の林道を進む。10分ほどで右手に登山届けのポストがあり、見晴コースへと入っていく。

春、山道沿いでは新緑のなか、ハルゼミやウグイス、カッコーの声が入り交じり、何とも清々しい。登山口から20分ほどで樹林を抜け、グーンと視界が開けてくる。左前方には、目指す釈迦ヶ岳がそびえている。やがて、岩まじりの道

初夏を彩るシロヤシオ

となり、最後にひと登りで❷**八海山神社**（はっかいさんじんじゃ）に到着する。小さな祠とケルンが積まれた岩塊から振り返ると、眼下に緑あふれる山々と矢板市街を遠く望むことができる。

ひと息入れたら、林間コースの道を分け、左へと尾根伝いに登っていく。初夏はトウゴクミツバツツジやシロヤシオがきれいだ。八海山神社からひと登りで矢板市の最高点である1590mのピークに立つ。かつてはここを剣ヶ峰としていた資料もあったようだが、実際の剣ヶ峰はもうちょっと先にある。

最高点から一気に下り、下り立った鞍部から左へと方向転換する。ここで大入道への道が北に分岐するが、この道を少しだけ登って❸**剣ヶ峰**（けんがみね）を往復してこよう。

分岐に戻って尾根道を行く。尾根の右側（北側）は切り立っているが、ダケカンバやブナ、カエデ、ムシカリなどの木々があるのでとくに危険は感じない。尾根道がさらに回り込み、南

岩塊に小祠が祀られている八海山神社

釈迦ヶ岳の尾根道から見た最高点

117 高原山（釈迦ヶ岳）

Column

八方ヶ原のツツジ

高原山の東中腹に広がる標高1000〜1200mの高原で、5〜6月にかけて、トウゴクミツバツツジ（写真上）、ヤマツツジ、レンゲツツジ（写真下）など、さまざまなツツジが咲き誇る。なかでもレンゲツツジは約20万株あり、5月末〜6月中旬、あたりを朱色に染めて見事。

釈迦ヶ岳の山頂直下から鶏頂山と会津駒ヶ岳を展望

広葉樹がきれいな林間コース

進するようになると、徐々に傾斜がきつくなる。山頂が近づいてくると、最後にロープ場の急登が待っている。これを抜ければ、鶏頂山からの道を右から合わせ、間もなく**④釈迦ヶ岳**の山頂だ。山頂には立派な釈迦如来像があり、大展望が広がる。とりわけ、南西から北西にかけて、日光連山、鶏頂山、その奥に尾瀬の燧ヶ岳、会津駒ヶ岳の眺望が見事だ。

昼食を終えたら、下山は往路を戻る。下りはじめのロープ場は雨のあとなどはスリップに注意したい。あとは、たんたんと往路をたどり**②八海山神社**へと戻る。ここからは林間コースを下ろう。はじめはウラジロモミやトウヒなどの針葉樹の森を下っていく。傾斜がゆるくなると、

遮るものがない釈迦ヶ岳の山頂

ミズナラなどの落葉樹の森へ変わってくる。途中、涸れ沢を渡ると平坦となり、しばらくで**①大間々台**に到着する。ツツジの季節なら、ぜひ八方ヶ原を散策したい。

茶臼岳・三本槍岳　中級　初級　入門　日本百名山／大展望／立ち寄り湯

栃木県

標高 **1917m**（三本鎗岳）

総歩行時間 **6時間15分**

総歩行距離 **11.3km**

大展望広がる那須連峰の三座に立つ

茶臼岳・三本槍岳
ちゃうすだけ　さんぼんやりだけ

標高差　登り：**234m**　下り：**533m**

登山レベル　**中級**　体力：★★★　技術：★★

朝日岳の頂上直下から茶臼岳を望む

DATA

電車・バス　**行き**：JR東北本線黒磯駅→東野バス（約1時間）→山麓駅前→那須ロープウェイ（4分）→山頂駅　**帰り**：山麓駅前→関東自動車バス（約1時間）→JR東北本線黒磯駅

マイカー　東北自動車道那須ICから県道17号、那須高原道路を経由して那須ロープウェイまで約19km。山麓駅に無料駐車場あり。秋はすぐ満車になる。

ヒント　JR東北新幹線那須塩原駅からもバス便がある。山頂駅と三本槍岳の標高差は234mだが、三座間の往復のアップダウンを加えると、累積標高差は3倍以上。時間に余裕をもって歩きたい。

登山適期　5月下旬〜11月上旬

問合せ先

那須町観光商工課	☎ 0287-72-6918
関東自動車那須塩原営業所	☎ 0287-74-2911
那須ロープウェイ	☎ 0287-76-2449

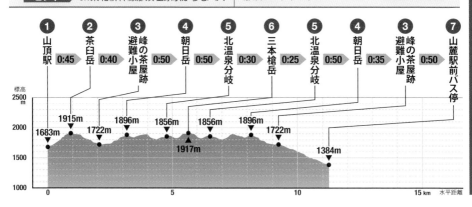

① 山頂駅 1683m
0:45
② 茶臼岳 1915m
0:40
③ 峰の茶屋避難小屋跡 1722m
0:50
④ 朝日岳 1896m
0:50
⑤ 北温泉分岐 1856m
0:30
⑥ 三本槍岳 1917m
0:25
⑤ 北温泉分岐 1856m
0:50
④ 朝日岳 1896m
0:35
③ 峰の茶屋避難小屋跡 1722m
0:50
⑦ 山麓駅前バス停 1384m

標高 2500m / 2000 / 1500 / 1000

0　　　5　　　10　　　15 km　水平距離

那須岳神社の石祠がある茶臼岳山頂

茶臼岳から岩稜をたどり朝日岳、湿地広がる清水平を経て三本槍岳へ

プロフィール 那須岳の主峰は今もお蒸気ガスを上げる茶臼岳。最高峰はその名とは逆になだらかな山容の三本槍岳だ。その中間に屹立する鋭峰が朝日岳となる。少々行程は長いが、那須ロープウェイを利用し、那須岳主要の三座に立ち、それぞれからの大展望を楽しみたい。

ガイド 那須ロープウェイの**❶山頂駅**を出たら、まずは柵に沿ってゆるやかに登っていく。右へとカーブすると、間もなく牛ヶ首への分岐がある。紅葉シーズンの人気スポット、姥ヶ平へは牛ヶ首方面へと進むが、茶臼岳の山頂へはまっすぐ広い尾根を行く。ガスに包まれたときはルートを見失わないよう、岩にマークされたペンキ印をたどっていこう。じきに、八間石と呼ばれる大岩の下に出る。右からとひと登りすれば、山頂部の火口縁だ。道標にしたがい左へと進めば鳥居を抜け**❷茶臼岳**の山頂だ。山頂からは日光連山から筑波山、さらに、阿武隈山系、磐梯山、遠く飯豊連峰までが一望できる。

ひと休みしたら、お釜を時計回りにめぐってから、山頂直下の巻き道へ下り、左へと一気に下っていく。傾斜がゆるんでくると、牛ヶ首からの道を合わせ、もうひと下りで**❸峰の茶屋跡避難小屋**だ。避難小屋のベンチでひと息入れたら、下山路を右に分け、剣ヶ峰の右側を巻いて朝日岳へと登っていく。途中、急な岩場（鎖場）や一部切れ落ちたトラバースがあるので注意したい。朝日ノ肩へ上がったら、右に折り返すよ

うに登れば**❹朝日岳**だ。狭い山頂からは茶臼岳がひときわ大きい。

展望を楽しんだらスリップに注意しながら朝日ノ肩に戻り、稜線を北へと登っていく。熊見曽根で隠居倉・三斗小屋温泉への道を分け、小さく下って登り返せば1900m峰だ。ここもまた360度の展望で、朝日岳や茶臼岳、そして、これから目指す三本槍岳が一望できる。ひと息入れたら眼下に広がる清水平へと一気に下っていく。初夏はシャクナゲやムラサキヤシオが咲いている。

下りきったら清水平の木道を抜け、溝状の道を進めば、やがて中の大倉尾根からの道を合わせる**❺北温泉分岐**だ。道標にしたがい左へとたどり、溝状のやや荒れた道を下っていく。スダ

清水平から三本槍岳を展望

朝日岳へと続く稜線の鎖場

多くの登山者で賑わう三本槍岳の山頂

欄外情報 三本槍岳の往復だけなら、マウントジーンズ那須（☎0287-77-2300）の那須ゴンドラを利用（運行日は要確認）し、中の大倉尾根を登るのが早い。5月上旬〜6月上旬はゴヨウツツジが見事だ。

下山路から見た朝日岳の紅葉

Column

鹿の湯と殺生石園地

下山後に汗を流すなら那須湯本温泉元湯の「鹿の湯」がいい。白濁の硫黄泉が41～48℃（女湯は～46℃）まで6つの湯船に分かれ、体の芯から温まる。木造の湯船も情緒たっぷり。**8～18時。無休。☎0287-76-3098**。時間があれば、鹿の湯のすぐ上にある温泉神社や殺生石園地を歩きたい。賽の河原では大きな手を合わせて祈る千体地蔵の姿が印象的だ。

レ山との鞍部の平坦地を抜けると急登の始まりだ。振り返るとスダレ山がよく見える。15分ほどで傾斜がゆるみ、やがて**❻三本槍岳**の山頂にでる。小広い山頂には三角点と展望盤があり、噴煙を上げる茶臼岳から大倉山、三倉山、間近の朝日岳などの展望が広がる。

　下山は峰の茶屋跡避難小屋まで戻るが、朝日岳の鎖場は十分に注意して通過したい。濡れているとけっこう滑りやすい。**❸峰の茶屋跡避難小屋**まで戻ったら、茶臼岳の北麓を巻くように下っていく。下山中は左手に屹立する朝日岳が見事だ。とくに、秋は山腹の紅葉が美しい。樹林帯に入ると、階段道を下っていく。山の神の鳥居を抜けると登山指導センターがある。峠の茶屋を経て、整備された石畳の散策路を下れば、やがて**❼山麓駅前バス停**だ。

茶臼岳・三本槍岳

福島県 西郷村

朝日岳から見た熊見曽根（手前）と大倉山

360度の展望

三本槍岳❻
1917

ウ茶屋跡避難小屋

大黒屋

煙草屋

斗小屋温泉

隠居倉

鎖場の岩場とトラバース通過

部えぐられた道

前岳
1702

スダレ山
大岩

赤面山
1701△

ブナがきれい

北温泉分岐❺
0:25
0:30

清水平
木道あり

赤面山分岐
0:20
0:15

中の大倉尾根

0:50

ハイマツ
シャクナゲ
ササ原の尾根道

1:10 0:50

1900m峰

朝日岳❹
1896

熊見曽根
朝日ノ肩

剣ヶ峰
1799

0:35
0:50

中の大倉尾根口

0:15

マウントジーンズ那須

中の大倉山
1417

山頂駅
展望台

0:30

那須ゴンドラ

国道4号

峰の茶屋跡避難小屋❸
1:10
0:50

鬼面山
1616

朝日岳を望み
秋は紅葉が見事

ゴヨウツツジが見事

登山指導センター

飯盛山
1364

春から秋にかけての
登山シーズンも運行

N

峠の茶屋 P

❼山麓駅前バス停
P

栃木県
那須町

1:50,000

0:40
0:50

0:45
0:30

茶臼岳❷
1915

無間地獄

八間石

牛ヶ首

那須ロープウェイ

❶山頂駅

大丸温泉

北温泉

北温泉入口

那須IC・鹿の湯

500　1000m

1cm＝500m

等高線は20mごと

那須甲子道路

「ほんとの空」と爆裂火口を持つ乳首山

安達太良山
あだたらやま

📏 標高差 登り：**354m** 下り：**754m**

📏 登山レベル [初級] 体力：★ 技術：★

福島県

標高 **1700m**

総歩行時間 **3時間25分**

総歩行距離 **8.1km**

「ほんとの空」記念碑付近から安達太良山（中央）を見る

DATA

電車・バス 行き：JR東北本線二本松駅→福島交通シャトルバス（約50分）→奥岳〈または二本松駅→福島交通（約25分）→岳温泉→福島交通シャトルバス（約20分）→奥岳〉→あだたら山ロープウェイ（10分）→山頂駅 **帰り**：奥岳から往路を戻る

マイカー 東北自動車道二本松ICから国道459号などを経由して奥岳の無料駐車場まで約14km。

ヒント 二本松駅から奥岳直行のシャトルバスは土曜・休日がメイン。通常は岳温泉でシャトルバスまたはタクシー（要予約）に乗り換え。

登山適期 5月中旬〜11月上旬

問合せ先
二本松市観光課 ☎0243-55-5122
福島交通二本松営業所 ☎0243-23-0123
あだたら山ロープウェイ ☎0243-24-2141
昭和タクシー ☎0243-22-1155

❶ 山頂駅 — 0:35 → ❷ 仙女平分岐 — 0:35 → ❸ 安達太良山 — 0:15 → ❹ 鉄山・峰ノ辻分岐 — 0:10 → ❺ 峰ノ辻 — 0:25 → ❻ くろがね小屋 — 0:25 → ❼ 勢至平 — 1:00 → ❽ 奥岳バス停

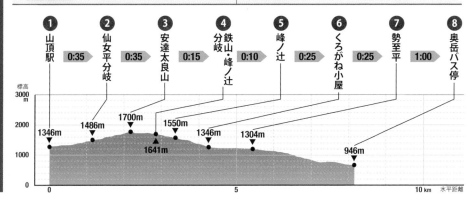

標高 3000m / 2000 / 1000 / 0

1346m 1486m 1700m 1641m 1550m 1346m 1304m 946m

0 5 10km 水平距離

欄外情報 コース途中のくろがね小屋は温泉付きの県営山小屋。立ち寄り入浴も可能だが、できれば泊まってみたい。通年営業。要予約。☎090-8780-0302。※建て替え予定のため、営業は2023年3月31日まで。

ロープウェイを使って楽々登頂
レンゲツツジ咲くコースを周遊する

プロフィール なだらかな山頂に突起する岩から「乳首山」とも称されるが、一方で荒々しい沼ノ平火口を持つ活火山。高村光太郎『智恵子抄』には「阿多多羅山」の名で登場し、二人がいちばん幸せだった時代の象徴でもある。

ガイド ❶山頂駅からそのまま真っ直ぐ安達太良山には向かわず、「ほんとの空」記念碑に寄っていこう。ここからは安達太良山の全容が見渡せ、「乳首山」と名付けられた理由もはっきりわかることだろう。

ゴヨウマツやハクサンシャクナゲが茂る樹林帯をゆるやかに登り、樹林帯を抜ければ❷仙女平分岐だ。このあたりから徐々に傾斜がきつくなる。灌木帯の登りに汗をかけば安達太良山が大きく迫ってくる。ガレ場をひと登りで山頂部の広場となり、目の前の岩峰を右から回り込めば❸安達太良山の山頂に到着する。

山頂からは広場までいったん戻り、牛ノ背と呼ばれる広い尾根をたどる。沼ノ平の爆裂火口が見えてくれば❹鉄山・峰ノ辻分岐。ここから

鉄山・峰ノ辻分岐付近からみた篭山。その左が峰の辻

❺峰ノ辻へと下る。十字路になった峰ノ辻からはそのまま勢至平には下らず、北へと進路を変えて❻くろがね小屋に寄っていこう。この先も長いため、立ち寄り入浴はちょっと考えてしまうが、早めにスタートできなかったときは、この小屋に宿泊するスケジュールを組んでもよさそうだ。

小屋を出てすぐ、塩沢温泉のある湯川コースを左に分け、峰ノ辻からの道が合流する❼勢至平へ。勢至平は6月頃、レンゲツツジのオレンジ色に染まる。振り返れば安達太良山もその姿を見せてくれることだろう。勢至平の先で合流する林道はショートカット道を行く。烏川を渡れば❽奥岳バス停は間もなくだ。

高層湿原の頂と大展望の頂を1日で楽しむ

田代山・帝釈山
（たしろやま・たいしゃくさん）

- 標高差　登り：**634m**　下り：**634m**
- 登山レベル　**中級**　体力：★★　技術：★★

福島県・栃木県

標高 **2060m**（帝釈山）

総歩行時間 **5時間40分**

総歩行距離 **8.8km**

田代山湿原の木道をいく。遠方の雪山は会津駒ヶ岳

DATA

電車・バス　**行き**：野岩鉄道会津高原尾瀬口駅→みなみあいづ観光シャトルタクシー（約1時間20分）→猿倉登山口　**帰り**：シャトルタクシーで往路を戻る　※シャトルタクシーは7時30分発。帰路の猿倉登山口発は16時頃。運行は6〜10月（予定）で、1週間前までの事前予約制。

マイカー　東北自動車道西那須野塩原ICから国道400号などを経由して登山口駐車場まで約80km。

ヒント　帰りのシャトルタクシーは帝釈山登山口の馬坂峠（地図参照）からも出発する。

登山適期　6〜10月

問合せ先
南会津町舘岩総合支所　☎0241-78-3330
南会津町観光物産協会舘岩観光センター　☎0241-64-5611
みなみあいづ観光　☎0241-62-2250

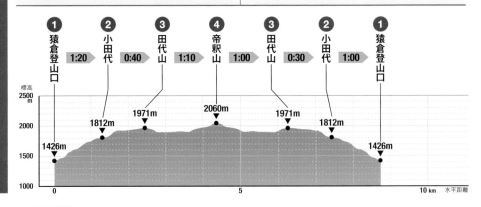

❶ 猿倉登山口　1:20　❷ 小田代　0:40　❸ 田代山　1:10　❹ 帝釈山　1:00　❸ 田代山　0:30　❷ 小田代　1:00　❶ 猿倉登山口

標高
2500m

1426m　1812m　1971m　2060m　1971m　1812m　1426m

2000

1500

1000
0　　　　　　5　　　　　10 km　水平距離

欄外情報　田代山登山口の駐車場は2カ所に分かれていて、トイレのある北側には40〜50台、登山口のある南側には20〜30台の駐車が可能。いずれも無料で、駐車場間の移動は徒歩数分。

**危険箇所はないが行程は長め
体調を整えてから入山しよう**

`プロフィール` 標高2000mの高層湿原と日本固有種、オサバグサの群生が見られる山として近年、人気が高まっている。オサバグサの咲く6月中旬前後の田代山湿原はまだ早春の装いで、その頃の田代山〜帝釈山間は残雪も見られるが、アイゼンなどの装備は不要（だろう）。最近、クマの出没も多いようで、単独行のときや平日の登山者が少ないときは、鈴を付けるなどの対策をとって入山しよう。

`ガイド` 南側駐車場にある❶猿倉登山口（さるくらとざんぐち）から登山道に入ったらすぐに沢を渡り、沢を左手に見ながら斜面を登る。沢から離れ、水場の標識を通り過ぎると、樹林帯の急な登りが始まる。尾根筋に出れば傾斜はゆるくなり、樹間越しには日光連山や那須の山々が見えてくる。

　周囲の樹高が低くなり、正面に台形の田代山頂上部が望めるようになると、そこはもう❷小田代（たしろ）の一角。コイワカガミやタテヤマリンドウなどの咲く小さな湿原だ。

オサバグサ。葉形が機織りの筬（おさ）に似ていることからその名が付いた

田代山東面の小湿原、小田代

避難小屋としても使われる弘法大師堂

　小田代の木道から再び樹林帯の急登が始まるが、ここまで来れば山頂湿原は近い。樹林が消えて開放的な空間が広がり、木道をゆるやかに登ると、もう田代山湿原の一角。どこが頂上かわからないほどの広大な湿原からは、会津駒ヶ岳や日光連山を望むことができる。夏にはキンコウカやワタスゲ、ハクサンシャクナゲ、ニッコウキスゲ、チングルマなどが湿原を彩る。

　田代山湿原の木道は反時計回りの一方通行になっているので、周回木道は右へと歩く。弘法沼を右に見ながら木道を行くと、湿原のなかに

> **Column**
>
> ## 湯ノ花温泉と木賊温泉
>
> 　田代山の北麓に湧く湯ノ花温泉、木賊温泉（とくさ）には共同浴場がある。湯ノ花温泉には弘法の湯など4施設があり、地元の商店や民宿などで購入できる入浴券ですべての施設の利用が可。木賊温泉には露天岩風呂と広瀬の湯（写真。いずれも有料）があるが、露天岩風呂は混浴。**南会津町観光物産協会舘岩観光センター☎0241-64-5611**。
>
>

「田代山頂1926米」と書かれた道標が現れる。ここからさらに木道を進み、樹林に入って少し歩けば、弘法大師堂の立つ❸田代山の最高点(1971m)だ。避難小屋としての顔も持つ弘法大師堂の向かいには、大きなトイレもある。

大師堂の脇から帝釈山に向かう。道はすぐに急な下りとなるが、6月の中旬あたりともなれば、早くもこのあたりから日本固有種・オサバグサの群落を見ることができる。他の山域ではほとんど見ることのできないオサバグサも、こ

登山口から近い新緑の樹林帯を登る

こ帝釈山周辺では飽きるほど見られる。だが、オサバグサが咲くころは、年によってはコース中に残雪が多く見られる時期でもあり、スリップには注意して歩きたい。

道は樹林帯のなかを、途中にあるピークを巻きながら帝釈山に向かう。しばらく歩くと道は最後の登りに入り、ハシゴの付けられた露岩もあるやせた尾根を登りきれば、このコースの最高峰、❹帝釈山だ。会津駒ヶ岳や燧ヶ岳、日光連山などの眺めを存分に楽しみたい。

帰りは往路を戻ることになるが、帝釈山へは頂上の南側、檜枝岐村の馬坂峠からも登路が通じている。峠から頂上まで約50分で登れる最短コースだ。広い駐車場もあり、オサバグサを見るだけなら、こちらのコースを歩くほうがいいかもしれない。

帝釈山から田代山を振り返る

常磐・房総

筑波山

巨木に奇岩に大展望。楽しみいっぱいの山

筑波山
（つくばさん）

📖 標高差 登り：**659m** 下り：**659m**

📖 登山レベル **初級** 体力：★ 技術：★

茨城県

標高 **877m**（女体山）

総歩行時間 **4**時間**5**分

総歩行距離 **7.9**km

女体山からの眺め。遠方の湖は霞ヶ浦

📖 DATA

電車・バス **行き**：つくばエクスプレスつくば駅→関東鉄道バス（約40分）→筑波山神社入口 **帰り**：往路を戻る ※バスは平日、土曜・休日問わず、おおよそ30分に1本。夏期と冬期の平日のみ、ほぼ1時間に1本。

マイカー 常磐自動車道土浦北ICから国道125号、県道14号・42号を経由して筑波山神社付近の市営駐車場（有料）まで約20km。

ヒント つくばエクスプレス、路線バス、ケーブルカーなどの乗車券がセットになった筑波山きっぷは、つくば駅以外のつくばエクスプレス各駅で販売。

登山適期 3〜12月

問合せ先
つくば観光コンベンション協会 ☎029-869-8333
関東鉄道つくば北営業所 ☎029-866-0510

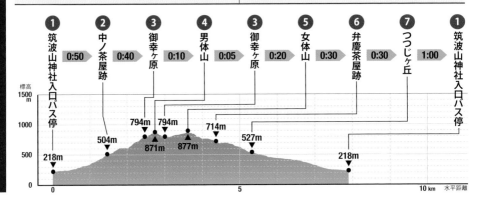

① 筑波山神社入口バス停 — 0:50 — ② 中ノ茶屋跡 — 0:40 — ③ 御幸ヶ原 — 0:10 — ④ 男体山 — 0:05 — ③ 御幸ヶ原 — 0:20 — ⑤ 女体山 — 0:30 — ⑥ 弁慶茶屋跡 — 0:30 — ⑦ つつじヶ丘 — 1:00 — ① 筑波山神社入口バス停

標高
1500m

218m
504m
794m
871m
794m
877m
714m
527m
218m

0   5   10 km 水平距離

欄外情報 体力に少し不安のある人は、登りにケーブルカーを使うのもいい。それでも十分に山歩きは楽しめる。コラムで紹介した筑波山自然研究路は落石で一部、迂回路が設けられている。案内板に注意しよう。

御幸ヶ原への登りはつらいが
帰りは奇岩を眺め、楽しく下る

`プロフィール` 日本百名山のなかでいちばん低い山。古えには歌垣（男女が歌をやり取りし、恋の相手を見つける集い）が開かれる場だったともいわれるが、いまはケーブルカー、ロープウェイでやってきた観光客が闊歩する観光地となっている。だが、一歩山中に入れば、深い森や奇岩など変化に富んだ山歩きが堪能できる。

`ガイド` ❶筑波山神社入口バス停から本殿へ歩き、本殿前を左にケーブルカー乗り場へと向かう。乗り場の横から登山道に入り、ゆるやかな杉林のなかを登っていく。やがて、徐々に傾斜がきつくなり、岩がごろごろと歩きにくい場所も現れるが、しばらくすると小広い平坦地の❷中ノ茶屋跡に出る。ケーブルカーのすれ違いポイントとして人気のスポットだ。

なおも同じような雰囲気の道を登り続ける。途中でいったん平らになる地点は、ケーブルカーのトンネルの上だ。ここを過ぎると太く背の高いスギの木が目立つようになり、ケーブルカーが近くを通っているとは思えないような深

登山口にあたる筑波山神社

観光客が目立つ御幸ヶ原

山の気配が漂う。間もなく男女川の源泉といわれる場所で、岩の間から水がわき出している。

やがて最後の登りに入る。このコースで最もきつく、こんなところはゆっくり行くに限る。じんわり高度を上げれば、木段の道をひと頑張りした先が❸御幸ヶ原だ。観光客が行き交って拍子抜けするが、まずは左へと男体山を目指す。すぐに岩場となるものの、足場はしっかりしている。岩場を抜け、石の階段を登れば社が立つ❹男体山の頂上。南側には展望台もある。

❸御幸ヶ原まで慎重に下り、筑波山の最高峰、

口の中に投げた石が入るとお金がたまるといわれるガマ石

🖉 Column

筑波山自然研究路

　男体山の山腹をぐるっと一周しているのが筑波山自然研究路。要所に設けられた案内板では、筑波山の貴重な動植物などが紹介され、筑波山をより詳しく知るための手だてとなる。コース中には展望所やあずま屋があり、また登山道もよく整備されているので、ファミリーやビギナー同士でも歩ける。

女体山を目指す。ガマ石を過ぎ、ゆるやかに登ると社が現れ、その後ろが**❺女体山**の頂上だ。男体山よりも展望が開け、関東平野が箱庭のように望める。霞ヶ浦も間近だ。

頂上からは短い鎖場を経て、岩がちの道を下る。ここからは奇岩が数多く現れるので歩いていて飽きない。右手にはさっそく大仏岩。確かに似ている。ブナやミズナラの大木にはさまれた平坦地を過ぎれば、出船入船、裏面大黒、北斗石、母の胎内めぐり、高天原などの奇岩が連続し、最後に弁慶七戻りを抜ければ**❻弁慶茶屋**

跡に到着する。さら地となった茶屋跡でひと休みし、左へと回り込むように下る。正面に下っているのは白雲橋コースと呼ばれ、筑波山神社に直接下る道だ。

つつじヶ丘に向けて樹林帯をゆるやかに下る。初夏ならツツジやアジサイが咲く公園のような場所に出たら、あとは短時間の下りで**❼つつじヶ丘**だ。ここからは迎場コースを下る。急斜面や通過困難箇所のない歩きやすい道だ。しばらく下って弁慶茶屋跡からの白雲橋コースと合流すれば**❶筑波山神社入口バス停**は間もなくだ。

大仏岩付近の岩場の道

山麓からの筑波山。左が男体山で右が女体山

茨城県

標高 623m （高鈴山）

総歩行時間 **3時間40分**

総歩行距離 **8.6km**

信仰の峰と大展望の峰。好対照の三山をめぐる

高鈴山・神峰山

たかすずやま　かみねやま

☞ 標高差　登り：**345m** 下り：**266m**

☞ 登山レベル　**初級** 体力：★ 技術：★

高鈴山の展望台で眺めを楽しむ登山者

🔍 DATA

電車・バス 行き：JR常磐線日立駅→日立電鉄バス（約30分）→御岩神社前　帰り：日鉱記念館前→日立電鉄バス（約20分）→JR常磐線日立駅

マイカー 常磐自動車道日立中央ICから日立道路（有料）、県道36号を経由してJR日立駅まで約5km。駅周辺の有料駐車場を利用する。

ヒント 本山トンネル北側の出口先には大きな駐車スペースがあり、高鈴山と神峰山を登るだけ

なら、ここを利用してもいい。

登山適期 通年

問合せ先

日立市観光物産課	☎ 0294-22-3111
茨城交通日立案内所	☎ 0294-26-7121
電鉄タクシー	☎ 0294-22-2426
新星タクシー日立営業所	☎ 0294-22-0155

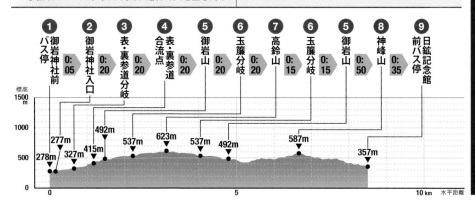

| ❶ 御岩神社前バス停 | 0:05 | ❷ 御岩神社入口 | 0:20 | ❸ 表・裏参道分岐 | 0:20 | ❹ 表・裏参道合流点 | 0:20 | ❺ 御岩山 | 0:20 | ❻ 玉簾分岐 | 0:20 | ❼ 高鈴山 | 0:15 | ❻ 玉簾分岐 | 0:15 | ❺ 御岩山 | 0:50 | ❽ 神峰山 | 0:35 | ❾ 日鉱記念館前バス停 |

標高
1500m

1000

500

0

278m　277m　327m　415m　492m　537m　623m　537m　492m　587m　357m

0　　　　　5　　　　　10 km　水平距離

初級

スリップの危険はあまりないが
分岐が多いので見逃さないように

プロフィール 日立市を囲むように連なる、高鈴山から神峰山を経て小木津山自然公園へと続く山並みは、昔から日立市民に親しまれたハイキングコース。最高峰・高鈴山は、展望の山として知られ、北部山麓の御岩神社は壮麗な楼門や天然記念物の三本杉など見どころが多い。

ガイド ❶**御岩神社前バス停**から左斜めに続く細い舗装路に入り、御岩神社の看板を左折。すぐ左に社務所が立ち、ここが❷**御岩神社入口**だ。参拝用駐車場の横には、常陸最古の霊山と刻まれた石碑が立っている。

社務所から鳥居をくぐり、正面に見える壮麗な楼門に向かう。この楼門手前の右側に立つ大杉が三本杉（コラム参照）で、昔、天狗がすんでいたという伝説もあることから、いまでも手を触れない地元の人がいるそうだ。

楼門をくぐるとまもなく本殿で、❸**表・裏参**

御岩神社の立派な楼門

アセビの茂る登山道

神峰山から眺めた日立の大煙突と太平洋

高鈴山はセンブリで花の百名山に選ばれた

道分岐となる。ここでは表参道を行こう。いずれにしろ「かびれ神宮」の先で裏参道と合流する。❹**表・裏参道合流点**からは傾斜が急になるが、御岩山頂上はもう間近。山頂部の鋭い岩稜が迫っている。

尾根道をたどって急傾斜の道を登ると稜線に出る。右に行けば❺**御岩山**はすぐだが、頂上一帯の北面は岩場になって切れているので、行動は慎重に。頂上の南東側には、神峰山から高鈴山に続く登山道が通っている。適当な踏み跡をたどって登山道におり、高鈴山へと向かう。

ゆるやかな下りの登山道はアセビの薄暗い樹林の中に続く。夏でも日差しをさえぎってくれるのはうれしいが、曇った日はちょっと怖い。下りきったところが❻**玉簾分岐**で、大きな道標が立つ。右に下る道は滝沢集落を経て玉簾ノ滝へと続くが、バスの便があまりよくない。

薄暗い樹林はすぐに明るい雑木林となり、ところどころで眺めも広がってくる。目の前には高鈴山頂上の電波中継塔が迫り、頂の近いことを知らせてくれる。ほどなくあずま屋の立つピークで、ここからはほんのわずかの車道歩きで❼**高鈴山**に到着する。広々とした頂には展望

欄外情報 御岩神社から御岩山にいたる道は、東日本大震災などの影響で一部、通行に支障が生じている。現在は一部を除いて歩くことができるが、稜線上までは迂回指示にしたがって歩くこと。

台も設置され、奥久慈や八溝、そして遠く那須の山々の展望が楽しめる。

下りは❺御岩山までできた道を戻り、御岩山からは神峰山へと続く登山道を進む。歩きやすい道が旧本山トンネル（トンネル内は通行不可）まで続く。旧本山トンネルから少し登ると日鉱記念館前バス停への道が右に分岐するが、ここはいったん、神峰山を目指そう。きららの里分岐を左に分け、その先、羽黒山との分岐は道なりにまっすぐ登る。ひと登りで到着する❽神峰山からは、日立名物の大煙突と日立市街、そして太平洋が間近に望める。

眺めを楽しんだら来た道を戻る。先ほど通過

神峰山の頂上にて

した日鉱記念館前バス停への分岐を左に折れると、急な道をわずかに下れば荒れた道にぶつかるので、ここを右折。そのすぐ先で突き当たる舗装路は左に行く。あとは道なりに下っていけば、❾日鉱記念館前バス停に飛び出す。

なお、日鉱記念館前からのバス便はたいへん少ない。特に土曜・休日は便数が減るので、事前にしっかりと調べておきたい。

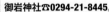

◆Column
御岩神社の三本杉

神社境内に入ってすぐ、立派な楼門（大仁王門）の横にすっくと立つのがご神木でもある三本杉だ。幹周9m、高さ50m、推定樹齢600年、幹が地上3mで3本に分かれて均しく天をつく様は一見の価値がある。県指定天然記念物。森の巨人たち100選にも選定されている。境内には、ミズバショウやシャクナゲも咲く。御岩神社☎0294-21-8445。

御岩山で見かけたリス

高鈴山・神峰山

茨城県
日立市

❶御岩神社前バス停
御岩神社入口❷
三本杉
御岩神社
❸表・裏参道分岐
奥ノ院
表・裏参道合流点❹
岩場コースは通行止めになっている
マイカーの場合はここに駐車して高鈴山、神峰山を往復するといい
高鈴・神峰分岐
本山トンネル
御岩神社分岐
❺御岩山
巻き道あり
日鉱記念館
❾日鉱記念館前バス停
きららの里
自然公津小木
❽神峰山
急斜面
587

❻玉簾分岐

高鈴山❼
623

N
1:25,000
0　250　500m
1cm=250m
等高線は10mごと
一部車道を歩く

山上に社や祠が立つ筑波山系随一の信仰の山

加波山
（かばさん）

標高差 登り：**526m** 下り：**526m**

登山レベル 初級 体力：★ 技術：★

茨城県

標高 **709m**

総歩行時間 **2時間5分**

総歩行距離 **4.0km**

真壁側山麓の加波山神社付近から見た加波山

DATA

電車・バス 行き：JR水戸線岩瀬駅→タクシー（約25分）→本宮路・親宮路分岐 帰り：往路を戻る

マイカー 北関東自動車道桜川筑西ICから国道50号（岩瀬バイパス）、県道41号を経由して約11km。樺穂小学校手前の信号を左折し、加波山神社を通り過ぎて登っていくと桜観音がある本宮路・親宮路分岐。3～4台の駐車スペースがある。

ヒント 本宮路・親宮路分岐の駐車スペース

が満車時は加波山神社、加波山神社本宮の駐車場を利用。駐車の際は社務所に声かけを。山頂往復のみの場合、東側の石岡市八郷側から加波山神社拝殿まで車で上がれる。

登山適期 通年（盛夏を除く）

問合せ先
桜川市真壁庁舎商工観光課 ☎0296-55-1159
岡田ハイヤー（岩瀬駅） ☎0296-75-2009

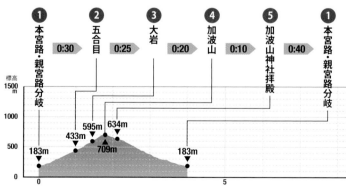

① 本宮路・親宮路分岐 → 0:30 → ② 五合目 → 0:25 → ③ 大岩 → 0:20 → ④ 加波山 → 0:10 → ⑤ 加波山神社拝殿 → 0:40 → ① 本宮路・親宮路分岐

標高1500m

183m　433m　595m　634m　709m　　　183m

0　　　　　　5　　　　　　10 km　水平距離

親宮路中腹の大岩

欄外情報 旧真壁町はかつての城下町で数多くの国の登録文化財があり、茨城県内初の重要伝統的建造物群保存地区。歴史ある街並みを楽しみながらゆっくり散策できる。

大岩を経て本宮の立つ山頂に登り
親宮を参拝して下る周回コースを歩く

プロフィール 筑波山系第2の高峰で、コース中各所に社や石碑が立ち並び、今も信仰登山が行われる。山腹は御影石の採掘が進み、山肌が露出している所もあるが、一歩山道に入れば、緑に包まれた静かな山歩きが楽しめる。

ガイド 山麓の加波山神社から車道を1kmほど進んだ所に桜観音がある。ここが**①本宮路・親宮路分岐**だ。本宮路は右の道を進む。加波山本宮の鳥居の脇を通り、しばらくは照葉樹に囲まれた溝状の広い土道を登っていく。加波山入口の道標を抜けると、しだいに落葉樹が増え、岩が点在するようになり**②五合目**だ。さらに登っていくと八合目を経て**③大岩**に到着。ここから植林帯をひと登りで林道に出る。

ひと息入れたら林道を横断し階段状の道を登る。樹相が変わり、ブナが枝を広げる山腹が気

冬枯れの本宮路を登っていく

巨岩の奥に加波山神社本宮が鎮座する加波山山頂

持ちいい。最後に鉄の鳥居を抜けると山上の一角に出る。右に一本杉峠方面への道を分け、左へと進んだ巨岩の奥が**④加波山**山頂で、加波山三枝祇神社本宮本殿がある。樹林に囲まれ厳かな雰囲気に包まれている。展望はない。

さらに、尾根伝いに進むと加波山神社本殿だ。ここから樹間に日光連山や桜川市街が見下ろせる。続く尾根沿いには、たばこ神社、三枝祇神社親宮本殿が立つ。ここから岩まじりのロープ場を下ると**⑤加波山神社拝殿**に下り立つ。

参拝を済ませたら、左へとスギ・ヒノキの植林帯を下る。途中、林道を横断すると、徐々に岩まじりの道になるので、足元に注意。七合目で山椒魚谷の小沢を横断。植林帯を下って行くと、徐々に左手が明るくなり、樹間に本宮路側の尾根が見えてくる。傾斜がゆるんでくると五合目に到着。あとは舗装された林道を下るのみ。途中、筑波山や採石場を見ながら下れば**①本宮路・親宮路分岐**に到着する。

加波山

桜川筑西IC

真壁町上小幡

茨城県
桜川市

採石場がある

車道に出る

真壁町下小幡

急な下り

長さ3.6mの
ジャンボきせる

四合目

親宮路 1:20

本宮路・親宮路分岐 P

この交差点から
登山口に向かう

加波山不動

二合目登山口

信号 桜坊

真壁町長岡

加波山神社本宮

樺穂小学校

燕山

九合目

八合目 ベンチ P 加波山神社拝殿
七合目 0:20
六合目 0:10 いくつかの
0:40 神社脇を通過する
五合目 「山椒魚谷」 0:20
の石柱 709 加波山神社本殿
0:30 0:25 0:20 ④加波山
②五合目 0:20 ③大岩 0:15 厳かな雰囲気の山頂
0:20 本宮路
桜観音 林道横切る

石岡市

本杉峠

N

旗立石

① P 本宮路・親宮路分岐の駐車スペースが満車の時はここに駐車する

加波山神社本宮

1:25,000

0 250 500m

1cm=250m
等高線は20mごと

展望と雑木林を巡る尾根道のアップダウン

難台山
（なんだいさん）

📷 標高差　登り：**513**m　下り：**513**m

📷 登山レベル　初級　体力：★★　技術：★

茨城県

標高 **553**m

総歩行時間 **5**時間**25**分

総歩行距離 **15.9**km

南山展望台からの愛宕山方面

📷 DATA

電車・バス **行き**：JR常磐線岩間駅　**帰り**：往路を戻る

マイカー 岩間駅周辺の有料駐車場か「あたご天狗の森」の無料駐車場（約100台収容）をベースにしたプランを立てる。「あたご天狗の森」までは常磐自動車道岩間ICから県道43号を経由して約3km。

ヒント 岩間駅〜長沢間でタクシーを利用すれば車道歩きをカットできる。岩間駅に停車する昼間の列車は1時間に2本程度しかないので、事前にダイヤを確認しておきたい。

登山適期 通年（盛夏を除く）

問合せ先

笠間市観光課	☎ 0296-77-1101
笠間観光協会	☎ 0296-72-9222
岩間タクシー	☎ 0299-45-2103

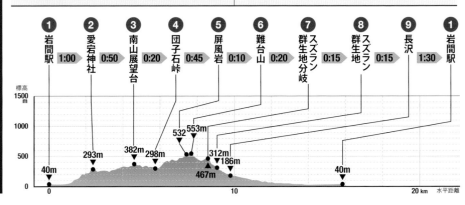

① 岩間駅　1:00　**②** 愛宕神社　0:50　**③** 南山展望台　0:20　**④** 団子石峠　0:45　**⑤** 屏風岩　0:10　**⑥** 難台山　0:20　**⑦** スズラン群生地分岐　0:15　**⑧** スズラン群生地　0:15　**⑨** 長沢　1:30　**①** 岩間駅

標高 1500m

1000

500

0

40m　293m　382m　298m　532m　553m　312m　186m　467m　40m

0　　　　　　　　　10　　　　　　　　20 km　水平距離

欄外情報 岩間駅周辺およびコース上にはコンビニなどが見当たらないので、行動食やお弁当、飲み物などは事前に用意しておいたほうがいい。

天狗ゆかりの神社を詣で
明るい広葉樹の山稜を行く

プロフィール 雑木林の明るい尾根筋を、愛宕山から難台山へたどるコースは、標高こそ低いもののアップダウンが連続し、充実したワンデイハイクが楽しめる。愛宕山は桜の名所として知られ（花期は4月上旬〜中旬）、また難台山から長沢へ下る途中には、本州では珍しいスズラン群生地（花期は5月中旬前後）がある。

ガイド ❶岩間駅から駅前のすずらんロードに入り、「愛宕山参道入口」の標識にしたがって左に折れる。大通りを渡り、行く手にこんもりとした愛宕山を見ながら真っ直ぐ進んでいくと、右手にショートカットルートの入口が現れる。途中、車道を何度か横切りながら登っていけば❷愛宕神社の表参道に出る。目の前の長く急な石段を上り切ったところが愛宕神社だ。その昔、愛宕山は筑波山、加波山と並ぶ天狗の修験道場の一つであり、13人の大小の天狗が活躍したという伝説が残っている。

神社をあとに、西参道の石段を下って大きな駐車場に出る。このあたりは、愛宕神社を中心に「あたご天狗の森」として整備されていて、遊具や宿泊施設などが設けられている。駐車場の奥から「乗越峠」を示す左の遊歩道に入り、突き当たりの車道を左に折れたところが乗越峠。その先の車道が二股になっている間にハイ

乗越峠から南山展望台へ向かうコース

キングコースの入口がある。

登山道は林道に沿ってゆるやかに続いている。明るくて心地のいい道をたどっていき❸南山展望台へ。展望台からは東方面の展望が開けていて、先ほどの愛宕山がすぐ目の前に見える。

さらに尾根通しに小ピークをいくつか越し❹団子石峠で車道を渡って団子山へと急登していく。団子山から鞍部に下り、大福山に登り返すと、その先はしばらくゆるやかな道となる。ゆるゆると尾根道をたどり、筑波山を一望できる獅子ヶ鼻、巨大な❺屏風岩を過ぎて急登をひと登りすれば❻難台山の山頂だ。

山頂から吾国山へ続く稜線を急下降して鞍部に下り、登り返して❼スズラン群生地分岐で右に折れる。急下降していって開けた場所に出ると、そこが❽スズラン群生地。

そのしばらく先で登山道は終わり、林道をたどって❾長沢で車道に出る。ここからは長い車道歩きとなる。農村風景を楽しみながら、のんびり❶岩間駅を目指そう。

難台山

茨城県
笠間市

石岡GC

スズラン群生地分岐 ❼
❽ スズラン群生地
❾ 長沢
吾国山
道祖神峠
0:15
0:25
0:15
0:25
0:25
館岸山
256
上郷
1:40
1:30→
❻ 難台山
553
急斜面。スリップ注意
0:30
0:20
屏風岩 ❺
獅子ヶ鼻
のどかな田園だが、車道歩きが長いのでタクシーを呼んでもいい
0:05
0:10
石岡市
大福山
432
団子山
団子石
0:35
0:45
❹ 団子石峠
0:25
下郷
桜川
355
中戸
000
0:20
南山展望台 ❸
0:50
愛宕山
293
愛宕神社 ❷
あたご天狗の森
フォレストハウス
乗越峠
1:00
❶ 岩間駅
0:45
355
吉岡
泉
土浦 上野

1:60,000
500 1000m
1cm=600m
高線は20mごと

水戸

益子町の最高峰を巡って4山を縦走

雨巻山
あままきさん

標高差 登り:**349m** 下り:**349m**

登山レベル 初級 体力:★ 技術:★

栃木県

標高 **533m**

総歩行時間 **4**時間**10**分

総歩行距離 **6.8**km

雨巻山山頂。のんびり休憩するには絶好の場所で、ランチを楽しむのもいい

DATA

電車・バス 行き:真岡鐵道益子駅→タクシー(約15分)→大川戸登山口 帰り:往路を戻る

マイカー 北関東自動車道桜川筑西ICから県道41号・297号を経由して約20km。または真岡ICから県道257号・297号を経由して約21km。大川戸登山口に約50台(無料)の駐車場がある。

ヒント 公共交通機関を利用する場合、益子駅から登山口までのバス便はなく、タクシーを利用するしかない。登山口の無料駐車場は、週末や休日には満車になることも多いので、朝早く到着するようにしたい。

登山適期 通年(盛夏を除く)

問合せ先
益子町観光商工課 ☎0285-72-8846
益子町観光協会 ☎0285-70-1120
益子タクシー ☎0285-72-2134

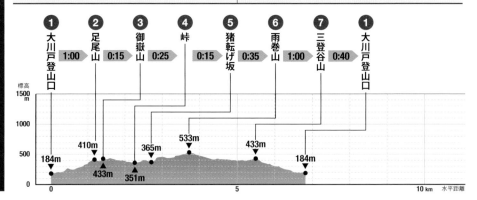

❶ 大川戸登山口	❷ 足尾山	❸ 御嶽山	❹ 峠	❺ 猪転げ坂	❻ 雨巻山	❼ 三登谷山	❶ 大川戸登山口
1:00	0:15	0:25	0:15	0:35	1:00	0:40	

標高 1500m
1000
500
0

184m
410m
433m
351m
365m
533m
433m
184m

0   5   10km 水平距離

欄外情報 足尾山への沢コースは、一部に登山道をふさぐような倒木があり、むき出しになった沢床に苔が生えている箇所もあるので、スリップなどに要注意。御嶽山への登りの長い鎖場では、集中力を切らさないように。

のんびりたどる明るい尾根道
ところどころに急斜面や鎖場も

プロフィール 八溝山地の南部に位置する雨巻山には多くのコースが整備され、老若男女を問わず四季折々にハイキングを楽しめる。春から夏にかけて山を彩る花々や、木の葉が落ちる時期の展望のよさも大きな魅力だ。

ガイド ❶大川戸登山口の駐車場の上にあるピザ店の前で左手の山道に進む。尾根上に出ると尾根コースと沢コースに分かれるので、沢コースをとって斜面を下っていく。突き当たった沢で右折し、標識にしたがい沢沿いの道を行く。うっそうとしたヒノキ林のなかを急登し、滑りやすい沢沿いの道を進んで尾根上に出たら、尾根道をしばらくたどって❷足尾山の山頂に立つ。

足尾山から鞍部まで下って登りに転じると、間もなく岩場が現れる。長い鎖が掛けられた岩場を三点支持で登り切れば、❸御嶽山の山頂だ。御嶽山からは緩やかに下り、明るい尾根道をたどっていく。小さなアップダウンが連続するので、急がずマイペースを心がけよう。

木のベンチが置かれた❹峠を過ぎ、しばらく進むと❺猪転げ坂に差し掛かる。ジグザグに木が組まれた急登だ。この坂を登りきったところが標高453m地点のあたりで、さらに尾根道は続く。

いくつかのピークを越して登り着いた❻雨巻山の山頂は広場のようになっていて、木のテーブルとベンチがいくつも設置されている。展望は東側が開けている。

下りは、山頂から北西に延びる尾根に入る。多少のアップダウンはあるものの、おおむねゆ

鎖場が続く御嶽山への登り

るやかな尾根道だ。途中、岩コースと階段コースに分かれるが、すぐ先で合流する。小さな山頂の❼三登谷山から急斜面を下り、さらに尾根沿いを進む。傾斜がゆるくなったところで右に折れ、しばらく下れば車道に飛び出し、これを左に進んで❶大川戸登山口に戻る。

雑木林のなかを行く心地よい縦走路

国道123号

大川戸登山口

釣り堀

❶

❸御嶽山
433

❷足尾山
410

1:00
0:50

0:40
1:00

0:15

山頂直下に
長い鎖場。
滑落に注意

栃木県
益子町

0:35
0:25

急斜面。
スリップ注意

❼三登谷山
433

小さなアップ
ダウンが続く

展望が開ける

❹峠

0:15

中深沢

❺猪転げ坂
453

ジグザグの急坂

1:20
1:00

0:25
0:35

茂木町

下りには利用しない
ほうがいい

ブナが見られる

雨巻山❻ 533

N

1:25,000

0   250   500m
1cm=250m

門毛   高峯

雨巻山

のどかな山里にそびえる展望の岩山

奥久慈男体山

おくくじなんたいさん

📖 標高差　登り：**586**m　下り：**581**m

📖 登山レベル　**初級**　体力：★★　技術：★★

茨城県

標高 654m

総歩行時間 5時間

総歩行距離 13.1km

大円地から見上げた奥久慈男体山

🔖 DATA

電車・バス 行き：JR水郡線西金駅　帰り：JR水郡線上小川駅　※水郡線西金駅までの運転本数はたいへん少なく、事前に詳細な確認を。

マイカー 常磐自動車道那珂ICから国道118号、県道322号、町道を経由して大円地の駐車場まで約37km。駐車場は無料でトイレあり。

ヒント 往復の車道歩きはやや長い。交通量は少ないが、車道歩きで2時間以上はもったいな

いので、行き帰りのどちらかにタクシーを利用し、時間短縮を図るのも手。

登山適期 3〜12月

問合せ先

大子町観光商工課　☎0295-72-1138
大子町観光協会　☎0295-72-0285
滝交通タクシー　☎0295-72-0073
茨城交通　☎0295-72-0055

❶ 西金駅	0:20	❷ 湯沢集落	0:50	❸ 大円地	1:00	❹ 大円地越	0:30	❺ 奥久慈男体山	0:40	❻ 男体山神社	0:30	❼ 滝倉集会所	1:10	❽ 上小川駅

標高
1500m
1000
500

68m　75m　185m　517m　654m　293m　163m　73m

欄外情報 大円地の駐車場に車を停めた場合は、帰りの滝倉集落のＴ字路を右に曲がらずに直進する。そのまま林道を歩けば滝倉集落から30分弱で大円地の駐車場に到着する。

コースそのものに困難はないが
頂上付近の稜線歩行は要注意

プロフィール 荒々しい絶壁が目をひく岩峰。とはいえ、一般コースに困難な箇所はなく、広葉樹林の緑を楽しみながら歩くことができる。ただし頂上直下の稜線は断崖の上を歩くことになるので、転落には注意したい。

ガイド ❶西金駅の前を走る国道118号を少し右に行き、西金大橋の手前で左に入る。舗装路をしばらく歩くと、右に湯沢峡への道が分岐する❷湯沢集落に出る。道なりに真っ直ぐ進む。車道はカーブを繰り返しながら高度を上げ、古分屋敷の集落を過ぎれば右手に駐車場が見えてくる。❸大円地はすぐ先だ。

大円地から畑の横を通り、山中に入る。間もなく、鎖場の連続する健脚コースが左に分岐する。ここは真っ直ぐ行こう。道は植林帯から広葉樹林帯となり、上部に行くと路面が石に覆われた窪地状の場所に出る。踏み跡がはっきりしないが、そのまま直進すればほどなく❹大円地越。樹林の美しい平坦地でひと休みだ。

大円地越からは左の斜面を登る。ピークを越

奥久慈男体山の頂上。大きな展望が広がる

えると、今度は絶壁の縁に登山道が続く。危険箇所にはロープが張られているが、道幅は1mもない。慎重に行動しよう。最後に急坂を詰めると❺奥久慈男体山の頂上で、左手には男体山神社奥宮が立ち、眼下には山里風景が広がる。

頂上からは北西に急な坂を下る。すぐにあずま屋が現れ、左から健脚コースが合流する。ここは直進し、この先の月居山との分岐を左に下る。道は小さなジグザグを繰り返すが、スギが増えてくれば❻男体山神社は近い。神社を抜けると舗装された広い林道に出るので、ここは左に行く。ゆるやかに下って滝倉集落のT字路を右に曲がる。❼滝倉集会所を通過して林道を歩き、国道118号に出たら右折。❽上小川駅まではあと少しだ。

頂上直下の稜線。左側は絶壁

奥久慈男体山

奥久慈の山と里が見渡せる。南側は断崖

鋸山

房州石の石切場と日本寺をたどる房総の名山

鋸山

（のこぎりやま）

🔖 標高差 登り：**324m** 下り：**320m**

🔖 登山レベル **初級** 体力：★★ 技術：★

千葉県

標高 **329m**

総歩行時間 **3時間35分**

総歩行距離 **6.8km**

房州石が切り出されたあとの地獄のぞきは圧巻

🔖 DATA

電車・バス 行き：JR内房線浜金谷駅　帰り：ＪＲ内房線保田駅　※神奈川方面からは久里浜港より東京湾フェリーで金谷港へ渡り、徒歩で浜金谷駅（約7分）へ向かうこともできる。

マイカー 富津館山道路富津金谷ICから県道237号、国道127号を経由して浜金谷駅まで約2km。駅前に有料駐車場がある。帰りは列車で浜金谷駅へと戻る。

ヒント 東京駅から高速バス「房総なのはな号」で上総湊駅へと向かい、内房線で浜金谷駅へと向かうこともできる。

登山適期 通年（盛夏を除く）

問合せ先

金谷ステーション	☎0439-29-7755
保田駅前観光案内所	☎0470-55-1683
日本寺	☎0470-55-1103

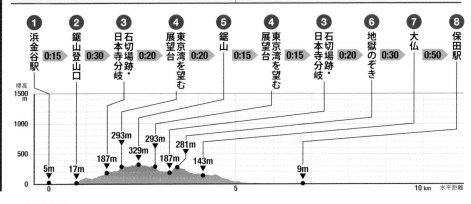

| ❶ 浜金谷駅 | 0:15 | ❷ 鋸山登山口 | 0:30 | ❸ 石切場跡・日本寺分岐 | 0:20 | ❹ 展望台 | 0:20 | ❺ 東京湾を望む | 0:20 | ❺ 鋸山 | 0:15 | ❹ 東京湾を望む | 0:15 | ❸ 展望台 | 0:20 | ❸ 石切場跡・日本寺分岐 | 0:20 | ❻ 地獄のぞき | 0:30 | ❼ 大仏 | 0:50 | ❽ 保田駅 |

標高 1500m 1000 500 0

5m　17m　187m　293m　329m　293m　187m　281m　143m　9m

0　　　　　5　　　　10 km　水平距離

欄外情報 手軽に山上ハイクを楽しむなら鋸山ロープウェーで山頂駅へ上がり、日本寺西口管理所から入園。地獄のぞきや千五百羅漢、大仏などを巡るのがおすすめ。鋸山ロープウェー☎0439-69-2314。

石切場から鋸山に立ち
地獄のぞきから大仏を経て保田駅へ

プロフィール ロープウェイが架かり、山上が日本寺の境内になっている鋸山は観光の山といった趣。しかし、かつての房州石の石切場を経て三角点がある鋸山山頂に立つコースは、岩間を縫ったり照葉樹の森を行く変化ある山歩きが面白い。日本寺の境内と併せて歩いてみよう。

ガイド ❶浜金谷駅を出たら国道の手前を左へ進む。「観月台・公園」の道標にしたがい進めば内房線のガード下をくぐり、間もなく❷鋸山登山口だ。ここで車力道と分かれ、急な階段道を登っていく。一度傾斜がゆるむと観月台で東京湾と富士山が見える。すぐ先にあずま屋もあるのでひと息入れていこう。

あずま屋から一度下り、鞍部から再び階段道を登り返せば❸石切場跡・日本寺分岐だ。道標にしたがって歩けば石切場跡の入口で、奥へ進むと切り立った岩壁が遺跡のよう。入口に戻り、道標にしたがい山腹を進めば車力道と合流。そこから急な階段道だ。たった200mほどだが息が上がる。尾根上に出たら右へ入ればすぐに❹東京湾を望む展望台。鋸山ロープウェーの山頂駅と地獄のぞき、さらに東京湾が展望できる。

鋸山へは東京湾を望む展望台から一度下って登り返す。テレビ中継局を過ぎ、さらに小さく下ってもうひと登りで❺鋸山の山頂だ。北西側の展望が開けている。

地獄のぞきへは❸石切場跡・日本寺分岐まで戻り、階段道を一気に登る。日本寺北口管理所で拝観料を支払って入れば、目の前に百尺観音

地獄のぞき付近から見た東京湾と富士山

がある。まっすぐ進み、折り返して階段を登れば❻地獄のぞきだ。展望を楽しんだら、千五百羅漢道を経て❼大仏へと下っていく。大仏を参拝したら薬師本殿を経て表参道を下る。心字池、観音堂、仁王門を経て車道を下ると無字門だ。あとは道標にしたがい、田畑のなかに続く鋸山遊歩道を歩いて❽保田駅へ。

鋸山

日本寺の大仏

1:30,000

0　300　600m
1cm＝300m
等高線は20mごと

観月台へと続く石段道

神話や物語の舞台と房州のマッターホルン

富山・伊予ヶ岳

（とみさん）（いよがたけ）

🔷 標高差 **登り:291m 下り:339m**

🔷 登山レベル 初級 体力:★ 技術:★

千葉県

標高 **349m**（富山北峰）

総歩行時間 **4時間20分**

総歩行距離 **10.5km**

大展望／花／紅葉／森林浴

富山北峰の展望塔から東京湾を望む

🔷 DATA

電車・バス 行き:JR内房線岩井駅→南房総市営バス（約15分）→国保病院前 帰り:JR内房線岩井駅 ※土曜・休日と年末年始は天神郷で下車。

マイカー 富津館山道路鋸南富山ICから県道184号・258号を経由して南房総市営駐車場（無料）まで約3km。

ヒント 登山コースに近い「道の駅富楽里とみやま」に停車する東京駅からの高速バス「房総なのはな号」は利用価値が高い。道の駅から登山コースまでは徒歩約15分で合流できる。

登山適期 通年（盛夏を除く）

問合せ先
南房総市企画財政課（市営路線バス）☎ 0470-33-1001
南房総市観光協会 ☎ 0470-28-5307

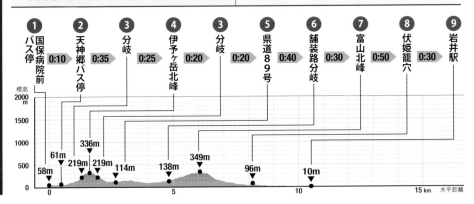

① 国保病院前バス停		② 天神郷バス停		③ 分岐		④ 伊予ヶ岳北峰		⑤ 分岐		⑥ 県道89号		⑦ 舗装路分岐		⑧ 富山北峰		⑨ 伏姫籠穴		岩井駅
	0:10		0:35		0:25		0:20		0:20		0:40		0:30		0:50		0:30	

標高 2000m 1500 1000 500 0

58m 61m 336m 219m 219m 114m 138m 349m 96m 10m

0 5 10 15 km 水平距離

欄外情報 無料レンタルの竹杖が富山北峰山頂手前のあずま屋、伏姫籠穴入口のトイレの2カ所に用意されている。手続きなどは必要ないが、利用した場合はきちんと返却しよう。

南総里見八犬伝ゆかりのスポット
山頂から富士山を望むことも

プロフィール 安房を拓いた者として神話に名を残す天富命が逝去した山といわれ、曲亭馬琴『南総里見八犬伝』の舞台ともなった富山と、その尖った姿から「房州のマッターホルン」「安房の妙義山」と称される伊予ヶ岳の2山を巡る。スイセンの咲く1〜2月がおすすめだ。

ガイド ❶国保病院前バス停から車道を歩いて❷天神郷バス停へ。土曜・祝日ならここで下車することもできる。目の前の鳥居をくぐって平群天神社を抜け、登山道に入ろう。

ゆるやかな登山道の周囲は雑木林から杉林へと変わり、やがて富山への道が分かれる❸分岐に出る。ここからは急な登りとなり、岩まじりの道やロープ場を経て伊予ヶ岳の南峰に立つ。この先、歩きづらい箇所が多少あるものの、南峰を眺めることのできる❹伊予ヶ岳北峰を往復したい。大きな展望が開ける頂だ。

❸分岐まで戻って右へと富山方面に下る。ほどなく❺県道89号にぶつかるのでここを左に行く。続いてすぐ先の分岐を右に鋭角に曲がり、

鋭い岩峰を持った伊予ヶ岳

富山を正面に眺めながら車道を行けばT字路に出合う。ここではすぐ目の前の左斜めに入る細い道を行く。道なりに歩いて恵比須神社から右斜めに進むと❻舗装路分岐に出るので、ここは左後方に進む形で鋭角に曲がる。車道が途切れ、あずま屋の立つ分岐に出たら右へ。好展望の❼富山北峰はすぐだ。

北峰からはあずま屋まで戻り、分岐を右に下る。急斜面なので注意したい。林道に出てしばらく歩くと伏姫籠穴の入口がある。右に5分ほど歩いて❽伏姫籠穴を往復しよう。入口まで戻って西方向に進み、県道とのT字路に出たら右折。高速道路をくぐって高速バスの停留所がある道の駅「富楽里とみやま」への道を右に分ければ、やがて❾岩井駅に到着する。

かつて花嫁が歩いた海を望む南房総の頂

烏場山
からすばやま

📷 標高差 登り：**254m** 下り：**254m**

📷 登山レベル **初級** 体力：★★ 技術：★

中級 初級 入門

花／森林浴

千葉県

標高 **266m**

総歩行時間 **4時間40分**

総歩行距離 **12.2km**

独特の葉色を見せる烏場山の森

📷 DATA

電車・バス 行き：JR内房線和田浦駅　帰り：往路を戻る　※和田浦駅へは特急で安房鴨川まで行き、内房線に乗り換えるのが早い。東京駅から安房鴨川までは高速バスを利用することもできる。

マイカー 富津館山道路富浦ICから国道127号、県道296号、国道128号などを経由して花嫁街道入口まで約21km。花嫁街道入口に7台ほど駐車できる。満車の場合は花園広場側に停める。

ヒント 南房総の山で標高も低いので、夏は蒸し暑く登山には向かない。適期は晩秋から初夏。早春の花の時期がとくにおすすめ。

登山適期 通年（盛夏を除く）

問合せ先
南房総市和田地域センター ☎0470-47-3111
南房総市観光協会 ☎0470-28-5307

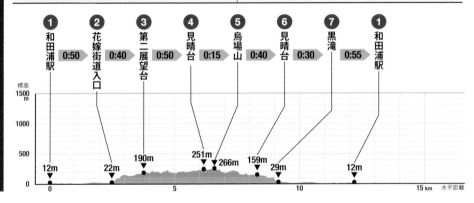

① 和田浦駅 —0:50→ ② 花嫁街道入口 —0:40→ ③ 第二展望台 —0:50→ ④ 見晴台 —0:15→ ⑤ 烏場山 —0:40→ ⑥ 見晴台 —0:30→ ⑦ 黒滝 —0:55→ ① 和田浦駅

標高
1500m

1000

500

0

12m　　22m　190m　251m　266m　159m　29m　　12m

0　　　　　　　　　5　　　　　　　　　10　　　　　　　　15 km　水平距離

欄外情報 和田浦駅のすぐ東側に、クジラをテーマとした「道の駅和田浦WA・O！」がある。シロナガスクジラの骨格標本（レプリカ）は見もの。鯨資料館や食堂、直販所もある。9〜18時。無休。☎0470-47-3100。

花嫁街道をたどって山頂に立ち
花婿コースで黒滝へと下る

プロフィール 南房総でとくに人気の高い山が烏場山だ。山腹はマテバシイやスダジイなどの照葉樹に包まれ、山上からは房総の海が見える。新日本百名山に選ばれ、「和田浦歩こう会」により、コースもよく整備されて歩きやすい。

ガイド ❶和田浦駅を出たら右へと車道をたどる。随所に整備された道標に導かれ、住宅地を抜けて畑のなかを進めば❷花嫁街道入口だ。まずは階段状に整備された道を登っていく。右へカーブし植林帯を行くと、やがて第一展望台だ。現在は木々に囲まれ、樹間にしか展望はない。続いて、小ピークを右から回り込んで上がれば❸第二展望台で太平洋が望める。

ここからはマテバシイに覆われた山道を進む。小さく下ってから登っていくと経文石。ここから一度下り、左へとカーブし登り返せばジガイスイだ。このあたりから烏場山へと続く尾根が見渡せる。さらにアップダウンを繰り返し、駒返しを経て登れば❹見晴台（カヤ場）だ。南面

第二展望台より海を望む

が開けベンチがある。烏場山山頂は狭いので、登山者が多い時はここで昼食にしたい。

見晴台からさらに尾根道を登れば、第三展望台を経て❺烏場山だ。三角点が置かれ、花嫁の可愛い石像が迎えてくれる。

下山は花婿コースを下る。途中、旧烏場展望台を経て標高171mの❻見晴台へと下れば海が望める。さらに下った次の小ピークが金比羅山で、一段下に石祠がある。ここから5分ほど下れば小広場に出る。真っ直ぐ進めば花園広場には近いが、左の階段を下って南房総の名瀑、落差15mの❼黒滝を訪ねたい。黒滝からは長者川沿いの道を飛び石で川を渡り返しながら進む。花園広場に出たら真っ直ぐ進み、往路をたどって❶和田浦駅へ。

ハイカーで賑わう烏場山の山頂

マイナスイオンに包まれた黒滝

日本武尊の伝説が伝わる南房総の展望台

御殿山・大日山

ごてんやま　だいにちやま

標高差　登り：**275m**　下り：**275m**

登山レベル　初級　体力：★★　技術：★★

千葉県

標高 **364 m** （御殿山）

総歩行時間 **4時間20分**

総歩行距離 **8.4km**

御殿山山頂のあずま屋からの眺望。富士山が遠望できることもある

DATA

電車・バス　行き：JR内房線岩井駅→南房総市営路線バス（約20分）→山田中　帰り：往路を戻る

マイカー　富津館山道路鋸南富山ICから県道184号・89号を経由して高照禅寺まで約10km。高照禅寺前に山田中バス停があり、その横に駐車場とトイレがある。

ヒント　アプローチのバスは本数が少ないので、マイカーまたはタクシーを利用したほうが便利。御殿山～大日山の縦走路には長くて急な木の階段が3カ所ある。滑りやすいので要注意。

登山適期　通年（盛夏を除く）

問合せ先
南房総市企画財政課（南房総市営路線バス）
☎0470-33-1001
南房総市観光協会　☎0470-28-5307
鋸南タクシー　☎0470-55-0239

① 山田中バス停 — 0:30 — **②** 大黒様 — 0:30 — **③** 御殿山 — 0:30 — **④** 鷹取山 — 0:30 — **⑤** 宝篋印塔山 — 0:10 — **⑥** 大日山 — 0:10 — **⑤** 宝篋印塔山 — 0:30 — **④** 鷹取山 — 0:30 — **③** 御殿山 — 0:40 — **②** 大黒様 — 0:20 — **①** 山田中バス停

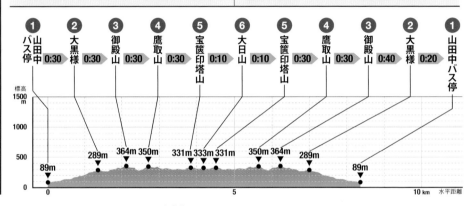

標高 1500m / 1000 / 500 / 0

89m　289m　364m 350m　331m 333m 331m　350m 364m　289m　89m

0　5　10 km　水平距離

欄外情報　鋸南富山IC近くの道の駅「富楽里とみやま」では、ビワやミカン、落花生、太巻き、切り花、小浦漁港で水揚げされた地魚や水産加工品など、千葉と南房総の特産品を販売している。9～18時。不定休。☎0470-57-2601。

ツバキの尾根道をアップダウン
展望の２つのピークを結ぶ

プロフィール 御殿山は、房総半島先端部に近い山奥に位置する、標高400mに満たない低山。山名は、日本武尊が房総を平定した際に、周囲を見渡せるこの場所に御殿を建てたことに由来するという。その御殿山から大日山まで足を延ばし、南房総の山々の展望を満喫する。

ガイド ❶**山田中バス停**から住宅がまばらな畑のなかの舗装道をしばらく登っていき、舗装道が途切れたところから登山道に入る。杉林のなかをひと登りし、傾斜が落ちてきたかと思うと❷**大黒様**に出る。ここには江戸時代中ごろのものとされる大黒様が祀られており、北西方面の展望が開けている。

大黒様から先はゆるやかな道となる。御殿山への直登ルートを左に分けて巻き道を行き、四辻に出たら左に折れて尾根を登ればすぐに❸**御殿山**の頂上に着く。

山頂にはあずま屋が立ち、スダジイとマテバシイの巨木が上に大きく枝を広げている。展望は西側に開け、鋸山や伊予ヶ岳、富山、東京湾や三浦半島、富士山などが一望できる。

四辻まで戻ったら尾根を南西方面へ向か

う。急な木の階段を下って鞍部に下り、その先で同じような木の階段を急登していく。このあたりにはツバキが群生し、２～３月には登山道が赤い花で彩られる。❹**鷹取山**の山頂を右手に見送り、再び木の階段を急下降すると、ようやく道の傾斜も落ち着いてくる。林道へ下る道との分岐で右に折れて登っていき、苔むした石碑が立つ❺**宝篋印塔山**の山頂を過ぎて再び登り返せば、❻**大日山**の山頂だ。明るい木漏れ日が差す山頂には、大日如来像が祀られており、古びたベンチとテーブルもある。ここからもやはり西側の眺めがいい。

帰りは往路を引き返して、❶**山田中バス停**へと戻る。

大日山山頂からの景観を楽しみながらベンチでひと休み

宝篋印塔山へと続くなだらかな尾根道

大日山山頂に祀られている大日如来像

御殿山・大日山

千葉県
南房総市

1:32,000

0　250　500m
1cm＝320m
等高線は20mごと

山名索引 INDEX 五十音順

テーマ別索引

選・写真＝森田秀巳

特色ある花や森のコース

※その山ならではの花の群落や希少種、固有種のある山。特色ある森を有する山。

山名	花・森名	コースNO	ページ
御岳山	レンゲショウマ	1	10
三頭山	ブナの森	13	38
坪山	ヒカゲツツジ	19	54
入笠山	スズラン	33	88
霧ヶ峰・車山	ニッコウキスゲ	40	104
天城山	シャクナゲ＆ヒメシャラの森	72	174
天覧山・多峯主山	ハンノウザサ	73	178
蓑山（美の山）	アジサイ・サクラ	86	208
宝登山	ロウバイ	87	210
四阿屋山	フクジュソウ	90	216
両神山	アカヤシオ	91	218
榛名山	ユウスゲ	92	222
赤城山	シロヤシオ	93	225
鹿俣山・玉原高原	ブナの森	94	228
谷川岳	ホソバヒナウスユキソウ	96	233
三ッ岩岳	アカヤシオ	98	238
至仏山	ホソバヒナウスユキソウ	106	254
太平山・晃石山	アジサイ	107	258
霧降高原・丸山	ニッコウキスゲ	111	266
高山・戦場ヶ原	シロヤシオ・アカヤシオ	113	270
田代山・帝釈山	オサバグサ	120	288
高鈴山・神峰山	センブリ	122	295
烏場山	マテバシイの森	129	310

湿原や湖のあるコース

※コース中に湿原や湖のある山。

山名	コースNO	ページ	山名	コースNO	ページ
入笠山	33	88	鹿俣山・玉原高原	94	228
白駒池・高見石	36	94	尼ヶ禿山	95	230
北横岳	37	96	三方ヶ峰・東篭ノ登山	103	248
霧ヶ峰・車山	40	104	至仏山	106	254
パノラマ台	60	150	高山・戦場ヶ原	113	270
毛無山・十二ヶ岳	61	152	日光白根山	115	275
天覧山・多峯主山	73	178	切込湖・刈込湖	116	278
榛名山	92	222	田代山・帝釈山	120	288
赤城山	93	225			

ケーブルカーやロープウェイがあるコース

※ケーブルカーなどを使って登行時間を短縮できる山。

ビギナー向きのコース

※初心者も不安なく登れる山。

駅から山あるきコース ※バスやタクシーを使わずに周回または往復できる山。

ステップアップコース ※中級を目指すために登っておくといい山。

日帰り山あるきベスト130　関東周辺

大人の遠足
BOOK

2021年 5 月15日　初版印刷
2021年 6 月 1 日　初版発行

編集人	志田典子
発行人	今井敏行
発行所	JTBパブリッシング
	〒162-8446　東京都新宿区払方町25-5

取材・執筆・撮影	伊藤文博・内田 晃・羽根田 治・樋口一成
	松倉一夫・森田秀巳
編集協力	あむすく　村 昌子・森田秀巳・秋田範子
写真協力	中村珠美・南相木村役場
表紙写真	樋口一成（茶臼岳）
表紙・フォーマットデザイン	トッパングラフィックコミュニケーションズ
	（杉 美沙保）
	弾デザイン事務所（渋澤 弾・小原めぐみ）
地図製作	㈱千秋社
組版	㈱千秋社
印刷	凸版印刷

本書の内容についてのお問合せ　☎03-6888-7846
図書のご注文　☎03-6888-7893
乱丁・落丁はお取替えいたします。

インターネットアドレス
おでかけ情報満載　https://rurubu.jp/andmore

◎本書の地図の作成にあたっては、国土地理院の国土基本情報を使用しました。

◎本書の取材・執筆にあたり、ご協力いただきました関係各位に、厚くお礼申し上げます。

◎本書の掲載データは2021年3月現在のものです。料金はすべて大人料金です。定休日は、年末年始、盆休み、ゴールデンウィークは省略しています。

◎本誌掲載の料金は、原則として取材時点での税率をもとにした消費税込みの料金です。

◎各種データを含めた掲載内容の正確性には万全を期しておりますが、登山道の状況や施設の営業などは、気象状況などの影響で大きく変動する事があります。安全のために、お出かけ前には必ず電話等で事前に確認・予約する事をお勧めします。山では無理をせず、自己責任において行動されるようお願いいたします。事故や遭難など、弊社では一切の責任は負いかねますので、ご了承下さい。

JTBパブリッシング
https://jtbpublishing.co.jp/